韩非和马基雅维利政治思想比较研究

——以国家权力为视角

张昭 著

中国社会科学出版社

图书在版编目（CIP）数据

韩非和马基雅维利政治思想比较研究：以国家权力为视角／张昭著．
—北京：中国社会科学出版社，2016.12

ISBN 978 - 7 - 5161 - 9501 - 7

Ⅰ.①韩…　Ⅱ.①张…　Ⅲ.①韩非（前280—前233）—政治思想—研究
②马基雅维利（Machiavelli，Niccol 1469—1527）—政治思想—研究
Ⅳ.①B226.5②B546

中国版本图书馆 CIP 数据核字（2016）第 306608 号

出 版 人	赵剑英
责任编辑	孔继萍
责任校对	周　昊
责任印制	李寡寡

出　　　版	中国社会科学出版社
社　　　址	北京鼓楼西大街甲 158 号
邮　　　编	100720
网　　　址	http://www.csspw.cn
发 行 部	010 - 84083685
门 市 部	010 - 84029450
经　　　销	新华书店及其他书店

印刷装订	北京君升印刷有限公司
版　　　次	2016 年 12 月第 1 版
印　　　次	2016 年 12 月第 1 次印刷

开　　　本	710×1000　1/16
印　　　张	14.5
插　　　页	2
字　　　数	208 千字
定　　　价	59.00 元

序　言

　　学术界对于韩非和马基雅维利二人的研究由来已久，单独研究他们二人的专著和论文更是不计其数，但相对于比较二人政治思想的研究来讲却显得稍微"冷淡"。国内直到 20 世纪 80、90 年代才开始对二人进行比较研究，直至今日这种比较研究的热情仍在学界持续。台湾地区对二人的比较研究开始得更早一些，王赞源曾于 1961 年出版了专著《韩非与马基维利比较研究》，随后彭达雄于 1973 年出版了《韩非与马凯维利》的一本资料汇编。总之，在学术界对二人的单独研究取得丰硕成果和二人的比较研究取得一定的研究基础之上，在国内以专著的形式专门对二人的政治思想进行比较的研究还几乎没有，故该著作《韩非和马基雅维利政治思想比较研究——以国家权力为视角》是我的学生小张（张昭）的一种学术尝试。

　　小张从 2012 年 9 月跟随我学习中西方政治思想史，来后不久我根据他的研究兴趣和特长为其拟定了他的博士学位论文题目，也即现在该著作的名称，之后他刻苦钻研、勤思敏行，于 2015 年 7 月博士毕业，目前就职于山西师范大学政法学院。他的这本书以辩证唯物主义与历史唯物主义的立场、观点和方法为基础，全面而系统地对二人的政治思想予以了比较，全书除导论外，主要分为六个部分进行论述。第一部分从二人的身世、背景、性格、理想、经历及其个人与著作的命运等方面进行了比较，还分析了二人比较的学理依据，挖掘了二人的经历与著作特征之间的关系；第二部分对他们二人的方法论予以比较分析；第三部分分析君主和国家权力的起源以及二人对于理想君主认知的异同；第四部分从国家权力的基础和后盾、国家权力与君主权势、国家权力与法律、国家权力与统治术等维度对二人的政治思想进行比较；第五部分从国家权力与道德的关系角度剖析了历史上把二人视为"非道德主义者"污名化的思想根源；第六部分从国家权力的目的、限度、分配与制约的角度对二人的政治思想进行了比较。在对每一个问题的比较之后他都会深入探讨二人思想异同点的原因，并得出一定的启示。最后探讨了国家权力与国家兴衰这个政治思想史上和各国政治实践当中的永恒问题。

韩非和马基雅维利政治思想的比较在时间上跨越 1700 多年之久、在地域上分属于不同国家和地区且具有不同的传统文化背景和时代背景，比较过程中涉及的问题非常多。因此，作为中西政治思想比较的一个宏大课题，他的研究只能是一种尝试，书中不可避免地存在一些不足和缺点，比如论证得不够严密、有些问题的处理过于简单化、语言还有待加强、有些观点还需要斟酌等。小张这几年也陆续在《哲学研究》《道德与文明》《中州学刊》《云南行政学院学报》等刊物上发表了几篇文章并参加完成了一些课题，还参与了我于 2015 年编写的《中国传统政治文化讲录》的课题和工作。在此，我仍然希望他戒惰戒傲，不断"从头越"。

今年我已 88 岁高龄，看到小张出版他的学术著作，作为他的导师我感到非常高兴，很欣慰看到他的进步和成长，以上言语算是对本书的介绍，权为序。

徐大同

2016 年 10 月 10 日于天津八里台

目　录

导　　论

一　问题的提出、比较研究的可行性及研究意义等相关说明

（一）研究问题的提出

放眼古今中外的历史与现实，尽管全球各个国家、民族、社会与个人之间在文化传统、地理环境、种族肤色、思维方式、政治与经济模式等各方面存在着无法穷尽的差异，但透过这些表象、形式、多样性的文明差异以及直观的感性认知可以发现：首先，都是人类作为主体而形成的思想观念与现实实践中各种事物的差异，人类本身才是多样性差异的源泉与背后的关键性力量，但贯穿于古今中外的历史与现实中人的本质、特性与人性却展现出共同的本质；其次，尽管全球各个主权国家间有诸多差异，但其追求的目标与宗旨却极其类似，甚至相同。各国都需要解决人与社会、人与国家以及人与人之间的矛盾冲突与服从认同的关系问题，都需要探求什么是优良的社会生活，怎样才能实现优良的社会生活，国家或政府应该怎样进行统治，怎样对待人民，怎样才能实现国家的长治久安等问题；最后，各国政治领导人或政治理论家（政治思想家）各自在不同的历史时期、时代背景和现实环境之中，反思、探求如何解决自己国家当前的和长远的生存、发展问题。这些都是人类社会面临的共同问题，因为人类本身的天性、需求的各种生存资源与精神文化等都是相同的。正因为这些需要思考和解决的共同问题的相似性，政治思想的比较研究以及中、西方的政

治思想比较研究才有了真实的基础。自近代列强入侵以来，无数仁人志士开始寻求国富民强之路，同时开启了中西方各方面的对比、比较研究。改革开放以来，作为中、西比较的政治思想史研究开始逐渐成为热门研究领域，先后有徐大同、谢庆奎、任剑涛、马啸原、孙晓春、许纪霖等发表中西政治思想比较的相关文章，紧接着一批中西政治文化、政治思想比较的书籍相继出版。丛日云、庞金友主编的《中西政治思想与政治文化》；高建、马德普等主编的《中西政治文化论丛》；徐大同和高建主编的《中西传统政治文化比较研究》；李英华等著的《中西政治思想比较论稿》、张翰书著的《比较中西政治思想》和张明贵著的《比较中西政治思想》等研究成果相继问世。以论文为形式发表的中西政治思想的比较研究成果更是不计其数，有比较中西法治思想的异同，有比较中西自然法思想的异同，也有比较功利主义思想的异同。其中，在以人物线索为主的比较研究中，韩非和马基雅维利的比较研究也偶有"问世"。值得一提的是徐大同先生 2004 年在《政治学研究》上发表的《中西两种不同的政治思想体系》一文为比较研究中西政治思想做出了开创性的贡献。伴随着这些著作和研究论文的深入，中西政治文化、政治思想比较进入了研究热潮，中西比较研究的范围和视野开始扩展到了史学、文化学、法学、文学等领域。以博士论文为例，主要有 2006 年浙江大学高深的博士毕业论文《〈庄子〉与〈圣经〉比较研究》、2008 年东北师范大学姜红的博士毕业论文《荀况与亚里士多德伦理思想之比较》、2011 年山东大学庄庭兰的博士论文《中日墨学比较研究》、2012 年山东大学陈姝君的博士论文《李维与班固史学思想的比较研究——以〈罗马史〉与〈汉书〉为主的考察》等。尽管中西政治思想、政治文化的比较研究仍在继续，但是作为"中国马基雅维利"的韩非和作为"西方韩非"的马基雅维利这两个重要人物的比较研究却并不十分"火热"，甚至显得十分单薄和不足。近几十年来，虽然一直有学者不断发文对二人进行比较研究，但是这些比较研究与单独研究他们的著作、文章对比起来显得凤毛麟角、屈指可数。除中国台湾 1961 年王赞源出版的《韩非与马基维利比较研究》和 1973 年彭达雄的《韩非与马凯维利》之外，至今在国内再没有著作问世，博士论文的比较研究在当前的中国知网、万方的数据库之中也未曾出现。所以，正是在中西政治思想比较研究的热潮之下，在韩非与马基雅维利比较研究相对冷淡的情境之下，在目前有关单独研究韩非和马基雅维利丰富的成果和翔实的资料基础之上，二人政治思想的比较研究就显得非常有必要和有意义。

到目前为止，学术界对二人的比较研究还未系统而全面地梳理、总结。从国家权力的角度出发，运用历史唯物主义的观点和方法对已有的关于二人的比较研究成果进行评析，在此学术成果之上重新分析、比较他们政治思想产生的历史背景、方法论、认识论以及个人的经历、性格和理想，比较他们著作的主要内容和思想观点，辩证地阐述他们思想中的异中之同和同中之异及其缘由，最后指出他们各自对政治思想史上的贡献和消极影响，同时审视人类在面临着相似的政治情境与不同的历史文化传统之间是如何展现出对人类的政治与本性、政权的组织形式等某些相似认识，对这些问题的研究构成本书的宗旨与目的。

（二）国家权力视角下比较研究的可行性分析

1. 韩非和马基雅维利比较研究的学理依据

对韩非和马基雅维利比较研究进行可行性分析的文献很少，大部分学者都如蒋重跃所认为的那样："他们（指韩非和马基雅维利）的作品却表达了如此相近的思想，这足以令今人惊讶不已的了。很自然地，求同比较应运而生"。[①] 因此，对于他们二人的比较研究是一种自然而然、不需要加以说明和论证的。武晓耕曾从三个方面分析了韩非与马基雅维利思想的可比性问题，认为二人在时代背景、思想基础和对权术的认识这三个方面的相似性决定了他们二人的可比性。[②] 的确，

---

　① 蒋重跃：《〈韩非子〉与〈君主论〉求同比异概说》，《蒙自师范高等专科学校学报》1999 年第 1 期。

　② 武晓耕：《同途殊归——韩非子与马基雅维里思想之比较》，《哈尔滨学院学报》2006 年第 10 期。

韩非和马基雅维利二人所处的时代背景、思想主旨和方法论以及对于某些具体问题的认识显得一致，但因他们二人分处不同的国家、不同的历史阶段、地理相隔如此之遥远以及年代相差 1700 多年之久，这样的比较是否可行？是不是纯属完全耦合？这样比较的意义何在？他们的思想本质是否相同？在本书中提出的在国家权力的视野下分析他们的政治思想是否可行？这些问题都需要我们从学理角度论述清楚才能进行下一步的比较研究。

（1）世界历史学的学理根据。

韩非和马基雅维利政治思想的比较研究涉及中国春秋战国时期的历史与欧洲文艺复兴时期的历史比较，这属于跨文化、跨历史阶段以及跨区域的比较。学界已证明这种比较研究可行，刘家和论证了这种跨文化比较的可行性。他从世界历史学的比较出发，认为历史性的比较有横向的共时性（synchronic）比较和纵向的历时性（diachronic）比较两种不同类型。前者主要在于说明不同的国家、民族、社会集团等之间在同一历史时期中的同异，后者主要说明同一个国家、民族、社会集团等在不同历史时期中的同异。历史时期相同，不同的国家、民族、社会集团等之间的比较才是有意义的，同一个国家、民族、社会集团与其自身没有比较的价值。无异之同不具有比较研究的条件，无同之异也不具备比较研究的条件。总之，有相同，才能比其异同；有相异，才能比其同异。所以，不同时期的不同国家之间，一般说来虽然不具有可比性，但是，只要从一个相同的角度去看仍然可以比较。① 因此，韩非与马基雅维利政治思想的比较虽然是在不同的国家和不同的时间进行比较研究，但这种比较只要在同一视角之下——国家权力的视角——进行就符合历史学的比较方法论和学理规范，这也为本书的比较研究奠定了学理上的比较可行性基础。

（2）比较逻辑学的学理根据。

根据比较逻辑学原理和原则，"同类可比，不同类不可比"是最

---

① 刘家和：《历史的比较研究与世界历史》，《北京师范大学学报》（社会科学版）1996 年第 5 期。

基本的也是最重要的比较原则和前提。只有是"同类"的才具有"可比性"，才能进行比较研究，凡属不同类的不具有可比性。另外比较研究的目的一方面是"寻同"，也就是思想共识或相类似的思想观点；另一方面是"寻异"。因此，"同中求异"和"异中求同"也是比较逻辑学坚持的第二个重要原则。这也是唯物辩证法的体现，相同不可能是完全地同，相异也不可能是完全地异，就是要在"同质"的内部寻找相异，在"同异"的内部寻找相似。在两个属于同一类别的人物思想之间，尤其是韩非和马基雅维利这两个相似与相异相混合的思想家当中，经过详细分析和对比，寻找出他们思想真正的共识所在，同时找出真正的差异所在。

韩非和马基雅维利之所以是"同类"，首先就在于他们所面临的政治情境的相似性。从外在客观上的相似性进一步影响到了二人的理论基础、思想特征等诸方面的极大相似性。其次，二人出身、经历、理想的相似性，二人著作内容和主要观点的相似性都决定了他们思想本质上的相似性。这种相似性在本书的第一章、第二章和第五章中着重予以了强调，同时这个假设与观点贯穿于全书的各个部分，而第三章、第四章和第六章阐述了他们相似理论基础之上的差异之处。总体而言，他们都提出了国家权力在国家统一、争霸、图存和发展中的作用，而其余的"同中之异"或者"异中之同"都是外在形态的表现和不同环境、不同文化背景造成的结果，而不是他们思想本质的不同。最后，他们之所以属于一个"同类"而具有可比性，还在于他们都是以政治实践的运用和操作以及解决实际政治问题为导向，而不是进行学理分析、词汇辨析以及理论梳理的理论家和哲学家。

正是这样的本质上的"同类"决定了他们思想本质上的相似性，而非本质意义上的差异。所以，无论是从比较逻辑学的理论原则还是从世界历史的比较原理出发，在国家权力的视角下对韩非和马基雅维利的比较研究都是可行的，同时在国家权力视角下审视二人的思想更能呈现出他们思想本质上的异同。那么国家权力这个概念怎么理解？以及如何能成为比较二人政治思想的基础和视角呢？

2. 对国家权力的理解及其作为比较视角的可行性分析

"国家权力"这个概念提出的用意在于以此作为比较二人政治思想的基点和核心，以此提炼、总结和分析他们的著作和思想特征。"国家权力"从概念上来讲主要涉及"国家"和"权力"两个子概念。对于国家的理解有很多种，提塔斯就曾经列出过 145 种不同的国家定义。[①] 在此对于二人的比较研究而言，需要论证的是韩非时期"国家"的概念与马基雅维利时期"国家"的概念之间其内涵是否一致、是否可以比较的问题。

在古代中国，从汉语词源上来讲，"国"字的古文为"上或下王的一个字"，从一（土地）、从戈（武力）、从王（最高权力），可以训为："生活在一定地域的人们所结成的拥有最高权力的社会。"[②] 西方"国家"的词源比较复杂，古希腊语中与"国家"相对应的词是"城邦"，古罗马时国家称为"res publica"，现在将这个词翻译为"commonwealth"，但实际上也是指人口、土地和政权、政治机构等一切社会团体的总和。到了文艺复兴时期，学界一般认为自马基雅维利使用了"stato"这个词之后才具有了近代民族国家的内涵。尽管古代中国与古代西方所使用的国家一词具有不同的含义，但其本质和现实指向还是指政权、政治机构或政府。因此，"不论中西，国家的词源含义与其定义基本一致，都是指生活在一定地域的人们所结成的拥有最高权力及其组成或政府的社会"。[③] 王海明的这个观点把握了国家的本质，在本书中对于国家的理解也采用该观点。另外，最新的考古发现及其研究表明，中国古代国家的产生和形成是一种特殊形式，夏、商、周是中国早期形态的国家，而春秋战国时期，尤其到战国时期，国家形态走向了成熟，真正成了现代意义上的国家。

同时也有诸多欧洲学者，如斯普瑞特（Spruyt），也认为春秋战国

---

①　C. H. Titus, "A Nonmenclature in Political Science", *American Political Science Review*, 1931（25）.

②　王海明：《国家学》，中国社会科学出版社 2012 年版，第 30 页。

③　同上书，第 31 页。

时期的"中国"或者说"中原诸国"像欧洲国家一样，都是领土国家，君主们也都把自己的统治建立在"清晰界定的领土范围内的排他性权威"之上；它们也都是主权国家，因为君主们要求人民承认他们是国家的最终权威，以及不承认其上有更高的司法权力之源。[①] 许田波认为，春秋战国时期不仅在国家间关系上类似于近代早期欧洲，而且两者在国家—社会关系上也很相似。春秋战国时代的主权国家建立了各自的中央政府，拥有官僚化的行政机构，垄断了国内暴力的使用，并在全国范围内征税。而有关国家与统治者的区别，官职与官员的分离，根据客观和贤能标准来选拔和晋升官员的科层制，公开颁布的法律所具有的普适性和公平性，人口的调查和登记，中央岁入与支出的预算，统计与报告的汇集，直接统治的能力，以及其他行政技术的问题，中国均先于欧洲几千年就发展起来了。国家与社会之间就法律权利、思想自由和福利政策的谈判在中国大地上的出现时间要远早于欧洲。简言之，春秋战国与近代早期欧洲在许多关键的层面上具有显著的相似性。[②] 另外，在多国体系最后的阶段，各个国家外出旅行的人甚至被要求携带证明文件，用现在的话说就是护照。[③]

在战国时期的最后阶段，诸侯国之间互相征战，各个国家根据不同的情况缔结联盟或者解散联盟，并设立专门处理战争与和平事务的外交官员，并且通过各个诸侯国的边境都需要出示相关证明文件。这些历史事实和学者们的论述已经清晰地证明，在中国的战国时期，诸侯国已与近世欧洲的邦国、城市共和国或者公国相类似，都是作为一个独立的政治实体或者单位，拥有在各自领土、疆界范围内的最高权力——国家权力。此外，在韩非的著作当中，"国"字共出现了592

---

① Spruyt, Hendrik, *The Sovereign State and Its Competitors*, Princeton University Press, 1994, p. 34.

② ［美］许田波：《战争与国家形成：春秋战国与近代早期欧洲之比较》，徐进译，上海人民出版社 2009 年版，第 5 页。

③ Yates, Robin D. S., "The Mohists on Warfare: Technology, Techniques, and Justification", *Journal of the American Academy of Religion*, *Thematic Suppliment*, 47, 1980.

次之多，"国家"出现 10 次，"天下"出现 259 次，"天子"出现 35 次。当然这并不都是在"国家"的意义上运用的，但是"社稷""国""国君""国强""国弱""国难""大国""小国"等词汇表达的"国家"概念已出现在韩非的思想当中。尽管"天下"一词出现的频率非常之高，但他已经意识到当时较大的诸侯国已不希望天下共主的"天子"存在，"大国恶有天子，小国利之"①，而且在事实上当时各国俨然已经如现在的民族国家一样掌握着国家内部的最高统治权。不仅如此，西方学者在论述韩非的政治思想时也直接使用"state"这个词汇，并且认为韩非已经将统治者的利益与国家的利益相区分。②

对权力理解的多样性也不低于对于国家的理解。③ 根据掌握权力的主体进行分类的话，包括国际权力、政府权力、执政党权力、阶级的权力、个人的权力和组织（部门）的权力等，李景鹏在其著《权力政治学》之中就曾这样对权力分类并分析；④ 也可以根据权力在社会各个领域之中的运行分类，包括军事权力、立法权力、司法权力、经济权力（生产、分配及交换等经济领域中的各项权力）和文化权力（意识形态的权力）等；还可以根据权力本身体现出的特性进行分类，包括强制性权力、奖惩性权力、象征性权力，严家其就曾这样对权力进行分类。⑤ 肯尼思·E. 博尔丁根据权力的功能和性质，将权力分为破坏权力、生产与交换权力以及整合权力和与之对应的威胁权力、经

---

① 《韩非子·说林上》。

② David Elstein, "Han Feizi's Thought and Republicanism", *Dao*, Vol. 11, Issue 2, 2012.

③ 具体可参见 [英] 伯特兰·罗素《权力论》，吴友三译，商务印书馆 1991 年版；McNeill, William, *The Pursuit of Power: Technology, Armed Force, and Society since AD 1000*, Chicago University Press, 1982；迈克尔·曼《社会权力的来源》，上海人民出版社 2007 年版；[英] 肯尼思·E. 博尔丁《权力的三张面孔》，张岩译，经济科学出版社 2012 年版。除此之外，还有许多对权力分析的经典著作，诸如丹尼斯·H. 郎、拉斯韦尔等人的著作，在此不再一一列举。

④ 李景鹏：《权力政治学》，北京大学出版社 2008 年版。

⑤ 严家其：《首脑论》，上海人民出版社 1983 年版，第 18—19 页。

济权力和整合权力。①

　　无论对权力怎样分类，但从本质上来讲，权力就是指能够促使他人行为、思想发生改变的一种能力，其后盾和最终力量是强制力保证实施，但这种能力通常以奖励、惩罚、威胁、劝说或是法律、舆论、道德等日常非暴力、非强制力的手段和形式来体现，但权力最终强调的是以强制力为保障的结果和目的实现的能力。这也是权力与暴力的区别，暴力是赤裸裸的物质力量、物理力量，而权力在表面上来说是"看不见的手"和"看得见的手"、非强制力的手段和强制力的手段相结合，并且在大多数社会常态之下，是以影响力、号召力等非强制力的面貌行使和出现。之所以能够实施这种非强制力，是因为掌控着各种各样的资源，在经济领域中有权力意味着掌握着经济领域中的货币政策、金融政策或者是奖励与惩罚的政策，不论权力在哪一行业中体现或者为哪一个主体所掌握，都是拥有权力者控制和掌握了各种形式的资源。而国家权力实质上就是指国家作为主体掌握一定领土、疆界范围内的全部权力——掌握本区域内的所有资源。但由于国家本身是由某个阶级及其最高的代理人掌握抑或由某个政党的代理人掌握，并且国家出现的本身就意味着一种凌驾于、超越于社会之上的力量存在，意味着社会无法处理即将要让自身毁灭的矛盾，故而这种从社会中产生而又日益与社会相异化的力量本身就是国家权力的起源，即恩格斯在《家庭、私有制和国家的起源》中所说的，"是一种在表面上凌驾于社会之上的力量"。所以，迈内克认为，权力内在于国家本质之中，没有权力，国家便无法完成维持正义和保护社会的任务。② 当然，国家及其权力产生的目的是保护和维持社会共同体的生存和发展，在于整合社会利益、化解矛盾冲突，故国家权力又以一种特殊的公共权力的面目出现，这种力量逐渐转化和体现在社会的各个方面，最后渗透

_____

①　［英］肯尼思·E. 博尔丁：《权力的三张面孔》，张岩译，经济科学出版社2012 年版。

②　［德］迈内克：《马基雅维里主义："国家理由"观念及其在现代史上的地位》，时殷弘译，商务印书馆2008 年版，第13 页。

并分解在了经济权力、政治权力、文化权力等领域之中，而且所有的权力都被冠以"国家权力"的名义。但同时由于国家具有阶级性和公共性的特点，所以，国家权力也就体现着阶级性与公共性的两面性，除此之外还具有普遍性、强制性和规范性的特点。[①] 故"国家权力"这个概念可以作为一个"共性词汇"和"通用性词汇"对韩非和马基雅维利进行比较研究时使用。

（三）研究意义

微观方面的意义和理论上的意义在于对目前学界领域里有关二人政治思想的比较研究进行系统、全面的梳理和澄清，进而对二人的方法论、人性论、历史观以及主要的政治思想等进行全面的比较研究，深度挖掘他们二人为什么能够相比，为什么思想能产生相似之处。在他们思想当中进行异中求同和同中求异，同时比较的目的不是制造不同语言、不同文化以及不同文明，也不是泯灭他们的个性和中西方政治思想的传统差异，而是在充分了解各自异同的基础之上实现文化互补，相互借鉴，理解人类文明的多样性和差异性。

客观方面的意义和实践意义在于，通过比较二人政治思想的相似与差异，追溯并反映了他们对政治和政治思想的本质性认识和理解。同时，加深对二人著作的理解和人类某些共性的认识，更好地借鉴人类文明的成果，管窥中西方国家权力思想和文化的差异性与共通性，深化对两种文明的理解，同时指出韩非和马基雅维利的国家权力思想在我国现代化进程之中有哪些借鉴之处和意义。

（四）相关用语、概念、时间等说明

1. 关于马基雅维利和韩非的译名问题

"Machiavelli"的翻译有很多种，翻译为马基雅弗利、马基雅维里、马基维利、马凯维利等各种不同的中文译名皆有。本书为了尊重原著作

---

① 　徐大同：《文踪史迹》，天津人民出版社 2007 年版，第 21—22 页。

的译名和体现历史感，凡是原作者所使用的书名和文章中涉及 "Machia-
velli" 中文译名的，原作者怎样翻译，在此一律保持原貌。但是除原著
外，在其余各种论述当中一律使用 "马基雅维利" 这一译名。

对于韩非来讲，在中国古代的历史语境之中，韩非与韩非子的称
谓虽仅有一字之差，但其中的意义却非同凡响。在本书中，用 "韩
非" 指称他自己的思想及其著作《韩非子》的思想体系，并未特意预
设或有意涵盖某些价值观念，更未预设使用 "韩非" 是有意贬低 "韩
非子" 的价值。

2. 关于春秋战国时代和欧洲文艺复兴时期的时间界定

本书借鉴使用美国学者许田波对春秋战国时期的相关划分标准，
战国时期的时间为公元前 656 年至公元前 221 年，马基雅维利的历史
背景时间界定为 15 世纪初至 16 世纪末。

二　文献综述、研究方法、研究难点及创新之处

（一）国内、外韩非的研究综述

1. 国外对韩非的研究现状

西方学者对韩非的研究，首先得益于 1959 年廖（W. K. Liao）将
中文本《韩非子》译为英语。此后，西方学者逐渐开始对韩非进行研
究，但主要局限在介绍和评论中国有关韩非的学术研究。常
（L. S. Chang）在 1977 年将中国台湾学者王晓波的《韩非子思想理论
中 "法" 的概念的重要性》翻译成英文发表。[①] 鲍尔·顾德金（Paul
R. Goldin）在韩非的《利己主义》一文中认为，《韩非子》的第 49 章
中是中国历史当中公、私观念大讨论其中之一，韩非所认为的自我私
人利益是大臣的利益，公的利益是统治者个人的利益。[②] 布莱克（Su-

[①]　Wang Hsiao-po, "The Sianificance of the Concept of 'Fa' in Han Fei's Thought
System", *Philosophy East and West*, Vol. 27, No. 1, 1997.

[②]　Paul R. Goldin, "Han Fei's Doctrine of Self-interst". *Asian Philosophy*, Vol. 11,
No. 3, 2001.

san Blake）在 2009 年发表了一篇书评：《王晓波，道与法：法家思想
和黄老哲学解析》。2011 年戴维德·艾尔斯坦恩（David Elstein）发表
了《韩非子的思想和共和主义》，作者指出韩非不是共和主义者，但
韩非设计的控制国家系统的理论背后实际上有一些与共和主义政治理
念相同的非专制思想，这为我们重新考察和理解韩非的思想提供了一
个很好的角度。① 杨松嘉（Yang Soon-ja）2012 年发表了一篇针对我国
学者宋洪兵《韩非子政治思想再研究》的书评，认为宋洪兵的著作有
助于澄清对古代法家存在的偏见，同时指出了宋洪兵对"道"的理解
不具有说服力，对儒家的"仁""义""礼"与法家所使用的这些概
念的不同没有予以区别，认为韩非提到这些价值并不代表他像儒家一
样地理解和运用，因为儒家不同的流派在使用这些词时所指的含义都
不一样。作者认为进一步澄清这些概念将有助于更好地解释韩非和其
他法家政治哲学中对道德的不同理解。② 摩根·维金（Morgen Witzel）
讨论了韩非著作当中相关的领导理论，认为法、术、势、奖励和惩罚
（二柄）是领导控制组织的手段，文章指出在法家的领导学理论当中
有一些对未来领导学理论的启示。③

　　戴维（David Chai）在 2013 年发表了书评《王威威，以黄老为本
的韩非子思想研究》。同时在 2013 年西方学者鲍尔·顾德金主编了
《韩非哲学的道家指南》论文集，收集了西方著名学者对韩非研究的
最新进展。④ 本论文集共分为四个部分，第一部分的主题分析和讨论
了韩非前辈商鞅和慎到的思想及其对韩非的影响，收集的是派恩斯·
于睿（Yuri Pines）的《从历史性的进化到历史的终结：过去、现在和

---

　　①　David Elstein，"Han Feizi's Thought and Republicanism"，*Dao*，Vol. 11，Issue
2，2012.

　　②　Yang Soon-ja，"Song Hongbing, New Studies of Han Feizi's Political Thought"，
Dao：*A Journal of Comparative Philosophy*，Vol. 11，Issue 2，2012.

　　③　Morgen Witzel，"Leadership Philosophy of Han Fei"，*Asia Pacific Business*，
Vol. 18，No. 4，2012.

　　④　Paul R. Goldin Ed.，*Dao Companion to the Philosophy of Han Fei*，Springer Neth-
erlands Press，2013.

未来从商鞅到第一个皇帝》和杨松嘉（Yang Soon-ja）的《慎到"法"的理论及其对韩非的影响》两篇文章；第二部分的主题是韩非本身的哲学，收集了三篇文章，分别是派恩斯·于睿的《潜藏于绝对权力之下：〈韩非子〉中统治者的窘况》、艾尔伯特·高万尼（Albert Galvany）的《超越规则的统治的韩非子思想中君主权力的基础》、艾瑞克·朗·汉瑞斯（Eirik Lang Harris）的《韩非对道德问题的分析》；第三部分的主题是韩非和儒家学说，收集了两篇文章，诺顿（Bryan W. Van Norden）的《趋于综合的韩非与儒家学说》和马萨于可·萨图（Masayuki Sato）的《荀子的人性论是否为韩非的政治思想提供了基础?》；第四部分的主题是《韩非子》具体章节的研究，收集了三篇文章，迈其尔·亨特（Michael Hunter）的《"说难"篇的困难》、撒哈·奎恩（Sarah A. Queen）的《韩非子及其师：对〈韩非子〉第20章解老篇、21章喻老篇的一个比较分析和翻译》、马萨于可·萨图的《韩非子研究在中国大陆、中国台湾和日本》。这个论文集的出版标志着西方学者对韩非思想研究的最新进展，也标志着西方学者对韩非的理解和认识达到了新的高度，超越以前只将韩非视为东方君主绝对主义者倡导者的形象。除此之外，美国学者本杰明·史华慈也对法家的政治思想进行了研究，但同时他也对法家与马基雅维利的思想进行了对比，但在此不予论述，而放在韩非和马基雅维利比较研究的综述中予以评述。总体来讲，国外对韩非的研究还比较单薄，以书评和翻译为主，研究的最高水准主要体现在鲍尔·顾德金主编的《韩非哲学的道家指南》论文集当中，就其内容来看已摆脱了之前对韩非的众多负面观点。

2. 国内从封建时期至今的韩非思想研究现状

《韩非子》一书历经秦朝、汉朝、魏晋南北朝、隋朝、唐朝、元朝、明朝、清朝这一漫长的历史时期，历朝历代都在不同程度上对韩非的研究做出了贡献。在此，主要以韩非的政治思想研究为主线来考察历朝历代的研究，兼及其他方面的研究成果。

对韩非其人、其思想的研究从秦朝已开始，最早对韩非思想进行研究、运用的当属李斯。他对韩非本人及其思想较为熟悉，经常引用

《韩非子》中的话，把韩非的理论称为"圣人之论""圣人之术"，认为是一种治天下的"帝道"。① 在秦王朝统一天下之后，李斯更是歪曲韩非的学说和思想为秦始皇和秦帝国服务。汉代对韩非及其《韩非子》的研究首推司马迁，他认为韩非"喜刑名法术之学，思想渊源于黄、老"，其本质和特征为"引绳墨，切事情，明是非，其极惨礉少恩"。② 汉武帝实行"罢黜百家，独尊儒术"的政策之后，从汉代开始，人们自觉地或无意识地开始形成了以儒家的视角、眼光来审视和批判《韩非子》的学风。扬雄、王充、刘陶、班固等人都对韩非的思想有所批判。"韩非子学"开始成立应该是在南北朝的时候。③ 刘昞是迄今所知最早注解《韩非子》的学者，但其《韩非子注》已失传。刘备、诸葛亮、曹操，以及北魏道武帝、明元帝、葛洪等人都对《韩非子》予以赞扬。唐代对《韩非子》一书所蕴含的文学技巧、修辞手法进行研究，形成了新风尚。李翔、欧阳询、虞世南、徐坚编等人，都引用过《韩非子》。除此之外，唐代尹知章也曾对《韩非子》作注释，但其注也已亡佚。宋代对《韩非子》的研究主要体现：一方面，编纂大型图书《太平御览》，其中辑录《韩非子》很多原文；另一方面，注重对《韩非子》的注释，这方面的影响胜于唐代。除此之外，宋代人对韩非予以大量批判，如欧阳修有《论申韩》，苏轼兄弟也分别撰写《韩非论》。此外，晁公武、高似孙以及黄震分别在他们的著作里发表了一些对韩非思想的评论。元代对《韩非子》的研究体现在校雠方面。何犿与许谦考雠了缺刻本《韩非子》，这是有文献记载的有关《韩非子》的第一次校勘工作。

明代是研究《韩非子》的第一次兴盛时期，其刻本之多史无前例，成就主要集中在校订和评点两个方面。校订《韩非子》的主要有张鼎文、门无子、赵用贤、陈深、凌瀛初、赵世楷、冯舒等人。开评

---

① 张觉：《历代韩非子研究述评》，《传统中国研究集刊》（第七辑）2009 年第 7 辑。

② 司马迁：《史记·老庄申韩列传》，裴骃集解，中华书局 2011 年版。以后凡引《史记》《资治通鉴》只列出其篇名，且皆出于该版本。

③ 郑良树：《韩非子研究的回顾》，《文献》1993 年第 2 期。

点《韩非子》先河的是门无子，《韩子迂评》是他评点式研究的开山之作。门无子开评点之风后，对《韩非子》的评点风靡一时，当时评点的著作之多、规模之大、流传之广、评鉴之深都值得重视，不仅在中国流传，而且也流传到日本。这种评点式的研究可以说是一种微观类型的学术研究，但也说明他们认识到了《韩非子》的思想价值所在，在《韩非子》的文学评价方面，明代的张鼎文、门无子、王世贞、赵世楷、茅坤等人对韩非的文辞均进行过评论。

清代对《韩非子》的研究主要集中在校勘、考证和注释方面。官方的考证以《四库全书》为代表，但这种官方的校雠考证并没有取得重要成绩。卢文弨的《韩非子校正》是清代第一本认真校对《韩非子》的著作，他的这本书常为后来考订《韩非子》著作的人所引。但清代校订《韩非子》成就最高的当数顾广圻。此外，从训诂方面进行考订《韩非子》的也有很多人，如王念孙、俞樾、陶鸿庆、孙诒让、于鬯、梁启超、刘师培等人，都有考释《韩非子》的条文。王先慎的《韩非子集解》则是集各种考据成果的综合性集释本，于1896年刊刻印行，他的集解本成为20世纪最通行的注释本之一。总体而言，2000多年对于韩非的研究，经过历朝历代的曲折前行，其贡献在于基础性的文本校勘和注释，实质上并未对其学术思想价值做出应有的研究，尤其未对韩非的政治思想进行深入的挖掘和整理。这样也为当代的研究提供了一个契机，使得我们能够在运用丰富资料的同时对以前几千年的《韩非子》研究有更为辩证清晰的认识。

清末民初，民主思潮伴随着西学大量涌入中国，《韩非子》研究进入了兴起与蓬勃的发展阶段。这段时期有尹桐阳、唐敬杲、吕思勉、张之纯、夏中道、张陈卿、刘咸炘、谢无量、陈柱、章绍烈、王世琯、容肇祖、陈启天、叶玉麟、曹谦等人的著作。这一时期以论文为形式的研究成果有明显增多，根据《中国哲学史论文索引》（1900—1949年）的整理，截至1948年7月，有74篇论文，1950—1966年共有23篇，但好景不长，1967—1976年"文化大革命"时期的《韩非子》研究就不再是正常的学术研究，尽管论文数量达到287篇。① 这些论文的主旨和目的都集中在儒法斗争之上，是为了服务于"文化大革命"的需要，而不是出于学术研究的目的，其中对《五蠹》篇的研究达到102篇，这是因为"五蠹"中的"五蠹"之一就是"儒"。

"文化大革命"动乱结束后，学术界逐步进入健康的发展轨道。对韩非思想的研究也逐步开始进入理性研究的阶段。首先是陈奇猷的《韩非子新校注》一书。之后，张觉在1990年写成了《韩非子导读》。从1990年起，对《韩非子》的研究又进入了一个高潮，刘乾先、沈玉成、郭咏志、俞志慧、刘乾先、萧华荣、陈秉才、陈明、王青、赵沛、孙实明、阎笑非、谷方、施觉怀等作者的学术著作相继出版。除这些学术专著之外，戏曲、小说或图文并茂的形式也对韩非的形象以及思想进行了宣传和普及，如2005年的淮剧《千古韩非》、2008年的越剧《韩非子》、2007年黄舜的《韩非和李斯心史》、2009年吴越的《韩非子传奇》等相继问世。

通过在中国万方数据库和中国知网博硕士论文库检索1980—2013年的博硕士论文发现，论文题目当中直接出现"韩非"或者"韩非子"的博士论文有12篇，硕士论文有96篇。论文的研究主题集中在《韩非子》的法术势思想、人性论思想、历史思想、管理思想、文学成就、思想渊源、寓言研究、语音词汇以及与《商君书》、霍布斯、马基雅维利的比较等方面。截至2013年12月31日，中国知网上以全文检索"韩非"得到了5006条结果，这些文献的研究内容可以说是小至字词音韵，大至全球视野的比较，几乎涉及《韩非子》的方方面面，其中相当一部分论文运用了最新的学科工具以及交叉学科的方法和技术从不同的视角来研究，可以说，近30年对韩非的研究已经达到了一个新的学术高度。

以上这些研究都是在中国大陆进行的，与此同时中国台、港地区对韩非的研究也一直在不断进行，并且由于没有受到中国大陆"文化

---

① 方可立等主编：《中国哲学史论文索引》第一册，中华书局1986年版，第1900—1949页。

大革命"的影响，相对而言取得了一些比较重大的研究成果。专著方面有1961年王赞源的《韩非与马基维利比较研究》、1967年王德昭在新亚书院出版的《马基雅弗里与韩非思想的异同》。之后赵海金、封思毅、高柏园、谢云飞、姚烝民、李文标、王静芝、张素贞、吴秀英、肖善章、高富穰、卢瑞钟等研究韩非的著作相继出现。1958—2009年，台湾地区研究韩非的硕士论文有101篇，博士论文有8篇。1980—2010年期刊论文达到300篇，出版的专著至少有10种。其研究内容也表现出了宽广的学术视野。① 大大还原了韩非思想的原貌，拓展了韩非思想的运用范畴，以一种更加理性和实事求是的态度辩证地分析了韩非的思想，加深了人们的认识和理解，并且运用的研究方法非常新颖，值得大陆学者借鉴学习。另外，需要特别提及的是郑良树在1993年出版的《韩非子知见书目》一书。该书不仅对1949年前的《韩非子》研究成果进行了详细的梳理和总结，更具有价值和意义的是对台湾地区的韩非研究做了比较全面的回顾和综述。这本书的问世解决了中国大陆学者无法了解台湾地区对韩非研究的困境。综上所述，台湾地区对韩非研究所取得的成果是令人欣喜和骄傲的。

　　进入21世纪后，对韩非思想的研究全面开花，专门研究其历史思想、政治思想、治国管理思想、逻辑辩证思想的专著相继问世。目前最新的研究成果主要有，2009年黄裕宜出版的《〈韩非子〉的规范思想——以伦理、法律、逻辑为论》，② 2010年宋洪兵出版的《韩非子政治思想再研究》，③ 2012王立仁出版的《韩非子的治国方略研究》④ 和2013年孔雁出版的《韩非子的管理思想研究》。⑤ 其中，宋洪兵的著作可以说是研究韩非的又一力作，他的研究视角和方法类似于斯金纳和波考克的历史语言语境主义的方法，将韩非放置于当时先秦的语言和

---

①　彭鸿程：《近百年韩非研究综述》，《古籍整理研究学刊》2012年第3期。
②　黄裕宜：《〈韩非子〉的规范思想——以伦理、法律、逻辑为论》，台湾花木兰文化出版社2009年版。
③　宋洪兵：《韩非子思想再研究》，中国人民大学出版社2010年版。
④　王立仁：《韩非子的治国方略研究》，中国社会科学出版社2012年版。
⑤　孔雁：《韩非子的管理思想研究》，清华大学出版社2013年版。

价值前提预设与传承中，从韩非与先秦其他思想家之间的共识和思想
继承中理解和分析韩非的思想，指出了韩非在哪些方面秉承了先秦思
想家的共同观点和思想，又是从哪些方面和视角与和他同时代的人之
间产生差异的。对传统研究韩非所形成的历史偏见进行了逐一分析和
驳斥，对近代形成的"专制—民主"研究模式下对韩非研究产生的问
题进行了辨析，许多观点值得借鉴。

（二）国内、外马基雅维利研究综述

1. 国外马基雅维利的研究现状

马基雅维利的著作和思想得以传播之后，西方学术界对他思想的
研究就从未停歇过。根据诺萨和费奥列两人的统计，1740—1935 年有
2113 条相关的研究条目，1935—1988 年有 2266 条相关的研究条目。[①]
伯林对此也有同感，他在《马基雅维利的原创性》一文当中指出，对
于马基雅维利的政治观点，不同的解释数量之多，真是有些让人吃惊。
甚至在今天，对于如何解释《君主论》和《论李维前十书》依然存在
着众多不同的理论，姑且不论那些次要观点和各种注解造成的一团迷
雾。这些研究文献达到了 3000 个以上的条目，而且还在以更快的速度
增长。[②] 研究数量倍增的同时，对马基雅维利的思想研究内容、范围、
视野以及各种赞扬与批评的著作都与时俱增，在此不再一一评述，总
结这些研究成果大致包含以下几个方面的内容。

（1）马基雅维利的生平经历及他所受的人文主义的教育对他后来
思想的影响，他的政治生涯、政治实践对他政治思想的影响，他与同
时代的其他重要人物的关系以及有关他的个人评传。这方面著作非常
之多，主要有：1939 年马尔库的《专注权力：马基雅维里的生活和时

---

① Norsa Achille, *Il Principio della Forza nel Pensiero Politico di Niccolo Machiavelli*,
Milan: Hoepli, 1936. Ruffo Fiore, *Nicclo Machiavelli: An Annotated Bibliography of Mod-
ern Criticism and Scholarship*, Greenwood Press, 1990. 参见谢慧媛《善恶抉择：马基雅
维里政治道德思想研究》，北京大学出版社 2011 年版，第 16 页。

② ［英］伯林：《反潮流：观念史论文集》，冯克利译，译林出版社 2002 年版，
第 156 页。

代》、1968 年普瑞林尼（Prezzolinni）和基斯普（Giuseppe）合著的
《马基雅维利》、1998 年维罗里的《马基雅维利的微笑》、1981 年斯金
纳的《马基雅维利主义》、1989 年赛巴斯汀（Sebastian De Grazia）的
《地狱中的马基雅维利》、1998 年戈德曼的《从波里奇阿诺到马基雅维
里：文艺复兴时期的佛罗伦萨人文主义》。

（2）对马基雅维利的著作《君主论》和《李维史论》的研究。
主要有施特劳斯的《关于马基雅维利的思考》《什么是政治哲学》《现
代化的三次浪潮》、曼斯菲尔德的《新的方式与制度——论李维》《驯
化君主》、阿尔瓦热兹的《马基雅维利的事业：〈君主论〉疏证》、吉
尔伯特的《马基雅维利的〈史论〉的写作结构》、卡西尔的《国家的
神话》、巴伦的《共和主义的公民和〈君主论〉的作者》、斯金纳的
《现代政治思想的基础》《马基雅维利》、伯林的《马基雅维利的原创
性》、迈内克的《马基雅维利主义》、鲍尔·诺斯曼森（Paul J. Ras-
mussen）的《卓越的批判：马基雅维利对色诺芬的批判和政治的道德
基础》、罗斯·金（Ross King）的《马基雅维利：权力哲学》。除此之
外，对两部著作当中所使用的词汇如"vitùe、stato、politica、fotuna"
等的内涵辨析，主要有曼斯菲尔德的《马基雅维利的 virtùe》、约翰·
普拉梅纳茨（John Plamenatz）的《探究马基雅维利的 virtù》、哈里
斯·哈比森的《马基雅维利的〈君主论〉和莫尔的〈乌托邦〉》等文
章问世。

（3）马基雅维利的政治思想与共和主义、现实主义、自由主义和
民主理论的渊源关系研究。主要有：鲍尔·那什（Paul A. Rahe）的
《反对王位和圣坛——在英国共和主义之下的马基雅维利和政治理
论》、奥里山大（Alessandra Petrina）的《英伦三岛上的马基雅维利研
究》、波考克的《马基雅维里时刻》、国内刘玮的《马基雅维利与现代
性——施特劳斯、政治现实主义与基督教》等著作。

（4）马基雅维利的诗歌、喜剧作品的政治内涵和思想研究。主要
有卡里斯·罗德（Carnes Lord）的《论马基雅维利的曼陀罗花》，米
其尔·鲍尔（Michael Palmer）、罗吉诺·圭多（Ruggiero Guido）等国

外学者对马基雅维利的《曼陀罗花》进行的分析。①

（5）马基雅维利的军事、外交思想对近代国际关系、国际政治以及军事领域内的影响。主要有艾伦的《16 世纪政治思想史》、鲍尔·奥本海默（Paul Oppenheimer）的《马基雅维利：超越意识形态的生活》、波德·帕雷特的《从马基雅维利到核时代》。

（6）马基雅维利思想的现实运用。主要有彼英（Bing）和山迪（Sanley）的《马基雅维利会做什么》、布鲁和尼尔森的《马基雅维利的共和主义者：最佳实现的美国和如何获取》、莫瑞斯和迪克的《新君主论》。

在这些浩瀚无边的研究文献当中，近代最有影响的莫过于以斯金纳和波考克为代表的剑桥学派与以施特劳斯和曼斯菲尔德为代表的施特劳斯学派之间的争论。剑桥学派的最大贡献是给读者提供了马基雅维利所处的历史语言环境，使得读者明白作为经典文本而存在的著作和作者在当时所处的"历史语境"之间的关系，提醒读者勿将作者视为"历史"时空语境中"孤独"的一员。为认识经典作家其人其著提供了多维视角的立体语言环境，还原了当时思想界的真实状态。但斯金纳与波考克只引述当时倡导共和制度城市思想家的著作、理论，未涉及那些选择君主制度城市的思想家及其著作。而且根据斯金纳的论述，当时大多数的城市选择的是君主制而不是共和政治体制，那么这样就不能完全反映当时思想理论界的语言环境，只引述或选择与自己写作意图相关的思想家和著作不足以证明当时的意大利处于一种共和主义的氛围之下。

而施特劳斯学派把马基雅维利的著作逐章甚至逐句进行分析，探究他的思想根源、目的和背景，意图揭示马基雅维利写作的真实意图和目的，但到最后他们的结论是把马基雅维利视为一个宣扬邪恶信条的恶魔。同时又认为马基雅维利对政治、道德、宗教、命运等问题的论述颠覆了古典政治哲学的传统，是现代性的第一人。曼斯菲尔德继

---

① 具体可参见刘玮《马基雅维利与现代性》，华东师范大学出版社 2012 年版，第 68—70 页。

承其师的传统和思路，代表施特劳斯学派与剑桥学派展开了激烈论战。鉴于对马基雅维利研究的多面性，吉尔肯在1969年所写的文献综述和回顾中，总结了他的荣誉和毁誉名号多达40多项，尽管其中有些是相互矛盾、冲突的，但是由此可窥见后世对马基雅维利的热切关注，[①]以及他思想的复杂性、多样性、隐晦性由此导致对他思想研究的多样性、复杂性和歧义性。

2.国内马基雅维利的研究现状

国内对马基雅维利的研究首先是从翻译马基雅维利的原著开始。1925年马基雅维利的《君主论》被严复的高足伍光建首次译为《霸术》并出版发行。从20世纪70年代起，国外学者对马基雅维利的研究著作逐渐被翻译到国内，对马基雅维利思想的系统研究也逐渐开始。到目前，施特劳斯、曼斯菲尔德、斯金纳、卡西尔、维罗里、波考克、布克哈特等人的部分著作都有所译介。国外研究马基雅维利的学者，如纳坦·塔科夫、J.J.巴洛、W.R.纽维尔等的诸多文章也有所译介。[②] 但对研究马基雅维利的著作翻译的数量明显不够。所幸的是，时至2013年12月，《马基雅维利全集》中文版已全部译毕并出版发行，为研究马基雅维利的思想提供了极其便利的条件。另外，中国大陆学者在马基雅维利的中译本著作以及国外研究成果的基础上，陆续出版了一些研究马基雅维利的专著，主要有彭顺生的《影响西方近现代思想的巨人：马基雅维里思想研究》、周春生的《马基雅维里思想研究》、谢慧媛的《善恶抉择：马基雅维里政治道德思想研究》、肖雪慧的《复合人格：马基雅维利》、于野和李强主编的《马基雅维利：我就是教你"恶"》、韩冬雪主编的《现实主义的思想先驱：马基雅维里》等。除此之外，国内也出现了研究马基雅维利的博士学位论文，如华东师范大学卢少鹏2007年的博士学位论文《自由与共和国的创

---

① John Geerken, "Machiavelli studies Since 1969", *Journal of the History of Ideas*, Vol. 37, No. 2, 1976.

② 具体参见韩潮主编《谁是马基雅维利》（思想史研究）第八辑，上海人民出版社2010年版；《政治思想史》2011年第3期、第4期和2013年第2期。

建——马基雅维里政治思想研究》，2010 年吉林大学梁运娟的《古典
共和主义的继承与背离——马基雅维利共和思想研究》。但国内对马
基雅维利研究的成果专著还是明显太少，研究的范围和视野还远远不
够。与较少的专著相比，研究马基雅维利的文章则是不计其数，研究
的主题主要集中在其政治思想的时代意义、学说思想的贡献和不足、
非道德主义、政治与道德观、权力政治观、"virtùe" 的含义等思想，
这些研究思路、研究内容、方法与国外学者的研究有些类似。

（三）韩非和马基雅维利的比较研究综述

1. 韩非和马基雅维利政治思想比较的研究现状

从韩非的《韩非子》和马基雅维利的《君主论》《李维史论》等
著作问世以来，单独研究他们的专著、文章可谓是汗牛充栋、数不胜
数，但是将两人予以比较研究的著作、文章却是凤毛麟角、屈指可数。
时至今日，尽管对于二人的比较研究有所进展，但是无论是在国内还
是国外，这方面的研究成果也还是极为有限。

最早将二人进行比较研究的是中国台湾地区的学者。王赞源是台
湾地区最早对二人进行比较研究并出版专著的学者，他于 1961 年 12
月出版了《韩非与马基维利比较研究》一书。在这本书中，王赞源从
韩、马两人的时代环境、理论基石、任法治国、任术御臣、任势与富
疆、学说影响六个方面进行了比较研究。① 这虽是第一本研究韩、马
比较的著作，但是内容丰富，涵盖面较广，清晰地阐释了韩、马二人
思想当中的相似和相异之处。不足之处在于，视角单一，机械地、人
为地划分韩、马的思想；另外涉猎和引用的资料也显得不够丰富，没
有关注马基雅维利的书信、政务、外交、诗歌等著作中的思想，且较
少吸纳欧美学者的研究成果。之后在 1973 年 4 月，也是台湾学者的彭
达雄出版了《韩非与马凯维利》，这本书把韩非与马基雅维利类似的
言论、观点，按照相类似的论题、主旨加以分类编排而成，本书共分

---

① 王赞源：《韩非与马基维利比较研究》，台湾幼狮文化事业公司 1961 年版，
第 1—6 页。

为两个部分：第一部分的标题是人际关系的基本，里面共分 10 个小节，主要是搜集韩、马二人有关人性、人际关系的论述，提炼出了"人是受利害左右，而非爱""必要的不是慈悲，而是残酷"等 10 个小标题汇聚成第一部分的内容；第二部分主要是搜集具体的"术数"，共分 8 个小节，主要从君主的立场及其应有的态度、君主的统率术、臣下护身术等八个方面予以论述。① 这本书并没有过多的学术研究成分，而仅仅是一种资料和论题的汇编，不过彭达雄已经注意到了韩非和马基雅维利二人在诸多观点上的异同，已经有了明确的比较研究意识，提出了一些具体而新颖的观点。最早将韩、马思想进行比较、探求异同并发表文章的是中国台湾学者王德昭。他在《马基雅弗里与韩非思想的异同》一文中认为，韩、马不仅在时代背景、生平身世以及局部的理论或主张上相似，而且他们的思想方法、学说体系和要旨也相似，并总结了六个方面的相似之处。② 王德昭从欧洲文艺复兴时期与中国春秋战国时期两个时代的大背景入手进行比较，提出了非常有借鉴意义的观点。进入 21 世纪以后，台湾学者并没有停止对韩非和马基雅维利的比较研究，詹康于 2002 年 9 月在《政治与社会科学评论》上发表《揭开韩非的际遇思想：兼与马基维利比较》一文，在文中他首次提出了将"际遇"作为二人比较的新途径，认为韩非虽没有提出明确"际遇"的概念，但是他"自然之势"的思想可以与马基雅维利"命运"的思想相对应，③ 詹康的这一新论点为研究韩非和马基雅维利的比较开启了新思路和新方法。除此之外，张翰书在《比较中西政治思想》的第八章中，探讨中、西方人性论时认为："马基雅维利在西方是把人性恶讲得最显明露骨的，在马基雅维利看来，所有的人天生都是自私、欲望无穷、贪得无厌的"。而"韩非的性恶论是把人性坏讲到了无以复加的程度，人性恶的露骨、刻薄都超过了马基雅维利，

---

① 彭达雄：《韩非与马凯维利》，台湾大众书局 1973 年版，第 1—6 页。

② 王德昭：《历史哲学与中国文化》，香港商务印书馆 1992 年版，第 234—273 页。

③ 詹康：《揭开韩非的际遇思想：兼与马基维利比较》，《政治与社会科学评论》2002 年第 2 期。

在中西方的性恶论思想中，韩非的性恶论算是特别极端的"。① 在此张翰书仅仅是将韩、马的性恶论思想进行了简单比较，且认为韩非的性恶论思想最为极端且超越了马基雅维利，他的这种观点得到了大陆很多学者的赞同和采纳，但却并不符合实际，有待进一步的反思和研讨。李英华在《中西政治思想比较论稿》中的第七章："韩非与马基雅维利——中西君主专制思想比较"中认为，韩非和马基雅维利虽然所处时代不同，所处国家有异，但在君主专制思想上却有惊人的一致之处。他们都强调君主绝对专制，都讲究君主的统治术，都可视为一种"非道德主义"的君主论。但是，韩非的君主专制论还是反道德主义的，而马基雅维利则不反对道德，尽管他在西方政治思想史上首次将政治和伦理分开。在本章的第三节中，李英华还从君主的统治之术和君主驾驭大臣的方法两个方面对韩非和马基雅维利的思想进行了比较。② 以上是中国台湾地区对二人比较研究的概况。

相对于中国台湾地区的学者来说，中国大陆地区的学者是从 20 世纪 90 年代以后才开始对二人进行比较研究，而且中国大陆的学者大部分都是在自己专著的部分章节里或文章中论述二人的比较，没有以专著或资料汇编的形式形成成果。王宏斌在《中国帝王术——韩非子与中国文化》一书中认为，韩、马著作的重点都是研究君主的统治术，内容十分近似。二人都主张人性是自私自利的，君主的统治不能建立在道德之上，韩非的论著是为封建专制主义统治制造理论根据，马基雅维利的著作是为即将登台的资产阶级摇旗呐喊。此外，王宏斌还认为《韩非子》一书和《君主论》这本书的命运也很相似。③ 周春生在《马基雅维利思想研究》这本书的第十章第五节里对韩非与马基雅维利的国家权力学说进行了论同辨异，并认为韩、马两人在构建强大国

---

① 张翰书：《比较中西政治思想》，吉林出版集团有限责任公司 2009 年版，第162 页。

② 李英华：《中西政治思想比较论稿》，海南出版社 2004 年版，第 196—226 页。

③ 王宏斌：《中国帝王术——韩非子与中国文化》，河南大学出版社 1995 年版，第 60—61 页。

家权力系统和实施有效国家权力运作方面有许多相同之处，但如果以韩非的势、法、术思想作为线索展开比较的话，那么，两人的国家权力学说之间存在着许多质的不同。同时还认为两人都十分注重权术，但韩非的权力运作唯君为上，马基雅维利主张权力制衡；二人虽然也都注重法，但韩非囿于宗法伦理谈法制，马基雅维利却以公民自由为基础。① 谢慧媛在《善恶抉择：马基雅维里政治道德思想研究》中将国内学者对韩、马政治思想比较的成果做了总结，认为韩、马之间的相似点主要表现在六个方面：两种理论时代背景相似、两者的仕途经历相似、两者都主张人性恶、两者都重视法律的作用、两者都表现出非道德主义的倾向、两者都把现实利益作为行为标准，重视环境的变化和权变、两者所理解的法律都是成文法。② 由于谢慧媛这本书的重心主要在于马基雅维利政治思想当中的政治与道德的关系，所以她没有更详尽地对二人进行比较和论述。除了在专著当中的部分章节里对韩非和马基雅维利进行比较之外，国内学者更多的是以论文的形式展开对韩、马的比较，总结这些论文的研究成果，国内学者主要在以下几个方面对二者的思想进行了比较：（1）韩、马法律思想的比较。李明珠对韩、马二人法律思想的相似和差异进行了比较。③ 耿雪萍、李洁也对韩、马法治思想的异同进行了比较分析。④（2）韩、马外交思想的比较。张勇认为，韩、马二人外交思想的时代背景、理论基础和外交的原则、目的等有异曲同工之妙，而不同点在于各自的认识论、政体设计和对人民的态度。⑤（3）对韩、马权力观、人性论和社会历

---

① 周春生：《马基雅维利思想研究》，生活·读书·新知三联书店 2008 年版，第 363—373 页。

② 谢慧媛：《善恶抉择：马基雅维里政治道德思想研究》，北京大学出版社 2011年版，第 22—23 页。

③ 李明珠：《韩非与马基雅维利法律思想的比较研究》，《西藏民族学院学报》（哲学社会科学版）2012 年第 6 期。

④ 耿雪萍、李洁：《韩非子和马基雅维利法治思想的异同探析》，《河北省青年干部学院学报》2007 年第 4 期。

⑤ 张勇：《韩非子与马基雅维利外交思想之比较》，《湖南工业职业技术学院学报》2007 年第 3 期。

史观的比较。齐万洲认为韩、马二人是处于不同时代而具有相同的时代背景与命运，韩非对权力的使用有独到的见解，而马基雅维利对如何获取权力以及权力的使用均予以了充分的论证。① 除此之外，这方面的比较还有很多。归纳总结这些学者们的比较成果，他们基本上都认为人性恶是韩、马两人的理论起点、出发点、共同点和基础。②（4）对韩、马君主专制思想和政体观的比较。杨贵生认为，不管是韩非的帝王独裁思想还是马基雅维利的君主专制思想，他们的相同性质表现在二人都十分注重历史和现实经验，都把人性论作为政治思想的基础，都十分重视实力和法律在维护君主统治中的作用，都是为君主设计了一套较为完整的统治术。③ 郭华、李庚伦两位硕士生合写的《韩非和马基雅维利的专制思想研究》④ 和李天顺、李盖启的《韩非与马基雅维利君主专制政体观比较研究》⑤ 都认为韩非和马基雅维利是君主专制主义者，都对二人的君主专制思想进行了比较。（5）对韩、马非道德政治观的比较。孙晓春认为正是由于他们二人处在不同的历史时代和文化背景下才导致了二人对道德产生了不同理解，他们非道德政治

---

① 齐万洲：《马基雅维利与韩非权力观的比较》，《三峡大学学报》2004 年第 2 期。

② 蒋重跃：《〈韩非子〉与〈君主论〉求同比异概说》，《蒙自师范高等专科学校学报》1999 年第 1 期；张附孙、王虹：《韩非与马基雅维里——两位心灵相通的政治思想家》，《云南师范大学学报》1999 年第 3 期；金芮蕊：《马基雅维利与韩非政治思想的比较》，《集宁师专学报》2007 年第 2 期；赵海涛、郑培国：《韩非和马基雅维利人性比较研究》，《沧桑》2007 年第 4 期；周志武、高剑平：《马基雅维利与韩非子政治思想之比较》，《广西民族学院学报》2003 年第 2 期；王珍愚、李睿、周晶：《试比较韩非和马基雅维利的人性论政治思想》，《学术界》2005 年第 4 期；万江红、张远芝：《韩非子与马基雅维利社会思想比较》，《理论观察》2006 年第 1 期；除此之外还有一些学者都论述到了二人的人性论和权力论政治思想，这里不再一一列举。

③ 杨贵生：《韩非子与马基雅维利的政治思想比较》，《黔东南民族师范高等专科学校学报》2006 年第 5 期。

④ 郭华、李庚伦：《韩非和马基雅维利的专制思想研究》，《法制与社会》2011 年第 2 期。

⑤ 李天顺、李盖启：《韩非与马基雅维利君主专制政体观比较研究》，《红河学院学报》2011 年第 1 期。

观的差异之点就在于韩非根本不承认道德伦理在政治生活中的价值，而马基雅维利只不过是贬低美德在社会政治生活中的作用，同时他们的非道德政治观之间的差异还体现在对法律的理解上。① 2012 年 6 月江西师范大学胡汉青的硕士论文即为《马基雅维利与韩非子的非道德主义权力观之比较》。除上述比较的内容、方面之外，还有对韩、马二人的领导术思想的比较②和对韩、马二人政治传播观念的比较。③

　　国外对韩非和马基雅维利的比较研究较少。美国学者本杰明·史华慈在《古代中国的思想世界》的第八章"法家：行为科学"中虽没有直接对韩非与马基雅维利做比较分析，但他将法家与马基雅维利主义进行了比较阐述，进而认为，它们确实都倾向于把权力的问题与对个人的道德考虑区分开来，但马基雅维利并不关注普遍抽象的控制人类行为的模式和系统，他关注的是在政治史变化多样的环境中应用性的权力策略，更重要的是，他还完全乐意将道德态度、情感和信仰作为国家必不可少的实际权力要素纳入考虑范围。在这方面，马基雅维利的路数近似于苏秦和张仪之类战国时代的"国际战略家"的路数，而不是法家。④ 在处理法家和马基雅维利主义的精神差异时，史华慈认为汉王朝的奠基者刘邦是一名真正的马基雅维利主义者。在此史华慈的论述表明，作为法家集大成者的韩非，与马基雅维利主义之间有较大的精神差异，但是马基雅维利思想的本身与后人所称的"马基雅维利主义"也有着较大的差别。欧美学界最新对韩非和马基雅维利进行比较研究的是夏威夷大学的帕多（Alejandro Bárcenas Pardo）哲学博士的博士论文《韩非和马基雅维利的政治哲学：一种历史主义的再阐

---

　　① 孙晓春：《韩非与马基雅维利非道德政治观平议》，《吉林大学社会科学学报》1997 年第 5 期。

　　② 李雪：《韩非和马基雅维利领导术比较研究》，硕士学位论文，湘潭大学，2011 年。

　　③ 姜姝姝：《韩非与马基雅维利政治传播观念的比较》，《新学术论文选》2006 年第 1 期。

　　④ ［美］本杰明·史华慈：《古代中国的思想世界》，程刚译，江苏人民出版社2004 年版，第 358 页。

释》，在文中的第一部分作者论述了韩非和马基雅维利的思想分别受荀子和色诺芬的影响很大；第二部分论证了韩非思想当中"君主"的实质以及局限性、马基雅维利对传统奥古斯丁主义的批评以及他本人对政治与道德关系的认识；第三部分论述了韩非的法治思想及其局限性与马基雅维利论述的帝国和自由思想。①

2. 研究现状述评

以上学者可以说是从各个角度对韩、马的思想进行了全面的比较，视野比较宽广。中国台湾的学者较早开启了对韩非和马基雅维利的比较研究，综合性研究的成果丰富，除此之外中国台湾的学者还将马基雅维利与中国的曹操、孙中山等人进行比较研究。中国大陆学者的比较研究略显单薄，但国外的学者则很少显示对这个论题的兴趣，他们仅仅专注于对马基雅维利个人的思想研究，但近年来也展现出了研究韩非的浓厚兴趣。② 综上所述，以上学者的比较研究存在着以下问题。

（1）文献之中相互借鉴甚至抄袭的现象较为严重，理论视野和研究方法单一，结论无甚差别，只是简单地进行类比、归纳和总结，相同主题、同一视角多次重复论述、论证，缺乏全面而系统的综合性比较研究以及精细化的论证和逻辑推演，且诸多理论在经验和实践层面上经不起检验。有的学者仅仅从韩、马思想中的几个思想主题和层次入手，视野狭隘；有的学者只进行二人思想的方法论比较；有的学者则专注于二人相类似的思想内容的比较；有的学者则仅从自己的专业角度对韩、马二人进行比较，剥离韩、马的整体思想主旨和时代环境。这样的研究就显得比较单薄和碎片化。

（2）缺乏更为细致、精确以及更为充分的论据支撑和严谨的逻辑推理。这主要体现在学者们笼统地把韩、马思想的类似之处进行罗列，

---

① Alejandro Bárcenas Pardo, *The Political Philosophy of Han Fei and Niccolò Machiavelli: A Historicist Reinterpretation*, The Doctor of Dissertation in Hawaii University, 2010.

② Paul R. Goldin, *Dao Companion to the Philosophy of Han Fei*, Springer Netherlands Press, 2013.

比如在进行二人人性论、现实主义、历史观、经验主义等比较研究时，大部分学者只注意到了这些思想的趋同之处，而忽略了即使是这种相似的思想中，二人的侧重点和差异也是存在的。大多数学者只是简单地将韩、马的人性论归结为人性恶思想，没有再进行进一步的区分。只有很少学者对二人的经验主义进行比较研究，在这为数很少的学者当中又只有很少的学者对二人经验主义的来源、特征和差异进行比较。而实质上，这些看起来相似的地方也有差异和不同之处，二人思想的不相同之处，也并不是完全不相同，而是异中有同，同中有异，但是目前的研究并没有做到进一步的辨别和区分。

（3）研究方法和模式的机械化和僵硬化。这主要是说目前对韩、马的比较研究显得牵强附会，人为地分割、划分韩、马二人的思想，为了比较而比较。例如，很多学者为将马基雅维利的思想与韩非的法、术、势思想作对比研究，硬性地、不加分辨地把马基雅维利的思想拆分为法、术、势三个部分，并且不加任何的解释和论证，或是只提供几句简单的论述，这样的比较研究显得缺乏说服力和深度。众所周知，韩非的思想核心可以说就是法、术、势三个主要部分，但是马基雅维利的思想却并不能直接地说成也是由法、术、势三部分组成。这样显然不符合事实。

（4）为了比较而比较，比较研究的目的、原理以及所要解决的问题没有得到澄清，更没有从学理、学术当中论证二人的异同，单纯地为了求同或比异而比较。诸如，韩非描述的"有道明君"与马基雅维利描述的"半人半兽"的君主形象有何差异？为什么韩非专注于对法的论述，而马基雅维利专注于对军队、军事的论述？为什么"我们虽然拥有成就绝不在马基雅维利之下的韩非，却始终未形成一门'政治科学'，而是仅仅养成了一种'霸术'思维模式？"① 类似于这样的问题，目前的比较研究尚未解决。

---

① ［意］马基雅维里：《论李维》，冯克利译，上海人民出版社 2012 年版，第 476 页。

（四）研究方法与研究难点

1. 研究方法

（1）历史唯物主义和辩证唯物主义。坚持辩证地、全面地看待韩、马的政治思想，既要看到他们对历史的积极影响，也要看到他们的国家权力思想对以后的消极影响，以客观、公正的态度来对待他们的国家权力思想，不贴标签，不先入为主。

（2）文本细读与历史语境重构并重研究法。从韩非和马基雅维利的原著内部和细节入手，对二者的著作和思想进行详细分析，同时结合二者在各自时代面临的现实问题对他们思想的影响，力图呈现环境和著作之间相对应的互动关系，发现作者要解决的真正问题，探究作者的真实意图。

（3）比较历史分析法和比较逻辑学分析法。因为对二人政治思想的比较研究无法脱离当时他们所处的时代背景和历史阶段，所以在进行比较二者的政治思想时，需要借助历史背景的分析和比较逻辑学的基本原理和原则，避免犯学科性和常识性的错误。坚持"同中求异"和"异中求同"的原则，坚持跨国家、跨文化、跨民族、跨语言、跨背景比较的逻辑规则，不用单一的逻辑和思维方法评判他们的思想遗产。

（4）文献研究法和数据统计法。任何一项学术研究都无法脱离具体的研究文献而自说自话，所以文献的阅读与研究是必不可少的，尤其是对作者著作文本的研究。因此在研究的过程中，一方面对二者著作文本内部的用词频率以及出现的情景进行细致入微的考察，以辨析二者想要表达的具体含义；另一方面也对相关的二手文献进行大量的阅读、思考和运用。

2. 研究难点

首先，"每一位作者都有一桩原罪：只从他或自己的观点观察这个世界。客观是一种幻觉。被当做'分析'的行为常常只不过把自己的生活经验运用在具体问题上。从这个原罪又派生出另一宗罪——为了维护某个特定的观点而选择事实和见解。对于这个困境，大概没有解决办法"。① 研究的难点首先在于，中西文化背景不同造成的一些政治用语、术语的内涵和意义的不同，容易出现相同的词汇不同的内涵的情况，进而造成在比较二人思想过程之中诸多概念不能够用相同的词汇来表达，无法准确表达二人对相同主题的理解和论述。

其次，伴随着目前学界对韩非和马基雅维利的研究日益广泛和深入以及韩、马二人思想本身所呈现出的诸多复杂性、多样性，再加上学界对他们的评判呈现贬褒不一的局面，无形中就增加了比较他们的困难，一方面要抓住主要核心，另一方面也要兼顾其他，不能以偏概全。

最后，语言方面的难度。目前对韩非和马基雅维利的研究已不仅仅在汉语和英语国家内展开，以拉丁语、法语、德语、日语等语言写成的有关二人的著作和文章也有很多，但笔者学识、语言、能力有限，难以直接阅读，面对意大利本土学者对马基雅维利的研究也是如此，这无形中影响了研究的深度和宏远的学术视野。同时在对韩非研究的时候，由于客观条件的限制和主观因素的限制，无法得到有关中国台湾和国外的诸多研究资料，有的尽管得到了也无法进行全面阅读，所以毋庸置疑地也将受到影响。

三　写作思路

全书除绪论外，共分七章。导论主要说明韩非和马基雅维利比较研究的背景、意义、研究现状、研究方法、研究难点等，指出从国家权力这个新的视角切入对他们进行比较研究的重大意义和创新之处。第一章主要探讨了他们二人的历史背景、家庭身世、个人经历与性格等五个方面之间的异同，指出当时的时代环境是国家权力产生的客观和必然条件，为比较研究他们的政治思想奠定理论基础。同时指出，韩非的出身经历与马基雅维利的职业生涯相耦合，失落的政治家与失落的政治家的个人命运相耦合，皆以政治为业和富国强兵的理想相耦合，二人皆有终因所著而垢名的现实悲剧命运，二人著作的理论与实

---

① ［美］卡普兰：《武士政治》，丁力译，山西人民出版社2014年版，第5页。

践并重，均以解决时代的现实问题为宗旨，这几个方面为他们二人的可比性提供了理论和学理支撑。

第二章着重从他们二人的方法论、人性观和历史观三个方面论述他们思想之间的异同，指出他们的方法论都是现实主义和经验主义的方法论，历史观都是进化论的历史观，对待历史的目的是以史为鉴，古为今用，而他们对于人性的核心形态的认识——情欲与理智、私利与公利、善恶与美丑、虚伪与真实——基本相同，而且这种可以利用和引导的人性也正是国家权力形成的基础。

第三章主要阐述了国家权力和君主之间的关系和起源问题，以及君主成为国家权力的化身之后韩非的理想君主——圣人与有道明君（带有神秘而恐怖色彩的高高在上的君主）与马基雅维利的理想君主——明主与半人半兽（狐狸与狮子）之间的同异比较及缘由问题，对比了中西方对君主的不同态度以及二人对国家权力的异同。

第四章主要从有关二人国家权力的来源与运用的四个方面——军事武力、势力、法律、统治术展开全面的比较，指出军事武力、势力都是国家权力强制性特点的展现，是任何一个国家和统治阶级的基础，分析比较了韩非主要解决的耕战问题和马基雅维利主要解决的雇佣兵问题的异同；法律作为国家权力意志的常态化规范性的体现，正如单凭武力和势力不足以治国一样，二人都认识到了法律的局限性，但二人对法律的内涵、功能、基础的理解差异较大；而统治术是治理国家的具体方针、政策和策略，然而术的两面性导致了韩非和马基雅维利所论述的统治术在某种程度上具有了消极意义上的特点，同时也遭到了后世学者对他们思想的批判。

第五章重点从国家权力视角全面梳理并比较了后世对二人非议最大的道德方面的异同问题，指出了韩非道德思想的"道"化、政治化和极端性的特点，而马基雅维利道德思想具有辩证性的特点，同时对以伯林为代表的关于马基雅维利道德思想的观点予以了驳斥，最后通过运用历史唯物主义的方法论总结了他们道德观之间的异同，提出了"善政本身就是最大的道德"的观点。

第六章剖析并比较了韩非和马基雅维利对于国家权力的目的、界限、分配和制约的思想，指出二人都是当时新兴阶级力量的代表，韩非提出的治国方略并没有为臣民个人留下任何的私人空间，也没有提出切实有效的监督君主所掌握的国家权力的方法。而马基雅维利不仅看到了君主完全掌握国家权力的必要性，而且也认识到限制君主权力进而实现共和政体的优越性。

第七章是本书的结论部分，反思并引申出了关于国家权力理论中的一个核心问题——国家权力对于国家的秩序、稳定与活力、生机的主题，指出各种政体均有利弊，君主制政体在中国传统的历史中也发挥了重要作用，对于稳定、秩序有特殊偏好。西方国家的共和政体对于社会的活力与生机有着特殊偏好，国家权力与国家兴衰仍然是一个有待继续深化研究的问题，对以马基雅维利为代表的西方政治智慧，我们应该批判地继承和扬弃，走中国自己的道路。

总体而言，本书突破了从共和主义和君主专制主义相对立的视角和模式对马基雅维利的认识，也突破了从民主与专制的研究视角对韩非的一味批判，进而提出从国家权力这一相对客观和公平的视角出发对二人的政治思想进行比较研究，突出了二人在中西政治思想史上对国家统一和构建的重要意义。这种研究视角目前学界只有周春生教授一人运用过，但却并没有详细对比研究韩、马的这种思想。而且以往的比较研究都是就韩、马思想的主要内容展开，只分项比较其相同之处和不同之处，并没有深入挖掘、详细梳理他们之间的"同中之异"和"异中之同"的思想，更没有分析为什么相同或者不同，并且以往的比较研究大多是论文性质。因此，本书在详细梳理以往比较研究的成果之上，全面分析他们思想之间的相同或相异以及为什么的问题。从宏观到微观就他们二人的比较研究进行全面的总结和研究，单就这一项工作而言，目前学界还没有人进行过。另外，本书通过对二人思想的比较研究，颠覆了以往韩非和马基雅维利"非道德主义者"的形象，提出他们二人道德观的主要特征是道德功能主义。

第一章

生平、背景、著作特征的比较

　　欲要真实地重述韩、马思想的原状，必先真实地再现他们各自所处的时代环境、面临的各种现实和理论问题，否则，以今人之思想观念、视角和习俗来认识和评判几千年前的他们必不公允。本章主要对他们各自的生平身世、历史时代背景以及著作思想特征这三个方面之间的互动关系进行探讨，同时分析二者各自面临的各种特殊情境以揭示环境与他们思想之间的互动关系，为后文奠定比较的基础。当然对历史背景的探讨意味着重构他们当时的现实和思想环境，而这种"重构"来源于真实文献的记载，即"文献学方面的精确性"或是"要处处与经典的原文记载相匹配"。① 当然在重构他们的生平、历史背景的过程中要注意的是：一是避免臆断或随意推断而下结论，注意历史环境对韩非和马基雅维利的影响而不是我们自己的影响。二是注意历史环境与思想意识之间的多重复杂关系，即史华慈所说的："历史环境事实上总是充满模糊与暧昧""它在本质上具有高度的问题性与不确定性"。② 历史环境与个人意识并不是一一对应关系，由于人的自主性、独特性和复杂性，对于同一种环境，不同的人可能产生不同的思想意识，提出截然不同的思想观点，个人并不是完全受环境所限制，个人也可能有超越环境和自身局限性的创造力。

---

　　① ［德］罗哲海：《轴心时期的儒家理论》，陈咏明、翟德瑜译，大象出版社2009年版，第7—8页。

　　② 许纪霖、宋宏编：《史华慈论中国》，新星出版社2006年版，第5页。

一　身世、性格、理想、命运的比较

（一）家庭出身与人生经历：王室旁支之公子与职业政治人

从本质上说，韩非和马基雅维利的家庭出身及身世完全不同，而不是如陈炎以及其他学者所说的相同或相似。[①] 韩非（公元前？—公元前 233）[②] 出生和生长于中国战国晚期的韩国宫廷之中，据司马迁的《史记·老庄申韩列传》和司马光的《资治通鉴》等著作对韩非身世的记载，[③] 他极善于著书，却有口吃的不足，是韩国诸公子之一，但却只是王室旁支的一族而不是正宗，同时还是当时韩国当政君主韩桓惠王的堂兄弟、韩王安的叔父或伯父。生活在帝王之家族，作为王室的公子之一，虽没有权利直接继承王位，但他这种地位本身也不是一般平民乃至一般的大臣所能比拟，所以就家庭关系和成长经历而言，韩非的身世在先秦诸子当中可谓出身最高，也不是处于外围的平民思想家如儒家、墨家、道家、阴阳家等所能达到的高度。处于王室之中意味着处于国家最高权力的核心圈之内，韩非虽然没有掌握实际权力，但其身份地位赋予了他诸多思考、观察、谏议政治的条件和机会，了解政治权力中心内部的真实情景，明白王室宫廷内部的各种斗争。所以日后他才能对君主左右的各色人物进行剖析和洞察。如果没有这样的出身，那么他就没有机会观察到《八奸》《备内》篇中所描述的实际情景，更不可能对君主身边妻妾兄弟、群臣百官以及近侍等人和实际政治问题分析、刻画得如此深邃。与其同时代其他诸子相比，韩非更直接地观察到了君主身边为争夺国家权力人物的众面相，更多地揭

---

① 陈炎：《韩非子与马基雅维里的政治哲学》，《复旦学报》（社会科学版）2012 年第 1 期。

② 目前有关韩非的准确出生时间还没有定论，陈启天、陈千钧认为是公元前 280 年，陈奇猷认为是公元前 298 年。由于出生年份对韩非的政治思想影响不大，在此不予考证，如有需要，采取陈奇猷的观点。

③ 《史记·老庄申韩列传》。司马光：《资治通鉴》卷六，中华书局 2013 年版。以后凡引《资治通鉴》只列出其篇名，且皆出该版本。

露了实际政治过程中人物的所作所为。这种出身和视野导致韩非的关
注焦点集中在君主如何处理其面对的内部斗争和危机——来自身边的
妻妾兄弟、群臣百官和民众——之上。

　　同时在韩非出生前后，韩国有四代君主，五代当权大臣、亲贵，
韩非经历了韩釐王、韩桓惠王、韩王安三个国君和山阳君、阳城君两
个当权者的时代。① 和李斯一起在荀子门下学习之后，韩非并没有到
处周游四处宣传自己的治国思想以寻觅他国可用，而是回到了他自己
的国家，他回到韩国之后屡次上书韩国的君主，但却"屡谏屡败，屡
败屡谏"，最后仍不受韩王重用，无奈之际只能发奋著书，探求国家
兴衰成败和治理之道，其中所著部分篇章如《五蠹》《孤愤》传到秦
国。秦国当朝君主秦始皇读后，萌生了想见韩非的念头，于是借机攻
打韩国索要韩非。韩王认为韩非在本国也无甚大用，与其在国内，还
不如乘机将他派遣出去以免除秦王攻打韩国的野心，于是派遣韩非出
使秦国。韩非到秦国后上书秦王，批评秦国的重臣，力图说服秦王暂
且不要攻打韩国，结果被李斯、姚贾二人诬陷其想要"存韩"。于是
韩非被秦王打入狱中，紧接着被李斯、姚贾二人合谋毒死于狱中。韩
非终其一生未进入仕途，不受君主重用，没有实际的政治经验，但阴
差阳错地成了春秋战国时代最后一位政治思想家。这些现实对韩非的
影响极大，他屡次书面向韩王进谏，但屡次不得见，致使韩非郁郁不
得志，而且感到无比愤慨、无奈和压抑。导致韩非一生悲剧最主要的
原因有三个：第一是他遭到了当时韩国权贵重臣的政治和人身排挤。
"当时，韩国有二类人排挤韩非。一类是掌权的大臣，《孤愤》中称之
为'重人'或'当涂之人'，另一类为君主左右的人，《孤愤》中称
之为'近侍'。"② 因为韩非的学说一旦被韩王安采纳，那么这些当涂
重臣的利益就会受损，甚至性命难保，所以当时韩国的"重臣"和

---

　　① 影响韩非的主要有四位君主：韩襄王、韩釐王、韩桓惠王和韩王安，五位当
权亲贵是：公子长、市丘君、山阳君和阳城君。至于韩非的身世、韩非与韩王的关系
以及战国历史对韩非的影响可参见施觉怀《韩非评传》，南京大学出版社 2002 年版，
第 13—33 页。

　　② 施觉怀：《韩非评传》，南京大学出版社 2002 年版，第 40 页。

"奸臣"想尽一切办法处处排挤韩非，加之韩非身世特殊，所以导致韩非空有一身政治才能和政治智慧而不能进入政治的大舞台施展，韩非对此有着切身之痛和体验，故把他们比喻为"老虎或狗"。第二是因为韩王安是"一个既无才能，又无定见，既图虚名，又要实利，既犯错误，又怕丢丑的人"。① 受到大臣排挤也罢，不料韩王安也是昏庸无能之主，无法分清是非黑白，对韩非的学说和进谏充耳不闻。在这样一个上无赏识、下受排挤的政治环境、格局之中，韩非虽屡次试图努力，但皆以失败而告终，最后只能死心塌地、心灰意冷地带着他的"以政治为业"的经世济国的理想，孤独而悲愤地转入了以著书为目标的精神追求上来。第三是韩非的主观问题。韩非一生几乎一直处于孤愤、压抑和逆境之中，到秦国之后也未能审时度势，在未得到秦王完全的信任和赏识之前他就四处树敌，批判秦国的群臣百官，从而招致秦国百官的怨恨，尤其与李斯和姚贾结下了深仇大恨，加之李斯对韩非的嫉妒以及唯恐以后自己的命运难以把握，所以将韩非逼死于狱中。在先秦时期，如果没有这样特殊的身世、经历就无法形成韩非的理论，可以说正是这样的悲愤与困苦，成就了韩非理论上的特殊贡献，填补了政治学说史上的空白领域，尤其在当时知识、信息闭塞的年代，韩非的著作本意是为国家和君主服务，但一旦传播开来，其作用和影响又不以他的意志和初衷为转移，大众百姓也管窥到了君主是如何统治他们的。韩非之后在中国的政治思想史上再也没有人像他一样真实地描述撰写君主身边政治的风云百态，而时隔1760多年之久的西方马基雅维利又继承了他的衣钵。

马基雅维利（1469—1527 年）出生和生长于意大利的佛罗伦萨，他的家族曾十分显赫和荣耀，共产生过 13 名正义旗手（政府首脑）和 53 名执政官。但这昔日的辉煌已与马基雅维利的家庭无关，他的家族已属于比较贫寒且无权无势的一派。他的父亲贝尔纳多·马基雅维利是一个律师（法学博士），非常注意藏书，也非常注意对马基雅维利的教育，让他从七岁开始正式学习拉丁文。而他也以其博闻强识和

---

① 施觉怀：《韩非评传》，南京大学出版社 2002 年版，第 45 页。

反应机敏而引起周围人们的赞叹，12 岁已开始会用拉丁文写作。马基雅维利的母亲巴托罗米亚是一个虔诚的基督教徒，爱好诗歌和音乐，并写作过一些诗和宗教颂歌。然而现有的关于马基雅维利的学生时代和青年时期，甚至对马基雅维利在 1494 年如何荣任国务厅秘书的记载、研究不多，但马基雅维利从 1494 年开始直至 1512 年间一直是以政治实践者的身份在佛罗伦萨和欧洲的外交中出现，1498 年他被任命为佛罗伦萨的"第二秘书厅秘书长"和"自由与和平十人委员会"的秘书，主要负责外交与军事事务。这年之后，马基雅维利曾出访法国、德意志、瑞士和意大利各城邦，处理佛罗伦萨的相关外交和军事问题。1512 年佛罗伦萨共和国解体，美第奇家族掌权后将其解职，后将他以"阴谋反叛美第奇家族"的罪名逮捕入狱，后经多方营救于 1513 年出狱。之后开始了他的乡村生活和著述生涯，后也曾重新参与政治实践，但已不太重要。1527 年他在贫病交加中留下困苦伶仃、无依无靠的妻儿与世长辞。1787 年后人为纪念他修建了纪念陵墓，并在其墓碑上刻下"任何赞美之词都配不上此墓志铭"的赞美之词。

　　就马基雅维利的出身来看，他仅仅可以算作末路贵族的平民，与当朝权贵或统治者之间没有多少联系，所以后来他屡遭权贵阶级的鄙视和讽刺，称他为"流氓"和索德里尼的"走狗"。① 所以单就出身来看，韩非的家庭出身高于马基雅维利的出身。马基雅维利没有在帝王之家或者说在高层政治权力的中心生活过，并且直到 1500 年第一次出使法国国王的宫廷时，他才弄明白了真正的高层宫廷政治是如何运作的。这和韩非完全不同，韩非对于高层权力的宫廷运作早已洞悉。马基雅维利虽然没有特殊的身世给予他思考实际政治的机会，但他后来的职业生涯弥补了他对高层实际政治认识的不足。他担任国内政府的要员、处理复杂而又风云变幻的外交事务，经历残酷而又血腥的军事战争等，这些经历正好与韩非在韩国宫廷中亲眼所见、亲身经历十分相似。正因为如此，韩非和马基雅维利的思想之间才发生了"偶遇"，

---

　　① ［加拿大］罗斯·金：《马基雅维利传》，刘学浩等译，译林出版社 2014 年版，第 75 页。

才具有了可比的相似性，才发生了勾连。

马基雅维利从事政治外交和军事工作长达 15 年之久，而韩非则很遗憾地不曾拥有这项宝贵的政治思想来源，尽管他曾非常想拥有。正是这样的区别导致了二人思想中多方面的实质性区别。正由于韩非没有政治实践经验，虽然他对政治人物、历史经验和政治事件看得很透彻，但是一旦自己处于政治实践场之时，他便不能分清局势，行事简单而幼稚。他命丧秦国，正说明了韩非是政治理论上的"巨人"，政治实践中的"矮子"。而马基雅维利在某种程度上可以说，是他的政治实践磨砺出了他思想的深刻。他先是政治实践家，而后才是思想理论家，而不是相反，同时他是集理论和实践经验于一身，所以他在处理关键问题时懂得审时度势。而韩非虽然深处政治实践的中心，自己也曾经历过政治的熏陶，亲身体验和经历过政治的复杂、残酷，并且研究过史书，获得了诸多政治智慧，但终究不如亲身实践来得真切。而马基雅维利的外交出使经历，促使他思考问题的关注点和视野主要是从君主如何处理国与国的关系，如何在列国间生存、发展和强大的角度出发。当然他也思考国内的政治问题，尤其在《李维史论》当中主要地讨论了国内的政治问题。而韩非也思考国际上的外交问题。但是他们的出身、经历的不同导致了他们思考问题的关注点以及思想视野、思想基础不同，但这不妨碍他们对于政治问题和政治思想本质的认识，因为他们都是如此真实地接近了甚至是处于政治实践之中，都是如此睿智，都具有天才的洞察力和判断力，都是从国家和君主的公利视角出发思考政治问题，所以才具有了如此类似的政治思想。

（二）个人性格与人生命运：失落的政论家与失落的政治家

1. 个人性格的异同

由于历史文献对韩非的经历以及性格记载得不多，所以目前学界对于韩非性格的研究不多，大部分是根据《史记·老庄申韩列传》中有关韩非的记述而言。但根据韩非的出身以及他著作当中表现出来的气质来看，我们可以对其性格进行一定程度的剖析。总体来看，他自诩为法术之士，而法术之士的特点是强毅而劲直，烛私而察奸，与当涂重臣水火不容，故韩非的性格常常显得内敛悲愤、孤傲倔强、强毅而劲直，甚至有些极端且常常动怒。韩非在《问田篇》中与堂谿公的对话可以展示出他的个性和志向，他不惧怕昏庸无能的君主给自己带来的祸患，执意要设立法术度数为广大民众带来好处，认为只知道明哲保身而不考虑民众的利益是贪生怕死的卑鄙行为；他自己表示不愿意选择贪生怕死的卑鄙行为，足见其"倔强"之处。另外需注意的是，韩非尽管不是王长子，但其身份仍然属于贵族行列，如果从其阶级属性或个人利益出发考虑的话，他完全可以像孔子一样主张"刑不上大夫"的保守理论，更可以不思进取或只顾自己的私利而生活，或另寻其他生活的出路，在他面前摆的并不是只有一条跟随法家先贤的道路，他甚至完全可以不用冒着生命危险与韩国的贵族权臣争辩、抗争。但是他选择了走知识分子的道路，选择了为天下黎民百姓谋出路的道路，这种不顾个人荣耀与安危的执着精神一直为后世历代变法者所继承。

然而，韩非的性格还表现出了他书生意气、理想主义的特性。杨玲认为韩非的性格具有两个明显的特征，一是浓郁的学者气息，二是富有情感，这决定了韩非可以成为一个优秀的政论家，而不是政治家。[①] 然而却不是如蒋重跃所言的那样。清朝王先谦在为其弟王先慎的著作《韩非子集解》所作的序中曾说：

> 韩非处弱韩危极之时，以宗属疏远，不得进用。目击游说纵横之徒，颠倒人主以取利，而奸猾贼民，恣为暴乱，莫可救止，因痛嫉夫操国柄者，不能伸其自有之权力，斩割禁断，肃朝野而谋治安。其身与国为体，又烛弊深切，无龂见之行事，为书以著明之。故其情迫，其言核，不与战国文学诸子等。迄今览其遗文，推迹当日国势，苟不先以非之言，殆亦无可为治者。仁惠者，临

---

① 杨玲：《先秦法家思想比较研究——以〈管子〉、〈商君书〉、〈韩非子〉为中心》，博士学位论文，浙江大学，2005 年。

民之要道，然非以待奸暴也。①

的确，韩非更多地体现的是一位执着固执、坚韧不拔的学者气质和书生意气，或许由于他没有机会从事政治实践，导致他并未形成诸多政治实践中所需的性格特质。尽管他眼光犀利敏锐，洞察事情一针见血，从实际和现实出发而不是从应然和理论出发，他和商鞅、慎到、管子等法家先贤们一样有从事政治实践的向往，有一样的爱国热情、救世情怀、经世济国和大展宏图的梦想，但他表现得却很容易动怒。

而目前马基雅维利留下的书信、政务外交笔记等表明，马基雅维利酷爱交往，喜欢和朋友开玩笑且相互挖苦讽刺取乐，其朋友给他起了绰号"悍匪"②，足见他性格的诙谐幽默及玩世不恭。除此之外，他还有赌博、酗酒、召妓及寻找情人（与里恰小姐、尼可洛·塔法尼的妹妹、玛丽斯科塔、芭芭拉等）③ 的习惯，对于这种事情马基雅维利曾毫不避讳地在他书信中多次谈到。从上述论述中可以得知，韩非和马基雅维利二人都受到了良好的教育，都曾博览群书，有着超人的观察力和洞察力。韩非曾求学于荀子，而马基雅维利曾求学于保罗·达·龙奇廖内，学习过修辞学、诗歌和历史学等，同时马基雅维利和他的父亲关系非常好，正如维罗利所评论：他们像朋友一样相互戏谑和取笑，恰恰因为他们之间有一种特殊的感情，不受敬畏之情的拘束——做父亲的要是有钱有势，常常让做子女的既敬重又害怕。④ 而这些在韩非身上应该可以说完全没有，韩非作为韩国王室旁支的公子之一，却受到了其他王室公子的排挤、打压及群臣百官的冷漠嘲讽，并且与他那些王室亲戚的关系显然不太好，否则也不会屡次进谏而不

① 王先谦：《韩非子集解·序言》，中华书局 2013 年版。
② ［意］毛里奇奥·维罗利：《尼可洛的微笑：马基雅维里传》，段保良译，上海人民出版社 2008 年版，第 8 页。
③ ［意］马基雅维利：《书信集》下，段保良译，吉林出版集团有限公司 2013 年版，第 534、556、683 页。
④ ［意］毛里奇奥·维罗利：《尼可洛的微笑：马基雅维里传》，段保良译，上海人民出版社 2008 年版，第 6 页。

见，可以说一开始韩非就是在一种被残酷的现实排挤、打压的生存空间中长大，尽管衣食无忧，但是其内心却极度痛苦，尤其当他眼看着韩国的内政外交一片混乱而自己却不能贡献力量时。

而马基雅维利的性格却显得诙谐幽默、玩世不恭、乐观向上，虽然后期马基雅维利也多少有些消极、悲观，但是他始终未曾如韩非一样显得过于悲愤。和韩非一样，对于自己的事业，马基雅维利也是非常执着和固执，在被解职之后他屡次想通过各种途径为国家效力，但皆以失败、绝望而告终，但是他仍然锲而不舍，最终在生命的晚年又重新得到国家的重用，尽管和以前的辉煌事业无法相比。在追逐自己的事业、理想上，二人的性格几乎完全一样。

2．人生命运的异同

韩非客死"他乡"，也未能有机会再见他的"赏识者"——秦王一面，秦王也并没有为此而大加责罚李斯和姚贾，这足以说明秦王并未视韩非为知己。韩非虽然一生显得悲愤积怨，但是他并没有过多的人生坎坷（可能他经历过，但是没有历史记载可以表明）和曲折经历，唯一的一次外交经历，也以自己的牺牲和失败而告终。纵观其一生的命运轨迹，他是一位理论与实践脱节的人，仅仅是一位关注政治实践的政论家。而马基雅维利一生波荡曲折，绝望与希望交替，历经三次阴谋事件而侥幸存活，外交上出使多国，经历数次国际风云变幻和生死考验，最终虽然没有实现他的理想和希望。但是正如姚蒸民评价韩非时指出的"忠于谋国而拙于谋身之政治家"，[①] 但韩非绝非政治家。在意大利的历史长河中，马基维维利仅在职业和理想上"失败"，但他本人并未成为政治牺牲品，而是一个较为成功的政治思想家兼政治家，虽未为自己的个人政治事业交上理想的答卷，而只能在贫困交加之中溘然离世，但他比韩非更懂得实践政治的原理，同时他所在的政治生态环境也比韩非的好，更进步、更人性。因此，就人生命运而言，马基雅维利比韩非更为幸运。

---

① 姚蒸民：《韩非子通论》，台湾东大图书股份有限公司 1988 年版，第 45 页。

（三）个人理想与现实实践：皆以政治为业和富国强兵为理想，终因所著而垢名

1. 个人理想的异同

韩非和马基雅维利两人无疑都是以国富兵强和国家统一为理想和目标，为实现这个目标，两人都抱着经世救国之梦和以政治为业的信念。韩非经世救国的"以政治为业"的理想既是当时社会氛围的产物，又是他自己学说得以验证以及追随法家学派的必然选择。因为在韩非所处的时代中，知识分子的职责和义务与现在迥然不同，那时的知识分子（中国古代称为"士大夫"）普遍追求"以政治为业"，学习知识的目的就是做官，进而实现自己的救世理想和人生价值。所以，儒家、墨家、阴阳家、农家、法家、纵横家等先秦诸子皆游走于诸侯列国之间，以推行自己的思想学说，只有道家除外。冯友兰也认为"战国诸子，及其成家时，无不谈政治"，即使表面上"最与政治无关"的名家也不例外，只不过关注程度不同而已；诸子之中，唯有法家堪称"政治专家"。①

所以，中国春秋战国时代的知识分子学习知识不是为了进行纯粹的学术研究，其直接目的是被君主重用进入仕途领域做官，即在政治实践领域做官，终极目的是以救治天下为己任，运用自己的思想学说实现国治民安、天下太平的理想。只有在无法进入政治实践的情况下，才退而求其次进行著书立说，凡著书立说都是现实中郁郁不得志、迫不得已的无奈之举。现在的知识分子的终极目的虽然也是为国家和人民效力，但是随着时代的发展，知识与政治之间已拉开了距离，学习知识的目的不再是"以政治为业"，知识分子与做官之间没有了必然联系，做官成了专门的职业和学问，而知识和学术本身也遵循自己的发展衍化轨迹与政治并行在不同的轨道之上，虽然二者之间有联系，但已不可与春秋战国时代同日而语。韩非以知识分子为己任，但却未能实现"以政治为业"的崇高理想，固然极其悲愤，但却也无奈，只

---

① 冯友兰：《三松堂学术文集》，北京大学出版社 1984 年版，第 379—380 页。

能将对政治的一腔之思写到了自己的书中。另外,韩非作为法家的殿军人物,但却从未真正有过政治实践的经历。而法家的人物几乎都直接从事政治实践——管子、子产、商鞅、李悝、吴起、申不害,此六人中五人曾为相,一人为执政,就是邓析也是民间的立法者。"一个非常吊诡的事实是,先秦法家九个人中,被称为集法家大成的韩非,却是法家九人中唯一一个无法亲自检验、实践其理论主张者。这种孤独,可谓是旷世孤独。"① 韩非不可能意识不到这个事实,这在一定意义上是对他极大的羞辱和嘲讽,所以尽管他在"欲以政治为业"的理想支配之下极力想进入政治实践领域的主观愿望和信念无比强烈,但现实也是如此无情和残酷,正如马基雅维利所言,"想象上怎样生活与事实上怎样生活是完全不同的"。在现实中,韩王安并没有给予韩非一点施展其主张的机会,更不必说检验他自己思想的高低了。

无奈进谏屡遭失败后,韩非只能退而著书。凭借他王室家族出身的先天条件,使他有机会阅读诸多书籍。这样,他一方面通过阅读从历史中总结出统治者为君治国的一系列原则和方法;另一方面从他的前辈们——不论是儒家、道家、墨家还是法家的前期人物中,汲取众多优秀的思想遗产并给予批判地继承。同时,他根据对韩国国内政治现实的观察和自己的切身体验以及对国家形势的观察和分析,最后结合古今历史而成书。韩非所提出的治国谋略,可以使国家迅速富强,更可以使君主得到至上的权力。故很自然就可以得到君主的采纳,于是当韩非著作中的部分篇章传到秦国后,与秦始皇当时的所想不谋而合。秦始皇发出了"寡人得见此人,与之游,死不恨矣"② 的感慨,由此可见秦始皇对韩非著作的欣赏。施觉怀也认为韩非在秦国遇到了秦始皇这个知音。③ 实际上二人并不是知音,秦始皇仅仅感到韩非的学说有其功用,与其想的不谋而合而已,如果真是知音的话,韩非的

---

① 王斐弘:《治术与权谋——韩非子典正》,厦门大学出版社 2013 年版,第 33 页。

② 《史记·老庄申韩列传》。

③ 施觉怀:《韩非评传》,南京大学出版社 2002 年版,第 47 页。

命运恐不至于被李斯等人害死，而李斯却安然无恙。

韩非逝世之后，他的著作及思想却留存于世，然秦王朝迅速覆灭的根源被世人归结为韩非的思想所致，汉王朝的建立以及独尊儒术官方意识形态的确立，更增加了世人对韩非思想批判的理由，同时统治者深刻地认识到，韩非的思想如果全面贯彻到底必然会危害自己的统治，所以无论是统治者还是一些受蒙蔽的知识分子，抑或是尚未理解政治本质的政治外行，都对法家尤其是对韩非，展开了学派偏见的非理性的批判。在此需要指出的是，韩非的原意或者本意并不是要著书流传于后世，而是想直接从事政治实践工作为国为民。虽然韩非的"以政治为业"的理想未能在现实中实现，却因著书而间接实现了对政治实践的指导和影响。从这个角度来讲，韩非的"欲以政治为业"的理想仍未破灭，并且以一种更高、更隐秘的思想基因的形式传给了中国一代又一代的"政治事业"。

马基雅维利自己也非常愿意从事政治实践工作，也想经世救国和以政治为业，这可以从他对工作的态度以及他自己的著作文献中得知。他不但非常适合做政治实践工作，并且自己也非常喜欢做。"马基雅维里好像天生就是干这项工作的。保存下来的马基雅维利早期与其一起工作的助手间的通信表明，他很受欢迎和信任。还有就是他看上去在同事间没有遭来敌意，或许对这位一升就升到了那些年长又质地不错者头上的人还搞不清楚。"① 虽然并没有证据表明马基雅维利一开始进入佛罗伦萨的第二秘书处做秘书是他自己主动要求的，但后来他的著作却可以肯定地表明他想要终身"以政治为业"，即便这项工作极其辛苦劳累且薪酬很低，他也毫不顾忌和计较。"马基雅维里为共和国出使时，总是完全沉浸于作者事务之中。"② 即便自己后来被迫退隐，叹息命运对自己的不公之时，仍希望上帝垂怜，等待着命运女神

---

① ［英］迈克尔·怀特：《马基雅维里——一个被误解的人》，周春生译，东北师范大学出版社 2008 年版，第 35 页。

② ［意］毛里奇奥·维罗利：《尼可洛的微笑：马基雅维里传》，段保良译，上海人民出版社 2008 年版，第 134 页。

的召唤使他重新得到政府的重用,① 他自己也不忘记通过各种关系以求重新回到政治实践中去,② 并且一直在研究治国技艺。③ "我爱自己的国家,更甚于爱自己的灵魂。"这是马基雅维利的宣言,爱自己国家的最好证明就是回到自己的政治岗位上去,而一旦被迫从政治实践中退隐,马基雅维利也只能和韩非一样,站在君主和国家的角度著书献给君主,期望博得君主的好感以便再次得到任用,正像他借自己的剧中人之口所说: "纠缠于这些无聊的思绪,只是想为痛苦时光增加点乐趣罢了。因为他已无处投身,无处施展其才智,一切都是劳而无获。"④ 马基雅维利终身以政治为业的观点也得到了谢慧媛的印证。⑤

2. 著作命运的相似——终因所著而垢名

韩非和马基雅维利的所言、所行均是为了国家和君主,即便预测到自己将来可能背负骂名甚至为此牺牲也毅然决然地前行。著书立说本不是他们的原意,现实的政治让他们退出了政治实践场,原本想在政治之中一展身手,却被政治拒绝,只能退而著书。两位作者都没想到所著之书为自己留下了骂名。

刘泽华曾这样评价韩非: "韩非最真实地揭开了君臣君民之间的帷幕。不揭开这个帷幕,双方都缺乏自觉性,遭了殃都不知道原因在哪里;可是一旦揭开这个帷幕,又使双方处在了恐惧之中。这对维护君主的统治又带来副作用。韩非的著作不能说不明、不智、不圣,但他却没有捞到圣人的牌位,主要的原因恐怕是他太忠于事实了,在封

---

① [意]马基雅维利:《书信集》下,段保良译,吉林出版集团有限责任公司2013 年版, 第 552、577、595 页等。

② 参见[意]马基雅维利《书信集》下,吉林出版集团有限责任公司 2013 年版,其中有马基雅维利给弗朗切斯科·韦托里的信件。

③ [意]马基雅维利:《书信集》下,段保良译,吉林出版集团有限责任公司2013 年版, 第 511 页。

④ [意]马基雅维利:《戏剧·诗歌·散文》,徐卫翔等译,吉林出版集团有限责任公司 2013 年版, 第 345 页。

⑤ 谢慧媛:《善恶抉择——马基雅维里政治道德思想研究》,北京大学出版社2011 年版, 第 255 页。

建时代，虚伪比诚实更有用，更招帝王的喜欢。"① 自汉王朝以来，中国历朝历代延续的传统都是以儒批法，尤其对韩非展开了经久不衰的批判，尽管也有人对这种思潮进行纠偏，但相对于主流和官方意识形态来说，韩非及其思想仍然无法登上大雅之堂，仍然仅仅是在儒家的外衣包裹之下被统治者"公开地""秘密地"实践。而马基雅维利的著作传播开来以后，从金蒂利的《反驳马基雅维利》开始，后人就开始抓住马基雅维利思想中的非道德主义进行鞭挞。从此之后，马基雅维利的思想开始在欧洲范围内、在一片非难中传播。② "邪恶的导师""堕落的天使""非道德主义者""恶魔的教唆者"等毁誉都是贴在马基雅维利头上的可怕标签。"韩非走了，马基雅维利走了。留下的，是一代又一代在行动上实践着他们的理论，嘴里却骂着他们的政治家，以及伪道德家和难以计数的政治外行。"③ 王斐弘这样评价韩非和马基雅维利。的确，两个人的初衷和理想的高尚最后却被后人诟病，人人唯恐躲之不及，并且可怕的是时至今日，还有人在这么做、这么说和这么写，这不能不说是残酷的现实和悲剧。

二　时代背景的比较

王德昭认为，中国的战国时代（前403—前221）与欧洲的文艺复兴时代（约1350—1530）先后相去数百年，但两个时代同是历史中少有的大过渡时代或危机时代，两个时代同是封建制度剧烈解体和新政权形成的时代，同是思想自由、心智解放和崇尚智能的时代，也同是"处士横议"和"百家异说"的时代。④ 韩非和马基雅维利的思想之间之所以有诸多相似的地方，其中最大的原因之一就是他们所处时代环

---

① 刘泽华：《中国政治思想史集》，人民出版社2008年版，第213页。

② 具体可参见周春生《马基雅维利思想研究》，生活·读书·新知三联书店2008年版，第290—336页。

③ 王斐弘：《治术与权谋——韩非子典正》，厦门大学出版社2013年版，第357—358页。

④ 王德昭：《历史哲学与中国文化》，香港商务印书馆1992年版，第234页。

境的相似性。

（一）历史阶段不同，时代背景和主题相似

两人所处历史阶段的不同主要是指韩非所在的春秋战国时期，中国正由封建分封制向中央集权的郡县制过渡。而马基雅维利所处的文艺复兴时期正处于资本主义萌芽时期，欧洲正处于封建割据状态向中央集权过渡。同是历史的过渡期，但中国当时尚未处于资本主义的萌芽期。时代背景的相似之处在于：一是两个历史阶段都正处于过渡时期，中央权力也即国家权力的集中和统一是历史发展的潮流和趋势；二是两个历史阶段的时代背景都是混乱、权谋、失序、争霸、兼并和战争，与之相对的时代主题都是生存、发展、和平和统一。

当时代的巨轮转到韩非所处的战国时代之时，已由春秋时期的"五霸"争霸兼并转向了战国时期的"七雄"之间的争霸兼并。所以宋洪兵认为战国时期面临着两大时代主题：一是如何调适政治秩序与政治正义之间内在矛盾的问题；二是在"当今争于气力"的时代如何生存与发展的问题。① 这个观点有些将时代背景与时代主题相混淆。韩非认识到他所处的时代已经不是仁义道德所能解决问题的时代，而是以武力、权力、法治、赏罚等策略才能将战争和混乱的国家引入和平、秩序和发展的轨道之中。

在春秋之前，夏朝、商朝以及周朝的统治模式都是分封制，各地诸侯的权力巨大，掌管着治理各地人民的生死大权，在三朝建立初期以及最鼎盛时期，中央政权能够对各地诸侯进行有效控制，但是这种控制是极其松散的，实质上是诸侯割据、分封的状态，名义上的天子是所有诸侯的最高领袖，但实际上地方诸侯都是独立的。事实上还是谁的力量最强，尤其是军事力量最强，谁就能够影响甚至控制当时的政治发展局势，但在理论上却还要借名义上"天子"的权威。这种理论与实践相脱节的情况一直在中国历史上不断地被重复和上演。奠基

---

① 宋洪兵：《韩非子政治思想再研究》，中国人民大学出版社 2010 年版，第 252 页。

于军事实力之上的政治秩序一旦崩溃，社会便陷入了无序状态，而需要一个新的奠基于军事实力基础上的政治集团出来重建秩序。所以，周平王东迁之后，周天子所谓的"普天之下，莫非王土"的权威在事实上已迅速衰落，以周平王为统治核心的周家宗族已由武装的先知变成了在事实上任由诸侯宰割的羔羊，只不过受传统理论的束缚和捆绑，还没有人和诸侯敢冒天下之大不韪而当"第一个吃螃蟹"之人。但是这种情况迟早必然会到来，因为人们对周王室的感情已由"爱＋恐惧"变得只剩下怜悯！这种脆弱的纽带维系的天子地位无疑会被历史所淘汰。没有武力军事力量做强大后盾的王朝在中国历史上从来未曾长久和兴盛过，中国的历代天子都必须在马背上和刀把上称王才能维系天子的地位！

根据《史记·周本纪》的记载，从周武王到周成王先后建立了71国，《逸周书·世浮解》又说在周武王之后周朝又消灭了99个国家，降伏了652个国家，由此可见西周时期小国林立的事实，经过一系列的兼并，在西周末期中原地区还剩12个诸侯国（《史记·十二诸侯年表》）。这是春秋战国之前的政治形势，到春秋战国之中，尤其是战国中后期的时候，这种形势愈演愈烈，原先的12个诸侯国相互吞并，只剩下了齐、楚、燕、韩、赵、魏、秦七个国家。从公元前481年，中国开始进入战国时代。在韩非之前，孙武、吴起、孙膑、伍子胥、乐毅、田单、廉颇、白起、李牧等战略家、军事家已经应运而生。除此之外，各国为了争霸图存，提高自己的军事实力，纷纷进行改革和变法，政治上进行中央集权，制定、颁布成文法，李悝、管子、慎到和商鞅已在各个国家开始变法改革；经济上发展生产，实行各种有利于战争和生产的制度和措施，如鲁宣公十五年（前594年）实行的"初税亩"制度、郑国子产颁布的"作丘赋制度"以及秦国在公元前348年实行的"初为赋"制度等；文化层面上，各国都注重集聚人才、吸引人才。"在变法图强的基础上，几个诸侯大国的争霸战争、统一和反统一的战争成为战国的主旋律。开始是魏国最强，一度出现称霸的局面。后来与齐国几次战争失败，齐国又一度'最强于诸侯'。后来秦国经过变法后实力强劲，成为统一天下的最有力的诸侯国"。① 兵家、法家、纵横家甚至名家都参与了历史实践，当时有些国家是为了生存，有些国家是为了称霸，但无论是为了什么目的，战争都无法避免，你不通过战争去攻打别国，别国也会通过战争攻打你，是否进行战争不是自己可以选择的，所以战争就成了每个国家的常备状态，一个国家的综合实力也就体现在战争所需要的国家财力、将帅的谋略、军队的人才和数量上，那时已经成了"一切为了战争，战争可以得到一切"的时代。

之所以称为战国，就是因为，"战争多，战争时间也长，规模大。如长平秦赵之战，双方投入的兵力不下百万，战争的结果是秦消灭了赵国军队40余万；秦伐楚，王翦率兵60万。列国间的兼并战争成了时代的突出特点"。② 对于中国战国时代特征的描述，中国古代有很多记载，孟子说："世衰道微，邪说暴行有作，臣弑君者有之，子弑父者有之，孔子惧，作《春秋》"。③ 在《史记》记载之中，"弑君者三十六，亡国者七十二，诸侯奔走不得保其社稷者不可胜数"④。"《战国策》中记臣弑君者以百数"。⑤ 这样残酷的事实和历史教训，就不得不迫使法家诸子以及韩非思考通过什么样的方法才能彻底制止这种弑君、篡权之行，思考能不能有一种力量和权威制止这种混乱失序的局面。韩非在《奸劫弑臣》《备内》《外储说右上》《说疑》等篇中论述了当时的君臣之间、宫廷之内以及国与国之间的残酷斗争，这都充分说明了春秋战国时代政局动荡秩序失范的根本原因在于君主的权势、权威被重臣、奸臣利用、僭越的事实。所以，韩非所处的时代背景是战争、兼并、称王称霸的时代，追求和平与统一，追求国家秩序的建立、国家权力的重建是时代和历史的重任！

马基雅维利的时代正处于神权衰亡与王权兴盛、封建主义灭亡与

① 　孟天运：《先秦社会思想研究》下，人民出版社 2012 年版，第 340 页。

② 　同上书，第 338 页。

③ 　《孟子·滕文公下》。

④ 　《史记·太史公自序》。

⑤ 　《战国策·东周策》。

资本主义新兴、国际无政府与国内混乱的过渡时期。在他任职期间，欧洲已是君主制兴盛的时期，各国都相继建立起了君主制。"十五世纪末，现今法国的绝大部分以及几乎整个西班牙各自组成了一个强大的君主国家。"① 而意大利和这些国家比起来在军事上很弱。但是"假如不存在产生这种软弱的内部原因，假如消除了各政府间屡屡发生的旷日持久的争吵，这种劣势不是无法弥补的"。② 正是由于意大利内部各国各自为政从不团结，导致了意大利作为一个整体的民族国家的虚弱。在意大利内部，为了防止某个小国实力强大以致威胁其他小国的生存和发展，各个小国从不愿联合起来成为一个大国，结果却总被来自国外的力量入侵。这种战略从意大利内部小国的角度来考虑的话不可谓不精明，但如果从当时的时代背景和趋势来看不可谓不愚蠢，各国只为自己考虑从不愿意合作并贡献自己的全部力量，从不不惜一切代价救援自己的邻国，只想自保于世，偏居一隅，而历史事实证明这无疑是极其狭隘的思想。在意大利五大国家之中，威尼斯可以勉强算一个强国，但是威尼斯人和斯巴达人一样只关注扩大自己的领土，从不从意大利的全局考虑问题，浑然不知"唇亡齿寒"的道理。马基雅维利正是看到意大利各国各自为政的弊端才主张必须统一意大利，建立君主制国家以适应当时的时代环境。残酷的时代环境也深深影响了人们的行为，萨拜因对当时意大利的时代特征做了如下描述：

　　残忍措施和谋杀行为已成了治理的正常措施。诚信和信誉已成为幼稚的同义词，使得文化人都不屑提及他们；用武力和耍手腕成了成功的诀窍；挥霍浪费和骄奢淫逸已是司空见惯、不足为奇了，那种以赤裸裸的且不用任何掩饰的方式去图谋私利的做法，只要成功便可以证明其为正当。人们极为恰当地把这个时期称之为"坏蛋和冒险家"的时代。无法无天的放纵和暴力事件，财富

---

　　① ［意］萨尔瓦托雷利：《意大利简史——从史前到当代》，沈珩、祝本雄译，商务印书馆 2013 年版，第 290 页。

　　② 同上。

和权力的高度不平等，治安和正义遭到破坏，无限的贪婪、拉帮结派、目无法纪、不诚实等现象层出不穷，以及对宗教的蔑视。①

与马基雅维利的时代相对应，韩非所处战国时代的残酷程度有过之而无不及，李宪堂模拟了萨拜因的笔法描述了战国的时代背景：

> 强权和权谋成为主导人们生活的首要原则，操纵、欺骗、破坏和杀戮是这个时代舞台上演出的主题；天下人熙熙攘攘，都为利禄而奔走，人类自私自利的根性空前明显地暴露在光天化日之下，那些有权有势，众人趋之若鹜；穷困潦倒者，即使亲朋故旧也会视同路人。②

由此可见，中国的战国时期与马基雅维利所在的文艺复兴时期之间的相似性。不仅如此，在意大利内部的佛罗伦萨也与韩非所在的韩国一样，内无明君掌权，家族宗派斗争不绝（归尔夫党派与吉伯林党派常年斗争不息），军事实力衰弱，教廷干预世俗事务。意大利各城市成功抵抗德意志皇帝的统一入侵战争之后，罗马教廷自己想成为意大利中部、南部和北部广大地区的支配力量。实际上，自 13 世纪以来佛罗伦萨的内乱问题颇为严重，内乱和外患交织在一起所产生的作用远比单独一种要大得多。但这是韩非和马基雅维利遭遇的共同国际、国内现实环境，他们无法更改这样的现实，正是由于这些现实环境的相似性，导致了二人政治思想上的诸多相似性。

马基雅维利所处的时期，除了意大利之外，欧洲各国相继都进入了君主制时代。通过国家权力的统一，世俗政府的君主掌握了国家政权，教皇权力逐渐衰退，地方政权割据的局面得到了改观。在意大利，也有诸多国家在转向君主制度，到 13 世纪末，大多数城市（指意大利

---

① ［美］萨拜因：《政治学说史》下卷，邓正来译，上海人民出版社 2010 年版，第 10 页。

② 李宪堂：《韩非子》，云南教育出版社 2009 年版，第 14 页。

内部的大多数城市）已因内部倾轧而四分五裂，以致它们发现只得放弃共和制度，而接受一位君主的强有力领导，并以实现更多城市的和平名义，由自由政府形式过渡到专制政府形式。① 第一个尝试以一个家族进行世袭统治而获得成功的城市是费拉拉；第二个城市是维罗纳。② 当然，尝试建立君主制度也不是一帆风顺，这种斗争的血腥和残酷丝毫不亚于国与国之间的激烈程度，它们出于理性的考虑，在没有外族入侵的情况下，面对日趋严重的内乱，国内民族不至于让自己毁灭或同归于尽，就会更乐意接受一位君主的强有力的统一领导，以取代这种混乱不堪的"共和制度的自由"。所以，意大利各城市又开始尝试恢复这种古老的统治形式，只不过不是让外族的君主统治，而是让本城市产生一个君主进行统治。

然而在这相似的时代背景和主题之下，仍然也有诸多同中之异。第一，战争的规模和参战人数及其惨烈程度不同，军队的性质和组成方式不同。中国春秋战国时期的战争双方投入的军队人数总和都曾达到百万人。而西方当时的战争规模还十分小，法国国王查理八世在1494 年带着大约 4 万人的军队以维护法国对那不勒斯的控制权时，这支军队曾使意大利人吓破了胆，并且使意大利人原有的"战争死人很少或者根本不死人"的观念彻底烟消云散。可见当时欧洲各国军队的规模不如中国春秋战国时期的规模大，而且当时意大利各国主要依赖雇佣军，在中国却完全依赖本国国民组成的常备军队。第二，中、西方国家的改革发展思路和追求的价值目标以及运用的手段和措施不同。马基雅维利所处的时代已经是资产阶级萌芽时期，而且掌握国家权力的大部分都是贵族和新兴的商业大资本家，而这些人特别重视自己的财产，而普通市民也非常注重自己的财产。这种重视财产的传统，后来就形成了西方的财产权理论，在国家权力的组织形式上，西方国家中的君主、新旧贵族以及各行各业的行会、教会等都参与国家权力的

---

① ［英］昆廷·斯金纳：《现代政治思想的基础》，奚瑞森、亚方译，译林出版社 2011 年版，第 23 页。

② 同上书，第 25—28 页。

分享，所有这些政治制度和文化传统都与韩非所在的中国完全不同。具体的异同以及如何影响了他们二人的政治思想在第六章中展开详细论述。

（二）　文化背景不同，政治格局和任务相似

毋庸置疑，中国和西方的传统和历史各不相同。其思想和理论发展轨迹、思维形态等也各不相同。历史在西方发展到文艺复兴时期，究其大略，西方国家继承的文化遗产主要包括：（1）以君主制、贵族制和民主制为主的混合型或者单一型的统治方式，以自由、民主、法治为主的让民众共同参与的治理理念；（2）以海洋、贸易、金融等为主的经济生产方式和生产关系；（3）以形而上学为主的思维方式及其思想文化传统，尤其是以基督教为主的宗教文化精神。而中国历史发展到春秋战国时期，究其大略，主要的文化背景和遗产包括：（1）以嫡长子继承制为主的君主制的单一统治方式，以天下太平、安居乐业为主的替民做主的中央与诸侯、君主与群臣共治的治理理念与政治体制；（2）以实用主义和天人合一为主的思维方式，将人放在天、地之间来思考的自然和谐的道文化传统；（3）以农业种植、灌溉和小生产者为主的小农经济生产方式和生产关系。这就是韩非和马基雅维利时代所继承的两种不同的文化背景及传统。尽管文化背景如此迥异，然而时代主题的相似性决定了当时各国的政治任务和历史发展趋势的相似，那么具体到韩非和马基雅维利所在的小国，在那样的时代背景和时代主题之下，各自又面临着怎样的任务和格局？韩非和马基雅维利对此又是怎样思考和解决的呢？

首先，从地缘政治和自然位置来看，韩非所在的韩国和马基雅维利所在的佛罗伦萨都是处于被别国包围之中的地域面积狭小的国家。

三家分晋之后，韩国在形成的"战国七雄"格局之中，其国土面积不足千里，且西北方有秦国，东南方有楚国，正北方有魏国，而韩国处于这三个大国之间。而最为不利的是恰逢秦国扩张称霸之时，韩国首当其冲，而六国想要攻秦，韩国又不得不为先驱，韩国之所以能

苟延残喘多年，奉行的就是割地求和与礼事大国的外交策略。而马基雅维利所在的佛罗伦萨也是被强国环绕，其西北方有米兰公国和热那亚共和国，正北方有摩德纳、费拉拉公国和威尼斯，东北方有教皇国，东南方有锡耶纳共和国，正南方是卢卡共和国，可以说也是在夹缝中求生存。佛罗伦萨当时的外交策略是骑墙中立，拖延时机，侍奉强者，付大国保护费而生存。除此之外，作为整个民族国家的意大利和作为意大利组成部分的佛罗伦萨还必须共同面对法国、德国、西班牙等外国的入侵，而15世纪晚期的这些国家相对于意大利来说，已经率先完成了国内国家权力的构建体系，国王掌握着巨大的军队、经济等世俗权力，所以相对于意大利当时的封建割据和四分五裂的状态来讲更具优势。

其次，从国际格局、国内政局以及国家的实力来看，韩国和佛罗伦萨也都处于没有实力保卫自己、抵抗别国的又小又弱的尴尬境地。

韩非在有生之年看到的韩国所面临的国际、国内的政治格局，可谓外有强敌环伺虎视眈眈、内有奸臣当道且君主昏庸，所以他深感合纵连横之术不足以恃，贪重大臣不足以信，有德之君不足以倚。翻开《史记》中记载的"韩国史"就可以看到韩国在当时的境况——一直处于挨打受辱的地位。也可以理解韩非对韩国的那种愤怒、无奈、悲凉等难以言说的心境。

　　　　景侯虔二年，郑败我负黍。九年，郑围我阳翟。

　　　　列侯三年，聂政杀韩相侠累。九年，秦伐我宜阳，取六邑。

　　　　哀侯元年，与赵、魏分晋国。二年，灭郑，因徙都郑。六年，韩严弑其君哀侯。而子懿侯立。

　　　　懿侯二年，魏败我马陵。九年，魏败我浍。

　　　　昭侯元年，秦败我西山。二年，宋取我黄池。魏取朱。[①]

由此可见，韩国除了灭了郑国之外，其余时候皆被他国入侵而败，

---

① 《史记·韩世家》。

可见当时韩国在诸国之中的实力，直到申不害"相韩"，这种局势才得以改观。然申不害死后，韩国的败绩又再次显现，韩国继续遭侵辱：

> 八年，申不害相韩，修术行道，国内以治，诸侯不来侵伐。
>
> （昭侯）二十二年，申不害死。二十四年，秦来拔我宜阳。
>
> 宣惠王五年，张仪相秦。八年，魏败我将韩举……十四年，秦败我焉。十六年，秦败我修鱼，掳得韩将。
>
> 襄王五年，秦拔我宜阳，斩首六万。九年，秦复取我武遂。十一年，秦伐我，取穰。
>
> 厘王三年，秦败我二十四万……五年秦败我宛。六年，与秦武遂地二百里……
>
> 桓惠王九年，秦拔我陉，城汾旁。十四年，秦拔我上党，杀马服子卒四十余万于长平……二十九年，秦拔我十三城。
>
> 王安五年，秦攻韩，韩急，使韩非使秦，秦留非，因杀之。
>
> 九年，秦掳王安，尽入其地，为颍州郡，韩遂亡。①

事实胜于一切雄辩，战争的结局无疑可以在很大程度上凸显一个国家实力的强弱。韩非明知韩国如果不思变革图强就只能一步步遭到以秦国为首的列国蚕食而不能自存，但他又眼看着这样的现实一步步地逼近而不能有任何作为，自己虽有救世之才却不为世人所用，这不能不令韩非感到愤懑。国际上列国日益强大、相互征伐、争霸图强，国内民贫国弱、奸臣当道、君主无能，这是韩非面临的韩国的国际、国内政治格局。而翻开意大利这段时期的历史也可以看到：

> 法国国王查理八世 1494 年进军意大利，11 月 17 日进入佛罗伦萨；1499 年路易十二进驻米兰；1500 年法国又重新占领米兰；1501 年，法国占领那不勒斯；1503 年，西班牙占领那不勒斯；1530 年，除佛罗伦萨尚有少许自由之外，意大利完全沦为被奴役

---

① 《史记·韩世家》。

的状态。①

根据上述论述可以得知：意大利的内忧加剧了它的外患，弱国无外交，战争威胁着意大利的生存。这与中国战国时期的国际政治环境格局一样，每个国家都在为生存、争霸而竭尽全力，而战争是国家实力的最高表现，战争的胜负决定着国家的生存还是灭亡。并且意大利内部的国家也曾想统一意大利，波考克认为，吉安加莱佐·维斯孔蒂的家族在米兰公国有着强大的权力基础，似乎就要建立霸权体系，而这有可能导致意大利中部和北部君主制国家的形成。但是不幸的是他突然在 1402 年年底去世，霸权体系的构建进程因政治强人的离世而终止。② 所以，15 世纪意大利当时的理论家面对的主要问题是如何才能避免宗派和倾轧，以及如何才能保障和平。③ 所以，马基雅维利所面临的政治任务在当时也是如何确保佛罗伦萨和意大利的统一和富强。

已故的洛伦佐在 1492 年打造的脆弱而又绝妙的意大利五国，虽然在名义上都统称为意大利，而实质上却并不统一，而是各自为政。正由于意大利内部的各国从不团结一致，相互怀疑提防，所以始终无法统一，内部的力量分散而不能集聚一起，同时各个小国家由于害怕自己被国内的其他国家吞并，还经常借助国外势力来保护自己，这实际上是在引狼入室。而中国的战国时期，除韩非所在的韩国之外，还有六个诸侯国存在，七个国家之间相互攻伐提防、忽而联盟忽而毁约、一时间纵向联合一时间横向联合，其间的犬牙交错、动态复杂局势和佛罗伦萨面临的事务同样复杂。而二人所在的国家却都是羸弱不堪、内外兼忧，并且二人都意识到各国被统一的趋势不可避免，国家权力必须在国内建立起一套稳定而妥善的政治机制才能抵制国外入侵。所

---

① ［意］萨尔瓦托雷利：《意大利简史——从史前到当代》，沈珩、祝本雄译，商务印书馆 2013 年版，第 290—308 页。

② ［英］波考克：《马基雅维利时刻》，冯克利等译，译林出版社 2013 年版，第 60 页。

③ ［英］昆廷·斯金纳：《现代政治思想的基础》，奚瑞森、亚方译，译林出版社 2011 年版，第 61 页。

以，尽管文化背景和观念不同，但国家和政治发展面临的任务却是相同的，正是在这个意义上，二人提出了国家权力的重要性问题。

三　思想主旨、著作风格的比较

（一）思想主题、视角的相似性——以国家和君主为中心

韩非思想的主题和视角很清晰，极容易断定。他站在君主和国家的立场上探讨了国家兴衰的诸多因素和君主如何保有国家、失去国家的诸理论，提出了君主要依势、重法、用术的治国之道、护权之术。他明确提出了在当时施用仁义道德的局限性，而只有构建起以君主为核心的国家权力系统，以赏罚为制定政策核心的治国之道才能保有国家，进而称霸。国家和君主的利益是他最终的判断标准，"公德""公利""君利"概念的提出以及给君主开出的治国方案皆为了保障国家和君主的利益，并且这种主张有时候显得极为极端。历史和当前争论的焦点在于韩非到底是以君主利益为核心还是国家利益为核心。实际上就当时来讲，君主的利益就是国家的利益，尽管这二者不能等同。君主有可能甚至经常做出一些有利于自己利益而有损于国家利益的事情，但是从长远角度和君主个人动机与目的来讲，每一个君主都想长久地保有国家且维护自己的统治，失去国家意味着失去自己的性命，甚至整个宗族的性命都将被残酷杀害，所以每一个君主都在极力维护国家的统治和长治久安。同时也在维护自己的核心利益，这对传统君国一体的政治体制和政治实践来讲二者并不矛盾。但所做的与所想的可能并不一致，目的与手段可能相冲突，最终导致国家政权的衰败和自己宗族被消灭。

对于马基雅维利政治思想的主题，以往学者认为马基雅维利在他两本最重要的著作当中展示的是不同的主题，甚至是相互矛盾的主题。近年来学者的认识逐渐达成一致，认为马基雅维利的研究主题并不矛盾，并无二致。萨拜因认为，两部论著（《君主论》和《李维史论》）论述的主题就是国家兴衰的各种原因以及政治家维持统治的各种手段，两部著作只是对这同一主题而展开的不同方面而已，治理之道、强国

之术、扩权之策以及导致国家衰亡的各种错误才是他关注的中心，其中政治手段和军事措施几乎是他关注的唯一课题。除了政治、治国之策和战争艺术以外，他没有写过任何其他方面的问题，也没有思考过任何其他方面的问题。政治的目的就是保护和扩大政治权力本身，因而他据以衡量政治的标准便是政治是否在这个方面取得了成功。①

伯林认为，无论《君主论》和《李维史论》有什么不一致，但"贯穿于两者中间的主线是一样的，其最基本的价值，最高目标也是不变的"。② 马基雅维利本人在《君主论》和《李维史论》中的献词都可以说明他著作的主题。《君主论》献词说，这本书是献给当时佛罗伦萨的实际统治者洛伦佐·美第奇，目的是给当时统治者提供一些统治策略、方法和经验。而《李维史论》则是献给两位友人，并且据施特劳斯的分析，《李维史论》是献给"潜在的君主"的，为什么要献给潜在的君主呢？其目的仍然是让潜在的君主汲取历史的经验，学习、借鉴统治之道、治国之策，最重要的是学习如何维护国家权力，不让国家的利益和权威衰败。波考克认为，从马基雅维利对罗马共和国灭亡的分析当中也可以看出，一旦军事力量以及法律维护的不再是国家的权力而是为私人所用，那么即使是繁荣庞大的罗马共和国，也会灭亡。③ 所以，马基雅维利著作思想的主旨也是事关治国的艺术，总体上都是强调维护国家权力的重要性，其次才是公民追求的安宁、自由、秩序和幸福等主题，也才是共和主义者所谈论的主题和价值要素。

（二）著作风格中修辞术的相似性

韩非的著作风格，孙实明认为是"苍劲、雄健、细密"。④ 明代门

---

① ［美］萨拜因：《政治学说史》下卷，邓正来译，上海人民出版社 2010 年版，第 11—25 页。

② ［英］伯林：《反潮流：观念史论文集》，冯克利译，译林出版社 2011 年版，第 68 页。

③ ［英］波考克：《马基雅维利时刻》，冯克利、傅乾译，译林出版社 2013 年版，第 222 页。

④ 孙实明：《韩非思想新探》，湖北人民出版社 1990 年版，第 27—28 页。

无子认为"论事入髓，为文刺心"。① 可见前贤对韩非著作文风的剖析颇深。韩非著作当中的许多篇章都是上书君主的，所以为了说服君主，韩非对他的文章进行了诸多润色，要想说服君主听进自己的建议，那就必须要有论事入髓般的深刻，才有可能说服君主相信自己的见解，否则尽管有金玉良策，也可能无法得到君主的采纳，甚至反害其身。韩非在《说难》篇中提到了战国时期的名家以及鬼谷子学派对君主论说技巧的重视，用现代术语来讲也即注重修辞的艺术，韩非自己十分注重考察君主的心理，认为只有把握住了君主内心的真实想法，才能对君主劝说成功。总体而言，韩非多运用比喻、归纳、演绎等修辞方法。

马基雅维利在上学期间学习过修辞学。"讲授修辞学的基本宗旨是为学生提供一种颇有市场价值的技术，即以最大限度的清晰和说服力草拟官方书信和诸如此类的文件的能力"。② 波考克也认为，修辞学是研究如何说服人们采取行动、做出决定、表示赞成；它是行动和社会中的智慧，是以这种智慧要与之交谈的其他人的存在为前提。它从本质上说是政治的，因此总是并且必然投身于特殊的环境、特殊的决定和特殊的关系。③ 古希腊和雅典有雄辩术，古罗马是如此，至意大利 15 世纪人文主义者布鲁尼、萨卢塔蒂等再一次将古罗马西塞罗的雄辩术复兴，雄辩术已作为修辞学教授的课程之一。马基雅维利的写作风格、方式注重其说服力和清晰度，其两部著作的主要目的是贡献给当时在朝的君主和潜在的君主，故其著作中富有现实性、说服力、雄辩性和清晰性，只有这样他的经验智慧和思想才有可能获得君主的认可和赞同，也才有可能使君主起用并赏识他。如果他未能展示他的才华和研究成果，或者说未能清晰地表达出他的这种能力，就起不到应

---

① 门无子：《刻韩子迂评跋》，转引自陈奇猷《韩非子新校注》，上海古籍出版社 2000 年版，第 1232 页。

② ［英］昆廷·斯金纳：《现代政治思想的基础》，奚瑞森、亚方译，译林出版社 2011 年版，第 28 页。

③ ［英］波考克：《马基雅维利时刻》，冯克利等译，译林出版社 2013 年版，第 63 页。

有的效果。这种著作风格的形成无疑与马基雅维利的职业外交经历有关，当时他的主要外交任务就是去说服他国，以求佛罗伦萨不被别国入侵，所以，马基雅维利从政治实践当中，磨炼出了他出色的说服力并体现在他的著作当中。

正是都以说服他人、游说他人为目标，所以二人的修辞术呈现出相似的雄辩性、感染力和说服力，都运用类比推理、一分为二、归纳演绎的逻辑修辞方法。所不同的是，韩非还仅仅处于朴素唯物主义的境界，一些比喻、类推以及对矛盾关系的认识和处理在今天看来都显得较为简单，甚至不可理解。而马基雅维利的相关修辞手法比韩非较为科学和实际。

四　思想和著作中实践性与理论性的二重性

韩非和马基雅维利的著作目的是写给君主阅读，是让君主从中汲取教训并能够直接应用于政治实践当中。所以他们的著作和思想呈现出明显的实践特色。韩非的一些文章原本准备上书韩王安，其余的文章也是直接针对君主面临的具体问题而写。他的这种写作方式不是老子的形而上的抽象原则和无法把握的行为方式，而是极其具体、详细并易于操作和贯彻的思想。他针对当时现实政治中出现的各种问题而作，并站在君主的立场上为君主建言献策。而马基雅维利也是如此。所以，他们二人的理论都是指导政治实践行动的指南和手册。

实际上，二人的政治思想兼具实践性和理论性的双重特色。更精确地讲，韩非以政论家的身份写出了具有浓厚政治实践色彩的著作，而马基雅维利则以纯粹政治实践家的身份写出了更具政治实践性的著作。这也是造成对二人其人其著误读的重要原因，诸多理论家们从理论上批评二人理论造成的恶果，尤其是二人的思想被其后的政治人物践行之后。历史地讲，在韩非和马基雅维利之前的政治人物完全可以领会、感悟并在实践中运用他们二人的思想本质，而且这在历史当中并不少见。但在他们之前的人并没有像他们一样写作并留下这样的记载，在历史上二人绝不是这种理论的创始人和实践者，二人可能仅是这种理论撰写且留存下来的东西方的第一人，且这些理论都是由二人对历史和现实的观察、总结和提炼写作而成，并不是凭空捏造和歪曲历史的产物。纵观他们二人的一生，二人则从未按自己的理论行动，也从未具备其理论所要求的政治条件、品质和能力！这源于二人已经深刻认识到了政治领域的复杂性。众多政治实践者以及众多伪道德学家只继承他们思想的精髓而绝不从口中吐出任何有损仁义的话，更不愿意承认自己受到了韩非和马基雅维利的影响，并且还对作者本人进行谩骂和讽刺以彰显自己品质的卓越，凸显韩非和马基雅维利品质的恶劣。这完全符合马基雅维利论述的理想君主的特征。其实有些外行的政治理论家们自己不仅从未深入进真正的政治黑箱内部，从未领略过政治的残酷血腥、风雨变幻和尔虞我诈，而且从未有过韩非和马基雅维利那种独特的生命体验和内心感受，而且还认为他们的理论简直就是在教人邪恶！

另外，韩非和马基雅维利二人的理论之所以有巨大的相似性和可比性，原因就在于他们的思想和真正的政治实践者相比，仍然显得过于理想、纯真，而和真正的政治理论家相比，他们的政治思想又太现实、太残酷和太真实，以至于让那些从未真正接触过政治，从未懂得什么才是真正政治的人难以接受，因为人们总是想按照想象中的样子去生活，总是被事物的外表和结果所欺骗！他们二人正是处于真正的政治理论家和政治实践者的界限之外，所以遭受到了两派力量的共同攻击，尤其是受到把他们二人当作政治思想家来研究的某些政治理论者的暴风骤雨般的批评。

马基雅维利以献书的方式把自己数十年潜心研究的国家兴衰的奥秘当作奇珍异宝献给君主或潜在的君主，希望君主们能够借此书汲取历史经验教训和智慧进而统一意大利，所以他论述了君主应该如何处理军事、外交、大臣、民众等各种问题，这些建议也是极其具体而详细的，小到如何利用宴会来借机表达自己、如何珍惜人才。马基雅维利本人的目的也无意于撰写纯学术性的著作，更无意于进行抽象的理论思辨。所以卡西尔说，马基雅维利的《君主论》不是一部供学者们研究和政治哲学家们评论的纯粹的学究式论著，也不能理解为只是为了满足一种理智好奇心。马基雅维利的《君主论》一经交到他的第一批读者手中，立即被付诸实践之中。① 当然正是由于被一些有私人目的的人付诸实践之中，所以马基雅维利遭到了后世的垢名。韩非的《五蠹》等篇章传到秦始皇那里之后，这位雄心勃勃的政治实践者一下子感到了与韩非的思想共鸣，在实践当中一直困扰他的问题被韩非所意识到并解决，"寡人得见此人，与之游，死不恨矣"，② 可见这位政治实践者对韩非的由衷欣赏，这也从侧面反映出韩非思想的实践性。

韩非和马基雅维利政治思想的实践性特色赋予了他们二人一种特殊的身份，也增加了他们思想之间的相似性。同时这种政治实践性特色也为他们带来了骂名。面临共同的政治风波，马基雅维利的同代人圭恰迪尼的官运仕途屡历波折而不倒，而马基雅维利却再也没"起来"。当然这其中有众多的现实政治因素，但他和真正深谙政治的圭恰迪尼相比起来，马基雅维利思想显得太过理性、自信和幼稚，对政治的理解、感悟和体验的深刻程度不足，与圭恰迪尼相比无疑甘拜下风。当然这有很多的现实因素要考虑，所以这不能不促使马基雅维利去思考，同时这也造就了马基雅维利向思想理论界的发展和深究。正因为如此，马基雅维利认为自己在认识事物的智慧和能力方面与圭恰迪尼不相上下，但是在现实事务之中他却不得不承认自己不如圭恰迪尼。

韩非作为法家集大成的人物，令他遗憾悲愤的是他自己从没有机会进入政治实践当中，但是他的方法论、着眼点和思想聚焦的目标都直指现实实践。韩非和李斯相比，无疑李斯的知识、学问、见地不如韩非，这在《史记》当中均有明确记载，但是吊诡的是韩非朝思暮想的政治理想没有落实，而李斯却在秦国的政治实践中大展才华，成为秦帝国的宰相，并且韩非最终死于李斯之手！智慧高于李斯的韩非最后却把性命葬送在不如自己的人手中，何故？可见思想理论上的智慧

① ［德］恩斯特·卡西尔：《国家的神话》，范进等译，华夏出版社 1999 年版，第 143 页。

② 《史记·老庄申韩列传》。

和现实实践中的智慧不能等同。所以，从政治实践能力的角度评述，韩非的政治智慧不如李斯，至于人格的高下另当别论，最好的人格拥有最高的政治智慧，但是现实当中这两者不一定总是同步，一个人也并不总是同时拥有这两样。

　　这就是为什么要拿韩非和马基雅维利相比，而不是圭恰迪尼、萨沃纳罗拉、索德里尼等纯粹的政治实践者和韩非相比，或者是拿管子、商鞅、申不害、李斯等战国时期纯粹的政治实践者和马基雅维利相比的主要原因之一。他们二人身份具有共同的特征：政治实践家的思想特色和政治理论家的思想特色集于一身。此外他们的核心政治理论——人性论、政治权势论、政治道德论等如此相似，这样就决定了二人思想的可比性，这也是不用中国思想家中的其他人和马基雅维利相比，也不拿西方政治思想家的其他人和韩非相比的原因所在。需要注意和指出的是，现代意义上的政治思想家预设和蕴含的前提是学术研究领域中的政治思想家，而韩非、马基雅维利二人实际上并不是学术研究意义上的政治思想家，韩非就曾明确提出反对"学者"巧辩和无用之论，而马基雅维利则更愿意倾听一位老人的经验之谈，而不是学习学术著作。所以，我们可以从政治思想史的角度来解读他们的思想，但并不意味着他们本身就是现代意义上政治思想领域中的学者。准确地说，韩非是带有浓厚政治实践特色的政论家，而马基雅维利则是政治实践家兼政治理论家，他们的思想带有着理论与实践的双重色彩。

第二章

方法论、人性观、历史观的比较

一　方法论比较

（一）经验主义

韩非的理论和思想无疑也是从历史和当时的正反两方面经验出发，从历史与现实的双重维度，对国家治理和君臣关系予以系统思考，"究天人之际，察历代成败之得失"，这本身就是一种经验性思考。"宰相出于州吏，猛将出于卒伍"这是韩非的千古名言，这也证明了他认识到经验对于人的重要性。当然他的经验主义首先主要来自他对当时现实政治的观察和反思而得出的智慧。其次，来自他潜沉下来向荀子学习和自己研究历史的所得。他没有实际的政治经验，这也导致了他的思想缺少切实可行的具体可操作性和简单、极端、纯粹的理想性特征。

认识事物的经验主义立场是中国先秦诸子的共同特征，韩非的经验主义特点具有朴素的辩证主义和理性的特征。从历史和现实的经验中发现并揭示了"利"对个人的重要性。马基雅维利思想的经验主义主要来源于三个方面：一是从历史和传统的成败得失中总结出来的理论经验；二是从对现实政治的观察中得到的现实经验；三是从自己的亲身从政实践中感悟体验出来的经验。萨拜因认为，马基雅维利的思想是一个真正经验主义者的思想，是从广泛的政治观察中和对政治史更加广泛的阅读中得出的结果。他试图把他所观察到的一切同他毫无系统的思想勾连起来。但是，他的经验主义却是一种常识经验主义或具有某种敏锐的实际洞见力，而不是为检验各种理论或一般性原则的愿望所左右的那种归纳经验主义。① 在马基雅维利的著作当中，随处可见"经验证明""经验显示"的表述。实践经验的有无是二人经验主义的区别。故韩非更多的是理论中的经验主义，而马基雅维利则是理论与实践经验的结合。

对于一个从经验主义的角度和具有浓厚政治实践特色的思想家来说，完全从学术的角度和意义上对他的思想观点进行审视的话有可能低估和忽略马基雅维利思想特色的原创性和价值。甚至可以说处于政治实践领域中的人物是不可以用学术标准和道德的正常标准来衡量。斯金纳、波考克的语言语境主义方法抹杀了这种个人从现实生活当中总结其思想的原创可能性。因为任何一种观点和思想（尤其是处于"当代"阶段的人）如果都放在人类的知识海洋中检索与审视，那么这个人的思想就越少具有创新性、原创性的可能性。如果作为一种学术理论的话，那么考察、追溯并综述前人对一个思想观点或问题的认识的话，这是必需的和不可或缺的，但对一个政治实践者来说，这样从学术的角度来对他的思想观点进行审视的话不完全恰当，甚至可以说处于政治实践领域中的人物是不可以用学术标准和道德标准来衡量的。

当然马基雅维利有比较深厚的理论基础，曾阅读过他之前的许多思想家、历史学家和军事理论家及实践者的许多著作，无疑他肯定会受到这些人的影响。但是马基雅维利作为一位现实主义者和经验主义者，他对待问题和理论皆是以实用地解决当前问题为依归，所以不能因为之前有过的理论而磨灭他的许多理论的原创性。他提出的一些观点和思想有可能并不是由于他对政治思想史和当代政治理论家、思想家著作的研究和阅读而得来，而是他从对现实世界的观察、总结、提炼、分析中而得出的结论。更因为当时和 15 世纪之前的人文主义者面临的意大利局势并没有太大出入，所以马基雅维利完全有可能凭借自

---

① ［美］萨拜因：《政治学说史》下卷，邓正来译，上海人民出版社 2010 年版，第 11—25 页。

己的智慧得出和他同辈、前辈甚至更为古老久远的政治思想家相类似甚至相同的结论，关注和思考共同的永恒政治问题。因此，对于马基雅维利理论的原创性认识不能因为将其置于他所处的"历史语境"之中而忽略，强调这一点的目的在于要始终注意马基雅维利思想的实践性或他个人的实践经历对他的影响。

对于韩非和马基雅维利的经验主义方法论的评判不能仅以学术标准衡量。没有受过学术训练的或者没有阅读过经典著作的人不代表他们无法提出或解决一些重要的问题，他们完全可以通过自己对这个现实社会的观察、总结得出某些观点和结论，并且其深刻程度可能不亚于某些思想家，但可能不系统和无法解释其原因，尤其在政治领域。所以阅读量的大小并不能决定某个人思想的高低，更不能决定他在现实中成就的高低，如果非要从学术政治思想史中评判韩非和马基雅维利的话，无疑他们的思想本身可能没有任何新意和原创性，且还显得缺乏哲理性和系统性，尤其对于马基雅维利的思想更是如此。这种评判本身就是一种误导。这样的评判不仅放在他们身上不合适，就是放在任何一个不以学术为业的人身上都不合适，用一种政治学术史的标准评判以政治为业的人，永远无法彰显他们思想中的闪光点！当然我们可以从政治思想史上来研究他们的思想，但是不能一味地以这种标准来衡量和评判他们的全部价值。这种角度仅仅是对他们一生全部贡献和影响的其中一点，而一个人对社会和历史的影响是立体的、全方位的和多角度的。

（二）现实主义

现实主义的方法论在他们二人的著作当中体现得既全面又彻底。但是无论是作为方法论意义上的现实主义还是作为一个现实主义者而言，现实主义往往容易被人误解，人们更容易相信事物的表象、虚幻与伪装的真善美。政治现实主义更是如此，萨托利早已指出，人们普遍把政治现实主义等同于那种不顾理想，只以权势、欺诈和无情地运用权力为基础的政治。① 正因为大部分人的天性使然以及理想主义对于现实主义者的"污名化",所以政治现实主义的"声誉"一向不为人们所认可,同样韩非和马基雅维利的政治现实主义也不为当时,甚至包括现在的某些人所认可。他们的政治现实主义也体现在多个方面。

一是对于人及人性本身认识的现实性。在这一点上他们二人共同揭示出了人性本身所具有的现实特征,他们没有从先验的角度,更没有从宗教神学的角度出发,而是从人们的行为,尤其是在政治情境中的真实行为出发揭示了人性本身所具有的特质。关于他们的人性思想会在接下来的章节继续深入探讨,在此主要指明二人思想的基石首先在于对于人性的现实主义观察和思考,并没有先天假定人性为善或为恶的问题,而是洞察到人性的总体特征与趋势为趋利避害、自利而为。

二是思想主题的现实性以及对君主认识的现实性。韩非和马基雅维利的政治思想不是从学理出发研究所谓的"学术"理论或者某种观念,而是直指当时的现实问题,希望通过自己的理论思想解决当时现实的政治问题,而不是进行学理探讨和追求"真知"。他们论述的是实际上是什么和实际上应该怎么办的问题。西方政治思想发展史演变到马基雅维利这里,他是作为一个"异端"的形象出现的,这个异端形象之一就是他的思维和方法不同于以前西方政治思想的"应然和求知"传统。而韩非则是遵循一贯的"政学合一"路径,所以马基雅维利的思维方式和理论方法与中国的知识分子有极大的相似性,都特别注重理论研究的现实关怀和现实问题的解决。与韩非同时代的儒家、墨家特别强调君主本身的神圣性,认为君主就是美德的化身,其本身具有不可侵犯性,是圣人。而韩非并没有把君主看得这么高尚和神圣,他是从现实和人民利益的需要方面阐述君主的作用,并且指出了君主的诸多不足和缺陷。马基雅维利亦然,他否定了君主身上的一系列美德,否定了君主的神圣性。他们都指出了君主也具有普通人的所有欲望,也会因欲望过多和审慎不足而犯错误。

----

① [美]乔万尼·萨托利:《民主新论》,冯克利、阎克文译,上海人民出版社2009年版,第39页。

　　三是解决问题的思路与政策的现实性。总体而言，诸多政治思想家在分析政治问题时显得比较切合实际，但是在解决问题时往往好高骛远，缺乏现实感。从人类社会的终极意义上而言，他们的方案不能说不具有合理性和一定的真理，但是如果将他们的方案放在当下却显得迂腐寒酸。韩、马和他们之前的思想家相比来说，他们在解决问题、分析问题更切合实际的同时，更关注当下能否解决问题的现实性。虽然马基雅维利所在的佛罗伦萨具有悠久的共和传统以及西方的法治传统，但他也深知这在当下的意大利无法实行，首要的是在意大利建立君主制，进而过渡到共和制。施觉怀就认为韩非的唯物主义观点运用到现实生活中，表现为特别注重实际，韩非的整部著作都贯穿着这种注重实际的态度。他的这种实践观点一方面表现为用事实证明其论点，另一方面则反过来要求对他人的论点也必须用事实来证明。① 宋洪兵对韩非认识社会现实的基本方法进行了分析，认为韩非认识社会现实的基本方法主要有：应时史观、道权思想和参验思想，儒道法各家因各自观察春秋战国时期现实社会的立场和态度的差异而主张采取不同的政策措施，从而形成了理想主义（儒、道）和现实主义（法）的区别。②

　　对于现实主义的问题，萨托利还曾提出了"劣等的现实主义"这样一个概念。③ 那么他们两个人是不是属于这个行列？而真正优秀而卓越的政治现实主义者或方法论又是什么呢？"因此，政治现实主义不多不少，只是对所有政策事实的收集。政治现实主义使我们知道政治的事实基础——时代。"④ 从这个角度来讲，二人对当时时代和政治情境的事实描述的确符合标准的政治现实主义，而且阐述了如何把他们的理想通过一系列中介原则而付诸实践，决不属于"劣等的理想主

---

　　① 施觉怀：《韩非评传》，南京大学出版社 2002 年版，第 96—97 页。

　　② 宋洪兵：《韩非子政治思想再研究》，中国人民大学出版社 2010 年版，第200—252 页。

　　③ ［美］乔万尼·萨托利：《民主新论》，冯克利、阎克文译，上海人民出版社2009 年版，第 72 页。

　　④ 同上书，第 57 页。

义"。除却他们二人都十分注重现实性之外，韩非思想的抽象性、哲学性都比马基雅维利要更高一些，这主要在于他继承了老子的"道论"，继而又提出了德、理、矛盾、可能性、绝对性以及一些辩证法范畴的思想等事物发展变化的命题。①

二　人性观比较

前文已述，韩非和马基雅维利政治思想的基石奠定在他们对人性的现实主义思考和观察之上，在其现实主义的人性观这一总体理论特征方面二人无甚差异，但在其思想内部却可以发现诸多差异。对他们的这一重要思想基础进行详细的分析和对比，其目的在于为以后的比较研究奠定理论基础。需要说明的是，他们并没有专门在其著作中单独探讨人性问题，而是在论述他们关注的政治问题时将人性的问题融入进去论述的。他们对人性俯瞰式的扫描论断已贯穿和渗透到了他们著作的各个角落，对人类命运的理解、国家治理与兴衰的理解以及对君主、官僚和公民等各种与政治有关主题的理解都浸润着他们对人性的洞察，这已构成他们理论的逻辑支点和不可或缺的一部分。

那么什么是人性？什么是人的本性？人性善、人性恶的论断是否有科学的根据？面对人类自身的"性质"问题几千年来人类自身在不断地寻根探源，在韩非和马基雅维利之前，人性问题的思考与争辩早已开启，而对于他们二人思想当中的人性问题，也早已有不计其数的学者论述过，其中占主流的学者认为他们是人性恶的代表，② 另外也有一部分学者认为他们的人性理论是"人性自利论"，并没有涉及善恶的价值判断。这些学者的主要论据来源于二人著作当中的只言片语以及二人思想对于后世所造成的恶劣影响，但他们的论证和观点经不

---

① 具体可参见孙实明《韩非思想新探》，湖北人民出版社 1990 年版，第 103—210 页；施觉怀《韩非评传》，南京大学出版社 2002 年版，第 99—107 页。

② 国外学者认为马基雅维利持人性恶观点的以施特劳斯为主要代表，国内持这种观点的也有诸多人物，具体见前文的文献综述部分。

起推敲。现在最新的心理学和人类学等领域的研究表明，人类本身并无内在的"善与恶"的基因嵌入，既有善的潜质也有恶的潜质，更多地受到社会情境力量的影响。① 当前，对于韩非的人性论有很多争论，但需要注意的事实是韩非和马基雅维利二人作为现实主义者，并没有对人之天性进行善恶等伦理道德上的价值判断，反而认为这是人之自然性情，只能疏导与利用，并且正是因为人类具有这样的特性，政治才得以产生，人之天性乃是政治产生的原动力。当然，他们也没有抛弃善恶、好坏等基本道德品质，只是在人性问题上他们并没有通过道德说教与个人修身养性等改造人性进而实现政治之目的。为了更深入地探讨他们的人性观，也为更谨慎地做到言之有据，二人对人性的有关论述汇总已分别整理在附录 1 和附录 2 之中。

　　透过对附录 1 和附录 2 的分析发现，在《韩非子》中并没有"人性""本性"这个词和概念，更没有"人性恶"这样的直接表达。韩非的人性论思想来源主要有：一是对其师荀子人性论的继承和发扬；二是对法家先贤人性论的继承和发扬；三是来自他自己对历史与现实的洞察。韩非在表达有关人性思想时所用的词汇是"人之性"，如：乱弱者亡，人之性也（《韩非子·饰邪》）；"情性"：不逆天理，不伤情性（《韩非子·大体》）；"天性"：非私臣而然也，夫天性仁心固然也（《韩非子·外储说左下》）；"民性""民之性"：桀、纣为高台深池以尽民力，为炮烙以伤民性（《韩非子·难势》）、夫民之性，恶劳而乐佚（《韩非子·心度》）。总之，韩非将人与情、人与利、人与欲、人与害等结合起来论述，并认为治理天下必须洞悉人情，并没有直接评述人性的好与坏、善与恶。其中"情"字在《韩非子》中共出现 75次，"性"字出现 18 次，"人情"9 次，"情性"有 3 次，"天性"有 3次。而且韩非作为荀子之徒，荀子在《性恶》《正名》等篇中明确使用"人性恶"一词并表达出了这样的思想观念，但韩非拒绝使用这样的表达。这并不是一种偶然为之，而是不认同以人性恶来看待人之本

---

　　① ［美］菲利普·津巴多：《路西法效应：好人是如何变成恶魔的》，孙佩妏、陈雅馨译，生活·读书·新知三联书店 2015 年版，第 345 页。

性，政治治理并不是像荀子一样教化人性，而是应规范、引导人性。
"凡治天下，必因人情。人情者，有好恶，故赏罚可用；赏罚可用，
则禁令可立而治道具矣"。① 马基雅维利在《君主论》和《李维史论》
等著作当中，也并没有直接表达人性之好恶，更没有专门论述人性问
题，而是把有关人性的多种表现形态、行为及人的心理渗透其中加以
综合论述，人性之欲望、善恶、美德等相关理解与判断在书中俯拾皆
是。而且他们二人在论述人性问题时既有对全体人类的总体性认识，
也有针对不同类别的人的不同论述。

鉴于此，在本书中不以人性善、恶这种二分法来理解二人的人性
思想，而是从他们的思想本身出发、从当时的现实环境出发、从他们
提出的人性思想的目的出发来考察他们的人性思想。根据他们在各自
著作中的论述可以将二人的人性思想划分为人性的现实性和应然性、
人性的普遍核心形态——情欲与理智、私利与公利、美善与丑恶及其
不同主体之间的特殊性两个主要层次来进行多角度的理解和认识。

（一）人性的现实性和应然性

马克思早已指出人的本质，人的本质是一切社会关系的总和。人
不能活在虚假的真空之中，首先必须有衣食住行才能进行其他活动，
也即人的需要是人的本质的表现形式和本质反映。因此，没有抽象与
先验的人性观，而只能在实践中、在社会关系变化和发展过程中把握
人性。韩非和马基雅维利作为政治现实主义者，都不是从抽象的人性
论出发探讨人性问题，而是从人类历史的经验以及当时人们的实践活
动当中探寻人性。但是也还没达到马克思对人的认识的高度。韩非对
现实中人性的观察没有仅停留在表面的"饰行"和"虚词"之中，而
是极其深刻地洞察到了人性在实践当中表现出来的多样性及其对政治
所造成的"伤害"。这在当时而言并不为儒家学者所容，也正是因为
儒法两家对于人的认识问题的根本不同，导致了它们两派各自治国之
道的迥异。但必须要指出来的是，韩非对人性的洞察与其政治思想的

---

① 《韩非子·八经》。

构想密不可分，他认为政治所针对的是绝大多数人的品质和行为，而不是少数几个涵养极高的"圣人"，这些人人数极少且没有管理的必要性，最主要的是针对能够对政治事务产生重大影响力的人与事，其中奸臣、重臣、妻妾、宦官等人物就事关国家与君主的生死存亡。政治中实际存在的君臣模式及其实践行为完全不同于儒家学说中所预设的理想模型，官僚集团之中透露出来的真实人性不是以人性之善恶所能判断。韩非认为人性本无善无恶，也可以有善有恶，关键在于外在的环境和制度。"正直之道可以得利，则臣尽力以事主，正直之道不可以得安，则臣行私以干主。"[1] 当然，韩非从人之需要的特性出发提出了诸多人之为人而无法改变的天性，尤其指出了政治中人性表现的人性自利、趋利避害等共同特征是绝大多数人表现出的现实特征，而建立在人的需求之上的特性是人类共同的本性，只不过在政治领域当中表现得更为极端和残酷。而马基雅维利所言的人性论也证明了中西方人性的共同之处。

马基雅维利也指出了人性的现实性或实然性与应然性、理想性之间的重大区别，认识到了人性在历史上从来没有什么变化，并认为"恐惧是世界上最高的主宰"这个原理也从来没有失效。他和韩非一样，不是从人们掩饰隐藏的语言中以及先验假设的推理中探究不切合实际的人性，而是从人的现实实践行为模式中和历史事件中深刻挖掘人性的本质。另外，马基雅维利还从民族和地域中总结不同民族的总体特征，认为这些都影响人性的特点，并且一旦形成之后就不容易改变。

在此需要指出，他们二人对人性的理解和认识是就人类总体的特性、特征而言的，而且是从现实的角度和经验的角度加以概括的，并没有认为每一个人的"特性"都是如此，因为人作为一个有思想意识的高级动物，没法完全精准预测其行为，因此二人都是就其最广泛的普遍意义上的人性加以解释，而不是如有些学者认为的他们把每一个人都视为如此，而且他们并没有将人性的现实行为都视为恶或者坏，而是指出这种现象的存在是人某种本性的反映，是人追逐自己的利益

---

[1]　《韩非子·奸劫弑臣》。

和满足自己需求的反映。当然这种品性和品行完全不值得倡导，但作为政治治理和国家统治来说，必须对这种品性和品行加以清醒深刻认识并予以约束和指导。因此，就认识人性而言，他们二人并没有什么可指责之处，人类历史发展到今天，他们所举的例子和所说的事实依然存在。这也是对他们理论正确性的最好诠释，不过他们提出的规制人性的制度却值得后世反思和批判地继承。

（二）人性的普遍核心形态及特殊性

人类作为一种物种存在于宇宙万物之间，人之所以为人就在于人具有共同的特性而成为一种区别于其他物种的本质。尽管中西方以及人类在种族、民族等方面有着千言万语的差别，但就人类作为一个整体本身来说，尤其就人性的表现来讲，存在着一些共同而普遍的核心行为模式，在此文中称为核心形态。因为人类的行为因文化各异，但其本质和核心并没有多大差异。韩非和马基雅维利作为其时代人性的剖析师和观察者，几乎洞悉了人性的这些核心特征。

具体而言，韩非和马基雅维利论述的人性之主体是有差异的，有时候指的是普遍意义上人类整体所具有的，如关于人类，一般可以这样说，他们都是忘恩负义、容易变心的，是伪装者、冒牌货，是逃避危难、追逐利益的……①；也有关于一般普通大众以及某类具有共同特征的具体人物特征，如马基雅维利对雇佣军、援军、混合军队的分析和韩非对奸臣、当涂之臣的分析；马基雅维利对法国皇帝和罗马教皇的分析以及韩非对当时各国君主的分析。所以，考察韩非和马基雅维利二人的人性思想时，首先要密切注意他们论述的人性主体问题，考察他们是在什么情况下使用"人性"这个概念的，用逻辑学的语言来讲，就是"统称"中的人性还是"特指"中的人性。对普遍意义上的人性予以判断，难免忽略个别的特殊个性，而用具体的事例来反驳这种整体意义上的抽象概括，并不意味着这种概括不成立。由于他们

---

① ［意］马基雅维利：《君主论·李维史论》，潘汉典、薛军译，吉林出版集团有限责任公司 2011 年版，第 65 页。

的人性论都是从历史事实和现实实践当中总结出来，所以他们既有对人类特性的整体观察和判断，又有对个别或某类人的特性的概括，同时在不同情景之下人性的表现是会有不同变化的。总之，二人更注重从君主的立场来考虑群臣百官和绝大多数民众的人性表现，更注重从政治中审视人性，在分析他们的人性论思想时要辩证地看待。就总体而言，二人人性论的主要特征有：爱身自保、趋利避害、喜贵恶贱、好利恶害、喜安避危、重利善变，而且这是人之常情、人之自然属性，并无善恶好坏之价值判断，恰恰正是因为人有这种常情、属性和天性，政治作为人类如何治理自己的问题才得以生成。具体而言，二人展示的政治中的人性有以下几个方面。

1. 人性的核心形态——情欲与理智

人在本质上作为动物受其本能的影响，同时人又作为一种高级动物意识到自己存在的意义且具有自我反省、自我完善的能力，这两种力量在人身上体现的就是情欲与理智的关系，更有人用恶魔与天使来形容这种关系。所谓"情欲"在此指的是人之常情，人们正常的情感、欲望、感情、需求等一切受人的生理要求和不加理智反思和约束的各种需求。所谓"理智"指的是与情欲相对应的人们的理性、理智等人特有的高级思维和意识，二者之间的关系交融混合、无法完全分清界限。但这种特性和关系却存在于每个人身上，只是每一个人表现的程度有别，一个高度理智的人在本质上也受正常情欲的影响，只是理智的程度较高而已，而一个易受情欲影响的人，他也并不是没有自己的理智，只是理智的程度较低而已。而韩非和马基雅维利二人都视人之情欲、人之常情为正当，注意到了情欲与理智的矛盾和冲突，但同时强调人的正当情欲不应压制或者贬低，追逐利益也是正当的且不用以仁义道德的借口掩饰，但个人的这种正常情欲不能损害国家和公共利益，这是底线。但作为君主要有超越正常人的正常情感和欲望，需要用更大的理智克制自己的情欲，因为在政治领域中人之正常情欲如果不能加以制度的有效制约必定会给共同体和国家带来灾难。

韩非顺"人情"而立法（既顺人情，又约束人情），故法是超越人之情欲的事物，是理智、理性的产物，而君主所要做的就是要用法来引导、规范和约束个人的正常情欲，而情欲在韩非那里主要是指人的最基本的自然需求和人最常见的社会情感需求，如趋利避害、喜利畏罪等作为自然人和社会人都具有的属性。同时这种情欲如果不加以适当节制，人与人、国与国甚至君主与群臣百官之间就会产生严重的矛盾和冲突，因此，君主就必须利用人们的正常情欲，而不是通过德治和教化予以全面改造。马基雅维利看到了君主的情欲，并认为君主有欲望也是极其正常的事情，所以他在《君主论·献词》中就直接肯定了君主欲望的正当性，认为人们把自己认为最宝贵的东西或者自以为君主最喜爱的东西作为献礼献给君主是再正常不过的事情，而他最宝贵和最有价值的"宝物"就是他对伟大人物事迹的知识，所以把自己这些最宝贵的知识献给君主。除此之外，马基雅维利还肯定了君主获取领土欲望的正当性。① 这说明马基雅维利认为君主作为统领国家发展的角色，其获取领土、扩张国疆，甚至殖民他国都是非常正常的，不应该受到谴责。这已与中世纪或古希腊的柏拉图、亚里士多德不同，与将君主视为洞穿尘世一切的神或哲学王不同。但与韩非所不同的是，他没有提出君主应该做到"无欲与无见"，因为韩非认识到了君主一旦表现出自己的某种个人喜好或情欲，臣下就会投其所好，进而君主便会宠物喜人。韩非正是看到了这一点，所以明确提出了作为君主在治理国家时必须做到无欲——善恶喜好不显，即君主克制自己的各种欲望，让臣下或者其他人没有机会投其所好，进而因人情关系而做出不合法的事情。韩非是把治理国家的所有智慧和经验浓缩于君主一人身上，利用法、术、势来进行整个国家的管理，所以韩非对君主的形象和品质要求较高，君主不仅要体道无为，无喜无好，通过悟道进而用理智来克制自己的欲望。

2. 人性的核心形态——私利与公利

人作为一个个体存在物，首先受到自己生物性的需求和情欲的影响，这表现在社会中就是人首先追求自己的生存、发展和利益，但是

① ［意］马基雅维利：《君主论·李维史论》，潘汉典、薛军译，吉林出版集团有限责任公司 2011 年版，第 11 页。

这在某种程度上又会与社会共同体的公共利益相冲突，所以在每一个人身上都蕴含着私利与公利之间的潜在矛盾——作为个人牟取自己的私利与作为国家、社会整体获得公利。当然二者并不是绝对矛盾，在韩非和马基雅维利的时代，国家和社会原有的法律、规范、秩序等已荡然无存，人性之私与国家之公之间的矛盾和冲突凸显得特别明显，作为国家原本的目的之一保障个人生命安全、财产安全等最为基本而又关键的职责无法保障，在这种转型和极端的政治情境之中，个人与国家的契约关系已解除，个人需要重新依靠自己保卫自己。因此，个人之私利与国家之公利之间的矛盾与冲突特别激烈，正因为如此，他们的政治思想要解决的根本问题之一就是要调节二者间的关系。

　　韩非所言的当涂之臣、重臣等都为自己的私利考虑而臣服于君主，他们都是作为政治中的理性人在政府和政治实践领域中从事工作。而普通大众也都是为自己的私利而奔波劳累，"鳣似蛇，蚕似蠋。人见蛇则惊骇，见蠋则毛起。然而妇人拾蚕，渔者握鳣，利之所在，则忘其所恶，皆为孟贲"。[①] 韩非的论述即使放在今天也不过时，猎杀野生动物者、贩卖毒品者、贪污腐败者、出卖国家机密者等一系列的犯罪活动，置法律与生死于度外而追逐着诱人的巨大利益。马基雅维利也曾认为人们忘记父亲的死比忘记自己损失的财产更快，然而每个人都追逐个人之私利必然会影响一个国家和社会的长久发展，而通过道德说教改变人性之私的教化所起的效果历史证明已不可靠。历史发展至今日，经验证明让个人之私利与社会之公利有效结合的只能依靠恰当的制度和法律机制。韩非和马基雅维利都深刻地洞察了个人之私、党派之私的弊端及其对国家和社会的严重侵害，所以他们各自在自己的政治思想中构建了以国家权力为主导的法治社会，而不是将人性之私通过道德说教让人"自化"。他们深知人性之私与国家之公这对矛盾是一个永恒存在的矛盾而不能永远消灭，而只能通过制度设计的方法利用、引导人性之私为国家之公进献力量，只有在物质文明和精神文明极大丰富和国家消亡之时，这对矛盾才能得以化解。人性之私既是

---

　　① 《韩非子·内储说上》。

人类社会前进的动力，又是导致人类社会难以治理自身的总根源。

3. 人性的核心形态——善恶与美丑

在一般意义上而言，善就等于美与好，而恶就等于坏与丑。而韩非和马基雅维利二人认为人性之本质在于私利，后人就将他们二人本身等同于恶人、坏人的代表。尽管善恶与美丑的区分标志着人类文明的进步，但没有人能够对这些价值问题的概念下一个具有普遍意义的定义。正如摩尔所言，人们可以去讨论某件具体的善行，但想对"善"下定义则是不可能的。[①] 韩非被司马迁评价为"极惨礉少恩"之后，中国传统文化就以儒家思想为立场、标准批判法家的思想，尤其对韩非的思想，更是批判有余，理解、转化和完善不足，没有看到其合理而积极的价值所在，更多的情况下是毫无理性地批判。台湾学者张翰书讲得更是绝对，认为韩非的性恶论是把人性坏讲到了无以复加的程度，人性恶的露骨、刻薄都超过了马基雅维利，在中西方的性恶论思想中，韩非的性恶论算是特别极端的。[②] 更有一些学者认为法家人物的悲剧结局证明了法家人物——尤其是韩非的思想理论，都是邪恶理论。这些批评与其说是学理的争鸣与探讨，不如说是"同见者喜，异见者恶"。韩非观察到人性表现出的行为事实与特质，并没有对其进行善恶与美丑的价值评价，而将其视为"人之常情"与"人之性"。这些并不应归为伦理道德领域范畴。

总之，从韩非和马基雅维利的人性观引申出对他们自己的恶评，一方面受到当时社会意识形态的影响；另一方面显示出了这类学者狭隘的学术视野和无视现实的迂腐。善恶、美丑作为一种价值标准或道德价值来讲，必须运用历史唯物主义的视野和方法对待，而不是采用形而上学的、静止的、机械的方法来认识和评析。在没有对善、恶进行学理分析和辩证分析的情况下，就直接视韩非和马基雅维利二人为人性恶论者，说服力和论据显得不足。古今中外对善恶与美丑的认识

---

① ［英］摩尔：《伦理学原理》，商务印书馆 1983 年版，第 15 页。
② 张翰书：《比较中西政治思想》，吉林出版集团有限责任公司 2009 年版，第 162 页。

皆不同，一个国家或地区与另一个国家或地区，甚至是每一个不同的人对于所谓的善恶与美丑的认识都不相同。在人类历史上，人们追求的是真善美，但这些价值是人们构想出来的，同时正因为有假恶丑的现实存在才在更大程度上激发了人们对前者的追求。就人性之善恶与美丑的范畴与价值来看，根本无法从根源上判断人性之价值趋向，人性之善恶与美丑是完全交织在一起、融合在一起的。

如果以善恶与美丑的语言模式和思维思考二人的人性思想，那么二人对善恶美丑等价值问题最大的贡献在于：第一，直面人性中的丑与恶，冷静地对之分析和思考后加以引导、利用和超越，而不是恐惧进而逃避，并且提出了相对有效的解决方案，而不是依靠个人感知、自觉、自化的解决方案；第二，善与恶、美与丑并不是绝对的，两对范畴间可以相互转化，而且善恶美丑所代表的品质在实践中的真实效用与它表面上给予人的心理印象和实际效果并不等同，而且善恶美丑会随着不同条件及情境性的变化而改变，并不是一成不变的、固定僵硬的绝对观念与效果；第三，明确提出了个人之善与美和国家之善与美的冲突性问题——小善与大善、小忠与大忠等。这些思想观念改变了以往的学术逻辑推演路径，即个人之善必定等同于国家之善，而且个人之善是国家之善的基础和前提。周春生曾分析了意大利文"tristi"的多重含义，认为这个词的含义比较复杂，有"不道德的""自我主义的""不愉快的""沮丧的"等含义，并且认为人性不能被归结为某种单一的特征，不能将"人性之恶""恶的人性"等简单地等同于"人性本恶"，对人性这个非集合概念的判断，总是就某些性质的断定，而不是全部。马基雅维利是"人性本恶论者"是中国学者在理解马基雅维利人性论时附加上去的。[1] 可以说以这种视角对人性善、恶的问题进行论述还是比较客观、公允的。在此基础之上，周春生对马基雅维利的人性论问题进行了探究，他认为马基雅维利是从多维视角来看待人性世界的，因此，在马基雅维利的思想体系之中，没有所谓

---

[1] 周春生：《马基雅维利思想研究》，生活·读书·新知三联书店 2008 年版，第 78—81 页。

一般抽象的人性价值观，人性具有多样性、多变性和不确定性。① 这就证明了马基雅维利的人性论不能简单地以人性本恶来下定论，相反马基雅维利还相信人民对正义的期盼，要求正直、善良的人来做君主。韩非也是如此，在本书中的第五章将详细阐述这个问题。

4. 人性的核心形态——虚伪与真实

人性的虚伪与真实也是人类特有的"智慧之一"，在此主要指人类善于把自己的真实目的和行为掩饰、隐藏起来，将自己的私利、私心甚至是丑行用一种美化的方式、合乎道德的方式加以掩盖以表自己的善良、清白和大公无私。这种行为动机归根结底来源于人类个体的自我保护和自我发展的原动力。但是虚伪并不必然意味着恶和坏，也有善意的虚伪和对别人没有伤害的虚伪，当然这也不值得提倡，但也不能直接推导出是假、恶、丑。而真实也不必然导致真、善、美，真实也可能残酷无情得让人无法接受，所以并不能将这些概念直接对等，尤其在现实实践中这些概念和价值之间是一种多重维度的复杂交织。

谢慧媛曾说："他（马基雅维利）宁可要现实生活的真实善，也不要道德王国的虚幻善。"② 这样的评论也适用于韩非。韩非已经意识到了在儒家标榜下的能人贤臣的虚伪面纱，实际上诸多群臣百官并不是为了国家、社会和百姓，而是为了追逐权力、金钱、名誉等个人的私利，但却一个个宣称自己是在为国为民服务，直到现在仍然有诸多贪污腐败的官员在为人民服务的伟大目标之下中饱私囊。从人性的角度来讲，这些人展示的即是虚伪与真实的吊诡之处，所以在政治实践领域之中，真实的目的往往隐藏在虚伪之中。马基雅维利自己也意识到了这种情况，他自己在书信中写道："乍一看，我们似乎都是严肃的人，注意力完全集中于重大事务，头脑中流过的任何想法，无不关乎庄重、笃实。不过翻到下一页，读者就会发现，我们——仍是同一

---

① 周春生：《马基雅维利思想研究》，生活·读书·新知三联书店 2008 年版，第 74—86 页。

② 谢慧媛：《善恶抉择：马基雅维里政治道德思想研究》，北京大学出版社 2011 年版，第 256 页。

个我们——猥琐、轻浮、好色，专干些荒诞不经的事。这种行为若在有些人看来是可鄙的，在我看来则是值得称道的，因为我们是在效法自然，多变的自然。任何效法自然的人都不应当受到非难。尽管在不断通信的过程中，我们早已习惯了人的多面性。"① 这是马基雅维利关于人性的真实与虚伪的最坦诚表达。在他看来人性之多样合乎自然，无论是虚伪与真实皆是如此。除此之外，他还言说了自己精通说谎言的技巧，并说他一段时期以来，"我从不说出我所相信的，也从不相信我所说的"。② 韩非也观察到群臣百官的虚伪：雕琢、表异、自备；③饰观、饰声、繁词；④ 诬能和匿端。⑤ 而实质上君主与群臣百官的关系都是各取所需的利益关系和为了利益而避免冲突共同合作的关系。

韩非和马基雅维利的人性论由于大部分基于他们对同时代的经验观察以及他们方法论的限制，所以在人性的认识上就其同时代的人来讲有一定的进步性，就其对人性的部分揭露、探索也具有部分的真实性，把握住了人性的部分真谛。但是由于他们的现实主义和经验主义方法论的缘故，将特定时期人性的表现和本质有所夸大，使得他们的人性论整体上呈现出消极、灰暗的特征。但他们这些人性论的论述为日后功利主义思想、理性经济人的理论奠定了基础，甚至可以说是这些理论的早期雏形。不过就人性的核心形态来说，人类社会发展到今天，仍然没有脱离他们所说的各种丑态。当今的人性也不比过往历史中的人性更美好，而未来的人性也不会有太大的变化，人性问题主要还是受制于后天的环境、教育、经历等客观影响，而不是先天的善恶问题。人类只能在欲望与理智、利己与利他、美善与丑恶、虚伪与真实之间挣扎徘徊，这既是人类改造自己以及外界的动力，也是毁灭自己、相互争斗的源泉。一方面人们需要欲望，另一方面欲望又将人们

---

① ［意］马基雅维利：《书信集》下，段保良译，吉林出版集团有限公司 2013 年版，第 591 页。

② 同上书，第 637 页。

③ 《韩非子·主道》。

④ 《韩非子·有度》。

⑤ 《韩非子·二柄》。

拖入罪恶的深渊；一方面人类需要为自己的生存和利益而奋斗，另一方面又无可避免地陷入了与他人争夺资源的冲突和矛盾之中。每个人都希望有一个真善美的社会，但每个人却又无可避免地被假恶丑裹胁，甚至自己都在有意或无意地助长假恶丑的蔓延。然而自古以来这种矛盾就普遍存在，不能将人人塑造成天使或君子，也不能完全消除私利，只能是丰富和改善人类的生存发展境况，运用制度和法律大力调节公私冲突、利益冲突，同时加强个人的品德修养，人性的进化是一个极其缓慢而不确定的过程。

　　通过上述对两位政治思想家人性论的剖析，可以得知：（1）两位思想家所描述的人性形象更为真实地揭露了现实中人性的不完美性，但也正是这种不完美性的存在才使得政治成为必要。在现实生活当中，人性根本没有完全纯粹和彻底的应然性，没有绝对的美善与恶丑，没有绝对的利己与利他，更没有绝对的理智和绝对的欲望，有的仅仅是不同程度的结合和在具体事务上的质与量的区分。韩非和马基雅维利终其一生都在为自己的国家而奋斗，韩非并没有因为自己的才智不受重用而离开韩国另谋高就，而马基雅维利也并没有因为索德里尼政府的垮台而选择逃亡，他们都用自己的生命演绎了什么是爱国主义，在他们各自经历各种困苦磨难和不公的环境当中，内心仍然从容坚定、坚强不屈地爱自己的祖国，不离不弃，将自己的生命置之度外，直至自己溘然离世之时都在为自己的祖国贡献自己最大的力量。所以，就他们个人来讲，他们的人性是善良的，是为国为公的；就他们的理论来讲，他们的理论也并不能视为邪恶的理论。（2）就普遍意义上的人性而言，他们认为人们有着相同的欲望和相同的脾性。人性容易变化、腐化且具有多面性，容易变成完全不同性格的人；人性总是趋利避害，喜安恶危。人类社会发展到今天，他们所描述的种种人性现象依然如此。但韩非和马基雅维利的人性论也有其不同点。

　　马基雅维利论述的人性更为丰富和多样。马基雅维利和韩非同样指出了人性的核心形态，但他还看到了诸多韩非没有意识到的人性的复杂性和多样性。如憎恨和蔑视，慷慨与吝啬、残酷、嫉妒、复仇、贪婪等人性的种种表现。① 这也说明人类社会在不同发展阶段和随着历史的发展，人类情感和理智也日益变得复杂和丰富。中国的春秋战国时期与西方的文艺复兴时期带来了人的理性的极速发展，但随着这种理性的崛起，人们也开始利用理性来行恶。所以，只谈人的理性的崛起容易误导人们或暗示人们复兴的仅仅是一种正能量。就人性的发展史来看，理性的崛起并未促使人性的进化和文明，在批判和扬弃过去愚昧、迷信的同时，理性以另一种更为隐蔽的方式和表面上更为文明的方式依旧展示着人性之原貌。从国家权力的角度讲，正是由于人性的不完美性和人类难以合作的本性，才需要有一种强大的力量或者共同契约的出现制约永远无法驯服的人性力量，人性的自私性或个体的生存与发展构成了国家权力产生的根源。

三　历史观比较

历史观涉及对待历史本身、历史发展阶段以及历史发展的动力等问题的认识。韩非和马基雅维利对待历史的态度是相同的，都是从历史当中汲取教训和智慧，而不是对历史事实做真伪的鉴别和考据。不对历史的真相和事实作深究，而仅仅是运用历史经验和智慧来说明可以从中汲取哪些有益于当今政治问题解决的智慧，他们都是一个借鉴和运用历史的思想家，而不是一个专门研究历史真相的思想家，这是他们对待历史的基本看法。除此之外，他们还对历史发展的变迁以及历史阶段的本身做了详细论述。

（一）与时俱进，世异备变

韩非关于历史发展的变化、历史发展的动力问题与主张复古的儒家不同，他提出了很多关于历史发展变迁的论述，诸如事异则备变、当今争于气力等论断。正因为历史的发展变化导致了在新的历史阶段

---

① ［意］马基雅维利：《君主论·李维史论》，潘汉典、薛军译，吉林出版集团有限责任公司 2011 年版，第 59—82 页。

之下也必须采取新的措施来治理国家，而不能固守一成不变的无法说清楚的所谓"先王之法"和"先王之道"来治理国家。韩非作为法家的集大成者对于历史阶段的划分继承了法家前辈的特色，在商鞅提出"三世论"的基础之上，他在《五蠹》《南面》等篇章中提出了上古、中世、近古和当今的四个历史阶段，①并认为不变古无异于守株待兔，自取灭亡，而只有把握当今的时代脉搏和特征才能救国救民，统一天下。并且认为，当今是争于气力的时代，古今异俗所以需要事异则备变、新故异备、世异事异，仁义用于古不用于今。②

他把那些死守先王仁义之道的学者称为"守株待兔"者，"今欲以先王之政，治当世之民，皆守株之类也"。③认为他们是以过时的理论来应对新形势下的新问题，这样不利于国家的富强、稳定和发展。"法与时转则治，法与世宜则有功。"④不懂得与时俱进，而只知道死守一套不变的理论来应对国家已经极具变化的形势，这无疑无法治理好国家。用现代的政治话语来讲，就是没有解放思想，实事求是和与时俱进就不能在新形势下更好地治国理政。同时韩非还具有先见之明，以其朴素的唯物主义辩证法思想指出了正是因为人口的骤增与无法满足人口的物质需求决定了历史的发展变化，他的这一思想获得了冯友兰、汝信、谢云飞、张纯和王晓波等学者的肯定。

马基雅维利一方面承认，因为时代的变化人们必须改变已有的行事方式，治理国家也必须因时而异。但另一方面，他又是一个历史发展循环论者，认为每个国家构建的政治体制在君主制、贵族制和民主制之间不断地循环，即使能够借用混合政体的方式阻止国家和历史的循环，但是还未等到国家安稳地度过下一个阶段，这个国家就可能被外族入侵或者因自己内部的腐败而导致解体和灭亡。所以，"他（马基雅维利）相信某些历史事件具有恒定的性质，能超越时空地不断地

---

① 《韩非子·五蠹》。
② 同上。
③ 同上。
④ 《韩非子·心度》。

重演。波利比阿则强调历史的循环像人类的出生、成长、死亡一样，是受自然法则控制的。而马基雅维利更注重从人类的行为和原则来解释历史的循环"。① 而如何破解这种周而复始的治乱循环问题，马基雅维利并没有找到诸多答案，仅仅是强调"新生之道是使其返回源头"。② 也就是说如果一个国家要想避免这种治乱循环，一定要注意在国民还没有完全被腐化之前，或许通过借助外部的条件，或者通过统治者精心的计划，将国家拉回到原初的起点。韩非则认为国家的治理只需要君主采取法、术、势的综合措施可使国家长治久安，当然韩非的著作和思想并未完全阐释这个问题就已命丧秦国，但就《韩非子》一书中体现出的历史观来看，他并不是历史循环治者，相反他像老子一样希望国家一直保持一种良好的稳定治理状态。

（二）研史为政，以史为鉴，古为今用

马基雅维利和韩非二人无疑都是从历史当中汲取经验教训和智慧的，二人都认为历史当中人们的人性没有多少变化，自古至今皆然，人们都必须要从历史当中学习。

"阅读经典著作，不是为了知道其中的事实细节，而是为了帮助我们思考我们自己的时代。"③ 这句话很好地概括了韩非和马基雅维利对待历史的态度以及我们应该如何认识他们的历史观。他们阅读史书和各种资料的目的是寻找解决当前问题的答案，而不是详细搞清楚历史事件的真实情况，是为了说明自己的一个观点和说明从这个历史事件当中人们应该从中汲取哪些经验、教训和智慧，应该怎样避免其再次发生及应该怎样预防。从历史当中学习的目的是要将其中的经验、智慧运用于处理、解决当今现实的实际问题，且要注意不可机械模仿，所以，马基雅维利贯彻了西方的古

---

① See S. D. Maria, *Machiavellis Ironic View of History*: *The Tstorie Florentine*, Renaissance Quarterly, Vol. 45, No. 2, 1992, p. 251.

② Ibid. .

③ ［美］卡普兰：《武士政治》，丁力译，山西人民出版社 2014 年版，第 40 页。

训：“历史以事例进行教育。”①

　　剑桥大学艾尔博特·高万尼（Albert Galvany）就认为《韩非子·喻老》篇中王寿与徐冯的对话表明，将书本上固定不变的秘诀运用于永不停息的变化时代，在书本上保存的博学知识也会变得无用甚至有害。② 实际上在《喻老》篇中韩非对老子“不为而成”的解读更能证明韩非对于历史以及固定不变的僵硬知识的态度。③ 而纵观《韩非子》一书，韩非指出的治国理论皆是从以往的历史事实和当时的现实事件中总结反思出来的经验，且他指出来的观点也皆是用历史事件予以证明，并没有仅通过想象和逻辑推演得出。马基雅维利在晚年给圭恰迪尼的信中（1482—1540 年的信件）落款自称“历史学家、喜剧作家和悲剧作家”，他认为自己对历史有相当深入的研究，在《李维史论》的前言中也曾指出，“在整饬共和国、维护国家、统治王国、整训部队和作战、审判属民、扩张帝国时，却没有哪个君主，也没有哪个共和国或将领求助于古人的例子”。④ 这都说明马基雅维利撰写《李维史论》的目的是要从罗马的历史事实当中汲取经验和智慧。在这本史论当中，马基雅维利以评论罗马史为手段，每一章都将评论的中心和焦点落实到他生活的佛罗伦萨和意大利现实之中，即使在没有明确提出佛罗伦萨和意大利是否应该借鉴历史的情况，他也在暗中表明应该懂得学习古人的智慧，这种写作手法和思想特征明显属于借古鉴今的手法。⑤ 所以，冯克利认为，不论是讲政治学的人还是普通读者，都不太重视马基雅维利作为历史学家的身份，多把他当作一名政治学家来

---

　　①　刘明翰主编：《欧洲文艺复兴史》，人民出版社 2010 年版，第 52 页。

　　②　Albert Galvany, Beyond the Rule of Rules: The Foundations of Sovereign Power in the Han Feizi, P. R. Goldin（ed.）, *Dao Companion to the Philosophy of Han Fei*, p. 88.

　　③　韩非对“不为而成”的解读是“随时以举事，因资而立功，用万物之能而获利其上”。

　　④　［意］马基雅维利：《君主论·李维史论》，潘汉典、薛军译，吉林出版集团有限责任公司 2011 年版，第 142 页。

　　⑤　具体可参见《君主论·李维史论》当中第一卷的第 7、8、11 章等。

看待。殊不知马基雅维利是一位"史学人文主义"者。① 尽管马基雅维利是一位"史学人文主义"者，但他却并不关注历史的真实和细节问题，因而，他不是一个严格意义上的历史学的学术探索者和求真者，他的目的仍然不是追溯具体历史条件的本来面目，这就解释了为什么圭恰迪尼对他诸多历史细节及真伪问题进行批判以及他对李维撰写的罗马史的部分改动和批判。但他也绝不是缺乏历史意识，巴特菲尔德和普拉蒙兹是站在现代历史学的立场和视角对马基雅维利进行批判。② 然而正如邦德内拉所指出的，马基雅维利采用的是一种与众不同的文学方式来编排历史题材，他的目的不是真实地描述历史事件，而是让历史事件更好地证明自己的观点，是一种独特的"历史写作艺术"。③ 所以，马基雅维利在处理过去的历史与当下现实之间的关系时，采取的方式是为寻求当下问题的解决方法而求助于过去历史的智慧，挖掘人类历史上的智慧和经验、失败和教训，而对于细枝末节的历史事实以及不影响历史发展大趋势的事件不予重点关注，甚至一笔带过或者干脆模糊处理。一方面要注意到马基雅维利之所以对历史重视的原因在于他想借古助今，而对某些历史事实真相的忽略或者模糊的处理彰显了他对历史本身的学术研究毫无兴趣，《李维史论》作为他从小启蒙的"床头书"是其对历史和罗马感兴趣的源泉，而他撰写的《佛罗伦萨史》则是细究佛罗伦萨的兴衰成败之道，《君主论》和《用兵之道》更不必说，其目的仍然是思考和解决佛罗伦萨的现实政治问题。总之，历史研究为现实政治服务是他的核心观点和著述的指导原则。

---

① 冯克利：《政治学的史学转向——马基雅维里的现代意义刍议》，《政治思想史》2011 年第 3 期。

② See Herbert Butterfield, *The Statecraft of Machiavelli*, G. Bell and Sons Ltd., 1955, pp. 18 – 35. John Plamenatz, *Man and Society: A Critical Examination of Sone Important Social and Political Theories from Machiavelli to Marx*, Longman Publishing Group, 1992, p. 41.

③ Peter Bondanella, *Machiavelli and the Art of Renaissance History*, Wayne State University Press, 1973.

波考克在论述巴隆证明的在 1399—1402 年出现了参政价值的决定性变化时指出，历史学家感兴趣的是原因和动机问题，观念史学家关心的则是观念与事件、思想与经验之间的关系，他们想知道重大的意识形态变化是否发生在那个时刻，是否巴隆所说的原因造成。[①] 而对以解决当前问题为目的的马基雅维利来说，他研究历史的目的是为当下所用，他感兴趣的不同于历史学家和观念史学家，他是从历史当中解读政治。这个观点也同样适用于韩非。巴利斯也曾说过，自波里比阿以来的历史学家几乎没有人能像马基雅维利那样在政治方面，或者说通过政治发展过程的清晰画面展现出历史因果关系的本质。[②]

韩、马对待历史的这种态度，尤其是马基雅维利对待历史事件的态度可以更好地揭示他不去研究斯巴达、威尼斯的政治体制，不去研究世袭统治者而去研究新统治者的缘由，因为马基雅维利是想对有参考价值和意义的事件进行研究以取得经验和智慧帮助解决当下的问题，而斯巴达、威尼斯以及世袭君主都是天生就获取了统治的政治性和稳定性。研究一个从一开始就具备完备法律体系的国家意义不大，这种国家靠的是幸运和机缘，靠的是偶然性和先天禀赋，所以即使研究也无益于给予当代启示，而只能归咎于根源不同，无法改变。而研究这种靠后天的一系列努力和德行来克服世事的多变和命运的变幻无常，从中找出可借鉴的经验、规律和智慧，对意大利和佛罗伦萨才有更重要的意义，否则研究罗马历史的意义便不存在。佛罗伦萨和意大利正处于各种矛盾冲突和动荡之中，已经不可能像斯巴达和威尼斯那样在现有的早已经形成的成熟体制中运行，所以，唯一的办法是借古助今，帮助意大利和佛罗伦萨走出困境，重建国家权力的独立性和有效性。

王斐弘认为，二者都采用了援史证理、以古鉴今的研究方

---

① ［英］波考克：《马基雅维利时刻》，冯克利等译，译林出版社 2013 年版，第 62 页。

② H. E. Barnes, *A History of Historical Writing*, New York Press, 1963, p. 107.

法，是对他们各自熟悉的、历史上不同君主成败得失的经验总结，从而得出当今君主应汲取的教训，以及应该怎样做的具体告诫。①

———————

① 王斐弘：《治术与权谋——韩非子典正》，厦门大学出版社 2013 年版，第 325 页。

第三章

君主和国家权力的起源及关系比较

　　韩非和马基雅维利都从现实和经验出发，打破了君主和圣人以往不可侵犯的神圣面纱，君主既具有普通人的情欲和理智，也有其智慧、力量所不及之地，更会犯常人所犯之错，并且庸主和无道的昏主尚不能保存自己的国家，而有道明君仅仅是依据自己的智慧建立并统治着自己的国家。他们共同揭示了君主并不是众人眼中有高尚品质护体的圣人，而仅仅是在表面上看起来德高望重的人，君主也会犯众多的错误以致身死国灭，还原了君主的真实面貌。

一　君主和国家权力的起源

　　韩非和马基雅维利均没有专门而明确提出君主和国家权力起源的理论，这些理论散见于他们著作的不同地方。这主要缘于他们经验主义的方法论，并未从抽象的理论中构想出一套难以验证的国家权力和君主的起源理论，但在某些时候为了理论的需要或有感于自己的经验才论述了有关国家的起源问题，故他们的君主国家权力和起源论呈现出零散性、非系统性的特征。

（一）韩非论君主和国家权力的起源

　　韩非把二者的起源结合起来予以了探讨，并且他认为君主就代表着国家，君主的权力就是国家权力。在《五蠹》篇中，他描述了上古之时人民少而禽兽多的情景，有圣人出来用木头建房子避免野兽的侵害，人民很高兴并爱戴这样的人，于是就让他统治天下，这个王号称"有巢氏"。之后"燧人氏"又发明了钻木取火的方法让人吃上了熟食，人民就又让他统治天下。再之后的鲧、禹都是这样为人们做出贡献，人民才拥戴他为王，赋予他权力统治人民。这是韩非构想的君主和国家权力起源过程，他将国家权力全都赋予到君主身上，在他之前的诸子都不否认只有君主才能具备治世的资格和条件。

> 上古之世，人民少而禽兽众，人民不胜禽兽虫蛇。有圣人作，构木为巢以避群害，而民悦之，使王天下，号曰有巢氏。民食果蓏蚌蛤，腥臊恶臭而伤害腹胃，民多疾病。有圣人作，钻燧取火以化腥臊，而民说之，使王天下，号之曰燧人氏。[1]

当然，这是韩非从历史当中构想出来的君主的起源。因此，君王的功能与职责在于为人民做出贡献，"治世安民"是赋予君主的功能。在韩非之前，《墨子·尚同》中对君主的"治世"功能有清晰的阐述；《商君书·开塞》篇中也对君主止乱趋治的功能进行了分析；《慎子·德立》阐述了乱世之中需求君主的原因；《荀子·性恶》篇等先秦诸子的著作中对君主的作用、功能进行了全面的阐述。而韩非自己在《难一》篇中也阐述了这个问题，认为"国无君不可为治"，君主的作用就在于治理国家。君主在先秦诸子之中有如此重要的角色，根源在于中国传统政治思想中蕴含的"大一统"思想，而这种"大一统"思想根源于古代疆土广阔的国家，只有采用高度集权的统治，无论是在中国古代还是西方。[2] 宋洪兵坚持认为韩非持"君由民立"的观点以及得民心、因人情是战国末期先秦诸子达成的理论共识。[3] 君主代表国家权力的目的就在于救治人民于水深火热和战乱频仍之中，在于

---

[1] 《韩非子·五蠹》。

[2] ［美］本杰明·史华慈：《古代中国的思想世界》，程刚译，江苏人民出版社 2004 年版，第 69—70。

[3] 宋洪兵：《韩非子政治思想再研究》，中国人民大学出版社 2010 年版，第 138 页。

消弭战乱，让人民安居乐业。而在现实当中，韩非意识到所谓的君主是通过自己的"智谋"与"武力"等方式取得的，根本不是通过禅让，更不是所谓的圣人、贤人的"不争"而成为君主。所以他反驳上古之时对天子的辞让是一种高尚举动，而认为这是缘于"势薄"（权势太小）的缘故才无人愿意出来争夺天子之位。而当今之所以争夺官职以及君主之位，也并不是因为品德低下，而是因为"权重"。韩非所在的韩国本身就起源于三个有实力的诸侯分裂晋国而来，而自春秋至战国时期君主与国家不断更迭，君主的起源已超越原来的传统方式，且君主已经与国家绑定在一起，而且一个君主的覆灭往往标志着一个国家的覆灭，同时也意味着一个新君主和新国家的诞生。国家疆域随着君主的能力而变化，国家的命运也随着君主的能力而变化。正因为如此，在韩非的思域中国家权力起源于君主，君主依靠自己的能力与实力取得国家政权，进而按照自己的方式划分国家权力。

但韩非也注意到了君主与国家之间的复杂和矛盾关系。在韩非的时代，士人们可以游走于各国之间为自己的学说、理想、治术寻找"用武之地""用道之君"，并不局限于某一国或者某一君，在他们的眼里，当时所有的国家和君王都应该是天下之国和天下之君。士人们可以轮流在不同的国家任职而不违反任何道义，一个国家灭亡之后他们仍然可以离开并到别的国家任职，或者认为某个君主不值得辅助而离开。但是作为某个国家的君主，他的生命与他的国家的生死存亡联系在一起，战国时代国灭身死的君主不在少数，各个国家间在不断地上演吞并与反吞并、建立与分裂、统一与反统一的悲喜剧。所以他总结出了"威势之可以禁暴，而德厚之不足以止乱"① 的治世名言。每一个不是君主的人都想通过各种方式成为君主，而已经是君主的人都在不遗余力、绞尽脑汁地捍卫自己的君权，因为他们知道自己可以被替代，更可以被谋害。国土还是原来的国土，百姓还是原来的百姓，但可能经常更换君主。在当时，国家肯定需要君主，但某国

① 《韩非子·显学》。

与某君之间的联系却不紧密。国家与君主的关系与某国与某君的关系完全不同，哪一个君主统治哪一个国家充满着各种变数。夺君位的人个个跃跃欲试，每一个在位的君主首先要做的就是捍卫自己的君位，进而使自己的国家繁荣富强并兼并其他国家，使自己成为更大的"天下之君"。所以，战国时期不断上演捍君位与夺君位、统一与反统一的反复循环。

韩非将国家比喻为君主的马车，将权力比喻为君主的马。"国者，君之车也；势者，君之马也"。① 由此可见，国家权力如同马一样是作为君主驾驭与控制的工具。

（二）马基雅维利论君主和国家权力的起源

在马基雅维利那里，君主和国家权力是怎样产生的呢？君主又是如何获得国家最高的权力以及分配国家权力呢？对于这个问题，他在论述三种（君主制、贵族制和民主制）政体相互转化的过程中论述了君主（王）的产生过程和国家权力的产生过程。君主由具有强健、勇敢的品质的人担当，逐渐变为由具有忠诚、善良、正义、正直的品质的人担当，到最后君主由选举制变为世袭制，君主个人由贤良之人变为奢侈、享乐、腐化而无贤良品德之人。②

马基雅维利不仅阐明了最初君主的产生，也说明了法律和司法的产生，同时论述了君主遭人憎恨、为什么变得专制以及为什么必然要覆灭的原因。在这里马基雅维利强调君主的起源主要有两点：

1. 起初的君主是由那些身体更为强健、品质更为勇敢的人担当。

2. 对君主选举的标准因时而变，当产生了是非善恶的观点之后，人们就会选举更加谨慎和更加正直的人做首领。

当后来君主产生的方式由选举成为世袭之后，君王就开始腐化堕落，由此而遭众人憎恨，进而形成君主专制制度。马基雅维利在论述

---

① 《韩非子·外储说右上》。

② ［意］马基雅维利：《君主论·李维史论》，潘汉典、薛军译，吉林出版集团有限责任公司 2011 年版，第 150 页。

君主起源时十分注重君主的实际功用,这种思路与他主张君主必须以军事为业的观点一脉相承,仅为个人之军事技能演变为掌握整个国家的军事技能而已,至于君主的审慎和正直品质也是君主军事技能的延伸。在论述罗马的执政官和"王"的功能时,马基雅维利指出,即便在罗马一些王失去了统治权之后,罗马安排的两名执政官实际上也在履行王的权力,从罗马驱逐的实际上是"王"的称号而不是王的权力。同时马基雅维利也认识到,一个国家的创建者如果想要做对共同福祉有益的事情而不是对自己的子孙后代有益的事情,那么他就要大权独揽,并且不应该受到谴责。因为如果不这样,那么自己的雄心和公共利益在还没有实现之前,自己就可能被视为专制而被杀死。①

对于君主与国家权力之间的关系问题,马基雅维利也认为君主应该代表国家行使国家权力,但是君主的职位本身不能世袭更不应是家族代代传承,国家权力作为一种公共权力应由选举产生而不能变为"个人"或"某个家族"的私有财产。君主应运用国家权力来实现社会的整合,化解社会矛盾,解决社会冲突,并且在特殊情况下君主还应该独裁和大权独握以此来创建国家和保卫国家。但韩非和马基雅维利都认识到了君主独揽国家权力的弊端和缺陷,所不同的是他们提出的解决方案不同。韩非洞察到在以嫡长子继承制为中心的君主制之下,不可能保证代代出明君,所以他设计的能让国家长治久安的方案以"中主"为对象,以法、术、势的综合运用确保君主和国家的长治久安。与韩非所不同的是,马基雅维利认识到君主权力世袭带来的严重弊端,国家会随着君主德行的消逝而消亡,而世袭继承的后继者很少有德行能够再次恢复国家旧日的辉煌,因此,共和制才能解决君主大权独握带来的危害,世袭君主制的弊端是在其君主死后不能自我维系。②

韩非和马基雅维利的时代,还是国家地域边界处于没有"定分"

---

① [意]马基雅维利:《君主论·李维史论》,潘汉典、薛军译,吉林出版集团有限责任公司2011年版,第175—176页。

② 同上书,第183—184页。

的时代，对国界、疆域还没有形成当时国际公认的国际法规，国家的安全问题，尤其是对外安全问题是每个国家优先的日程议题，而只有对内破除国中之国，对外保证国家安全之后才能形成一个真正统一的国家。在马基雅维利的时代，西欧的法国、德国、西班牙等国家相继完成了国家统一的使命，而唯独意大利仍然四分五裂，成为被糟蹋蹂躏的对象。一方面没有国际法的制约；另一方面君主开疆扩土享有无尽的财宝和统治权是获取荣耀的一种最有效途径，这种外在环境为君主个人获取并掌握国家权力提供了机会和条件，而且国家本身的生存与稳定也需要君主在非常态下采取特殊措施。但二人均强调国家权力的重要性以及君主一人独掌国家权力的重要性，不同的是，韩非对君权过大的弊端认识严重不足，而马基雅维利则将其视为权宜之计。

在春秋战国时代，诸子百家以天下作为思考的对象，天下与国家有一定的区分，所谓的天下就是指他们视域当中的所有国土、所有人民，这个天下只能由天子来统治和治理。而国家则特指天子册封的诸侯国。这种思想痕迹在韩非的思想当中也有体现，但是已比较模糊。韩非没有专门论述天下和国家的区别，并且天下和国家在大多时候都是在同一个意义和情景之下使用，他已经模糊了二者的区别，甚至可以说他已经将天下与国家相对等，治理天下与治理国家的思想、方案是一样的。天下与国家的区别仅仅变成了领域、疆域大小的问题，所以对于思想史研究来说，这样的差别几乎无甚意义，可以忽略不计。

二　国家权力的化身——理想君主形象的比较

韩非和马基雅维利都将国家权力赋予君主，对于韩非而言这是尊崇传统，也是法家理论的一贯主张，更是他自己理论的必然选择。对于马基雅维利而言则是现实的无奈之举和权宜之计。但在他们的著作和思想之中，君主成为国家权力的化身，君主形象的对比由此展开。

（一）韩非的理想君主——圣人与有道明君

韩非对理想君主的论述散见于他著作中的各部分，他没有专门写一篇有关君主形象的文章，不过完全可以根据他的阐述而刻画出他心中的"理想君主形象"。在其著作中"主""人主""乱主""明君""圣主""明主"等皆表示君王的不同层次，"人主"出现233次，"人君"约出现19次，"人主"与"人君"指的就是一般的君主，和"主"表达的是相同含义，主要是因为韩非把"人主"的常见做法与"明主"作对比，所以大量列举了一般的"人主"的所作所为。"明主"出现96次，"明君"出现30次，这都是在与"乱主""庸主"相对立的比较意义上使用，但明确使用"君主"一词只有3次。"圣人"出现71次，明确运用"有道之君"4次，第一次出现在《扬权》篇，后三次出现在《解老篇》之中。韩非理想君主形象的构建是以"圣人"和"明主"为蓝本和效仿对象。他对明主的描述很多，几乎在其著作中的每一篇都有其论述，在此不再一一详列，具体可参见附录3。

众所周知，韩非继承老子的道家思想，所以在刻画他所谓理想君主形象时，他将老子的"道"运用在了"君主"身上，所以称之为"有道明君"，而韩非的理想君主也即是"有道明君"。所以，论述韩非的"有道明君"形象不得不论述韩非对"道"的认识和理解。他对道与明君联系在一起的论述主要在《主道》篇当中，在其他各篇对明君的论述也是以道的内涵为蓝本和特点结合在一起。什么是"道"？韩非在《主道》篇和《解老》篇进行了详细的解释。

"道"是万物之始，是是非之纪也。道的特征在于宏大而无形，在于不可见，在于虚静无为。所以，"明君守始以知万物之源，治纪以知善败之端。故虚静以待令，令名自命也，令事自定也。虚则知实之情，静则知动者正。"[①] 君主只有先知"道"，才能体"道"，并守"道"。韩非为什么要将道运用到君主身上？以及为什么君主要成为有道明君呢？这又关系到韩非对老子"道"的转化、创造问题。"道"在老子那里是形而上的难以捉摸、恍恍惚惚的东西，而在韩非这里他将"道"与"理""德""君"（以及其他的主体）相连。将道视为君主应该拥有并必须体会的"君道"，那么为什么要成为有道明君呢？

---

① 《韩非子·主道》。

这是由道的内在规定的宏大无形、虚静无为等品质所决定。这个问题韩非主要在《解老》篇中予以了详细解答。从《解老》篇中可以看出，韩非主张治国应遵循"道"这个"国母"，让君主体道、守道的原因就在于道能让君主"智深"并保其身，且能长久地统治国家。围绕着让君主保身和真正地长久统治国家，韩非为有道明君提出了各个方面的建议，具体内容可参见附录3，可以总结为如下三个主要方面：一是君主个人的修养、素质和能力；二是君主对待群臣百官、妻妾兄弟和近侍的方案；三是君主治理国家的基本原则和具体方案。黄裕宜曾将韩非关于圣人和明主的理想德性与德行归结为：法道自然、名实相符、信赏必罚、因时制宜、法的强制性、见微知著、不躬小事、治国必备条件、利的衡量、不法古这些原则。[①]

1. 君主个人的修养、素质和能力

（1）君主要体道、守道。正是由于道的虚静无为的特征，君主也要学习这种特性，要体道和守道，这样才能智深、会远，才能让君主无见其所欲、无见其所恶，只有这样群臣才能没法雕琢、没法表异，才能见素。君主要做到有智慧而不思虑，有贤能而不去行事，有勇力而不去逞威，要做到的就是去好去恶，去旧去智，去贤去勇，君主追求的是明、功和强，让百官群臣发挥他们的贤、智、勇，这样才能群臣守职，百官有常，才能使君主不穷于智、能，有功属于君主自己，有过错臣下担当。为什么要去掉"智与巧"呢？韩非认为智巧不去，难以为常，民人用之，起身多殃；主上用之，其国危亡。为什么要去掉"喜与恶"呢？因为喜之，则多事；恶之，则生怨。

（2）君主要具有节欲、贱玩好、去淫丽、积信义、招仁义等品质。君主之所以要节欲是因为人有欲望之后，自己的计划谋略就会混乱，计划谋略混乱之后，欲念就更强烈，那么邪恶的心愿就会压倒一切，这样办事情就会失去准则，从而导致灾难的产生。那些可以引起欲望的东西，向上会侵害和削弱君主，向下会伤害人民。所以韩非特

---

①　黄裕宜：《〈韩非子〉的规范思想：以伦理、法律、逻辑为论》，博士学位论文，台湾"国立"大学，2008 年。

别强调君主要节欲，最好能做到无欲。其他关于君主的品质要求，可
见附录 3 中的君主品德的论述。

2. 君主对待群臣百官、妻妾兄弟和近侍的方案

韩非描述的君主是一个自己不亲自行事，而让群臣百官行动守职，
自己虚静无事，暗中判断、观察他们的行动是否与其所言一致，追求
的是"不自操事而知拙与巧，不自计虑而知福与咎。是以不言而善
应，不约而善增"的局面。如果君主的想法、喜恶被臣下知道了，会
出现什么情况呢？那么群臣就会藏匿自己的喜好而追捧君主的喜好，
改变自己的喜好和厌恶之事而一味地根据君主喜好行事，所以，"今
人主不掩其情，不匿其端，而使人臣有缘以侵其主，则群臣为子之、
田常不难矣。故曰：'去好去恶，群臣见素。'群臣见素，则大君大蔽
矣"。① 而竖刁、易牙这样的臣子就会趁机篡权夺位，谋害君主。韩非
主张总体上君主蓄臣的方法就是"赏罚"二柄，但是罚并不是目的，
让臣不得越官而有功，不得陈言而不当，使臣通过正直之道可以得利，
尽力以事主。同时一个明主还要除人臣之所苦，而立人主之所乐，构
建君臣和谐、齐心协力的共治天下国家的局面。韩非之所以一再强调
蓄臣的重要性，就在于当时臣的力量非常大，都在积蓄自己的力量，
都是以前氏族的贵族重臣，而不是由君主任命的大臣，所以韩非一再
强调要驾驭这类大臣。

除此之外，韩非还根据他有生之年的切身体会和经验写就了《八
奸》《奸劫弑臣》《亡征》《三守》《备内》等篇章，这些都是只有在
君主身边近身观察、思考和反思才会得出的来之不易的经验智慧。也
是当时其他先秦诸子不可能写出的言论，在这一点上马基雅维利也无
法与韩非匹敌。当然韩非还提出了具体的对待群臣的措施，在此不再
一一列举。

3. 君主治理国家的基本原则和具体方案

当然，在韩非提出的明君治国方案当中，他最重视的还是法的重
要性，尽管他也把法的理论搞得很模糊，但是他的目的是通过法治的

---

① 《韩非子·二柄》。

理论构建一个安定有序的国家，通过法律赏罚群臣百官，通过法律让百姓为国出力，让百姓安静地生活。除此之外，韩非对于君主的局限性也有深刻的认识，认为君主寡不胜众，智不足以遍知万物。

韩非论述的"有道明主"形象更为丰富和深刻，看到了君主面临的一切问题，尤其是在国家最高层的权力中心中的各种问题，同时也看到了君主作为一个人的局限性以及身处权位之巅面临的危险，洞悉了宫廷斗争的残酷性、复杂性。为了能够使君主掌握国家权力，他几乎把一切聪明才智和优秀的品德都寄托在了君主身上，实际上这也是在现实当中难以存在的。

（二）马基雅维利的理想君主——明主与半人半兽

在《君主论》当中，马基雅维利也视君主掌握国家权力为理所当然，因为君主是通过自己的努力创建国家、保有国家和维持国家统治的。君主成为国家的代表，君主的形象就与国家的形象、能力相连。他在《君主论》的第18章中对君主形象进行了最直接的刻画和描述。

对君主"半人半兽"形象的深刻认识和刻画始自于马基雅维利对君主是否应当守信的讨论。他的目的是证明或者告诉君主必须明白，守信与否视情势而定，而不能一味地"愚信"和不懂变通，同时作为君主要懂得掩饰自己的这种不守信义、背信弃义的兽性，做一个伟大的伪装者和假好人。从论述守信出发，他进而论述了君主应效法"狮子和狐狸"，最后将这一理论升华到君主所有的品质和道德中，得出结论认为君主没必要具备一切好的优秀品质并按照这些品质行事，因为这样做不仅无益而且有害。但是又要让自己显得具备一切好品质，不要从自己口中溜出任何只言片语不是有关五种美德的话语，让群氓被君主的外表所吸引和欺骗。正是因为得出了如此惊世骇俗的结论，所以他的理论遭受了无情的鞭挞，尤其是对于这一章的批判是所有痛恨马基雅维利的人不能放过的，经常被当作批判的中心。

紧接着马基雅维利提出世界上的两种斗争方法：法律和武力。用法律做武器只构成君主的"半个人"，而构成君主另一半的是运用"武力"做武器，并且这种技能古代作家早就秘密地教给了君主，君主是以半人半兽为师，既知道运用人性也知道运用兽性。① 由此可以看出马基雅维利对于武力与法律的重视程度。正是在君主运用武力的过程中，君主要学会效法"狮子和狐狸"，因为狮子可以使豺狼惊骇，而狐狸可以识别陷阱。在这里马基雅维利的比喻意在说明，狮子代表的武装力量具有"威猛""彪悍""强大力量"等特征，而狐狸代表君主所具有的品质和能力应该具有"狡猾""善变""智慧""聪明"等特征。进一步而言，他用狮子来隐喻君主一方面应该拥有狮子般威猛的军事武力所形成的强力；另一方面用狐狸来隐喻君主应该拥有类似于狐狸般的"智慧"（智力）、"善变"和"策略"，运用到政治之中，狐狸代表的是君主的智力（能力）、领导力、审慎力和判断、识别局势等的"软实力或思想力"。这两者对于君主治国理政来说都是缺一不可的，可以说马基雅维利明确地意识到了"刀把子出政权、捍政权、夺政权甚至霸天下的道理"和强力与智谋并重的道理。

马基雅维利将这一原理运用到君主是否应该遵守信义的问题上，认为"当遵守信义反而对自己不利的时候，或者原来使自己做出诺言的理由现在不复存在的时候，一位英明的统治者绝不能够，也不应当遵守信义"。② 马基雅维利之所以这样主张原因在于，在他从事的外交工作当中，各国为了本国的国家利益实际上都没有遵守各自签订的条约和承诺的誓言，他是在这种每个君主都不遵守信义的情况和事实之中提出的这种理论。而如果人们全都善良的话，都能自觉地遵守自己诺言的话，他也明确表明他的这种理论就不合适了。"许多和约和许多诺言由于君主们没有信义而作废和无效；而深知怎样做狐狸的人却获得最大的成功。但是君主必须深知怎样掩饰这种兽性，并且必须做一个伟大的伪装者和假好人。人们是那样的单纯，并且那样的受着当前的需要所支配，因此要进行欺骗的人总可以找到某些上当受骗的人们"。③

---

① ［意］马基雅维利：《君主论·李维史论》，潘汉典、薛军译，吉林出版集团有限责任公司 2011 年版，第 68—69 页。

② 同上书，第 69 页。

③ 同上。

马基雅维利"狮子和狐狸"相结合的比喻与他后面提出的"暴力与欺诈"相结合的理论是一脉相承、异曲同工的。除了视君主为半人半兽之外，马基雅维利还对君主进行了其他各方面的刻画。并且他心中的理想君主和伟大榜样是摩西、居鲁士、罗慕路斯、提休斯以及诸如此类的人物，这些人物都是马基雅维利认为值得钦佩和值得效法的古代人物，而当代人物当中，切萨雷·博尔贾也是马基雅维利钦佩的对象之一。纵观马基雅维利提出的这些值得效法的伟大人物，他们的共同点都在于他们首先创建了伟大而正义的事业，同时展现了他们集"狮子和狐狸"于一身的品质。他们懂得既运用法律的手段也运用武力的手段成就自己的事业和为国家做出贡献。博尔贾懂得如何欺骗他人、懂得审慎地一步一步地创建自己的事业以及残酷而有效地利用军事和欺诈相结合的方式获取胜利。马基雅维利这样论述的原因还在于他认为当时的君主们没有很好地理解古代伟人真实而伟大之处，同时变相地驳斥了当时道德学家和人文主义者提出的有关君主应该一切以善行、善品行事的不足之论。

除了在《君主论》的第 18 章直接提出理想君主的形象之外，马基雅维利还在《君主论》的其他篇章以及《李维史论》当中的其他地方零碎地论述了君主如何运用国家权力以统治国家的问题。其中在《君主论》的第 14 章至第 19 章中论述的居多，经过对这些章节的分析，可以得出以下结论：

1. 理想君主都视战争军事为自己的专职，必须构建自己的军事武装。

2. 理想君主都效法历史中的伟大人物，从事伟大的事业和做出卓越的范例。

3. 理想君主必须善于辨别各种实际情况，拥有明智、远见、审慎的品质，懂得避免因自己而亡国的各种恶行。

4. 君主必须立足于自己的意志和力量之上。必须避免招惹仇恨，避免受到蔑视和憎恨。

5. 君主必须依靠法律和武力与人斗争，以半人半兽为师，效法狐狸和狮子。

6. 君主必须做一个伟大的伪装者和假好人，必须显得具有五种美德，必须在行动中表现出伟大、英勇、严肃庄重和坚忍不拔，必须保持他至尊地位的威严。

马基雅维利并没有对君主进行道德意义上的说教，更没有从应然意义和理论上如当时"君王宝鉴"派的学者们一样在理论上告诉君主慷慨、正义、仁慈等品质需要君主优先考虑并做到，马基雅维利是从历史经验和现实实践中总结出，作为君主应该如何塑造自己的形象。他所强调的理想君主首先必须有如狮子般勇猛的武装力量作为武器，拥有狐狸般的智慧识别陷阱和顺应形势。君主的品德在于创建自己伟大而正义的事业，保有自己的国家利益和维持国家的长治久安。所以完善的法律、精良的军队、可靠的盟友和光辉的榜样是一个理想君主所塑造的形象，只有这样君主才能很好地完成自己的使命。

三　异同点及原因分析、启示

在君主的能力和品质方面，韩非和马基雅维利塑造的君主形象十分相似，都主张君主要掌握国家权力，构建国家的军事武装力量以及善于审时度势，而且注重君主对外塑造的形象与真实的本质之间的差别。但其不同之处在于：

首先，韩非从哲学高度赋予了君主神圣的不可侵犯性，而马基雅维利并没有从哲学角度赋予君主至高无上的地位，虽然二人都强调君主要依靠自己的能力保持自己的统治地位，但在马基雅维利眼中君主没有过多的神秘性，并且其权力受到的制约较多，而韩非提供的具体制度却并不能够限制君主的权力。其次，韩非从道的意义上为君主权力的至高无上性提供了终极性答案，赋予君权"独道地位"，将虚静无为的道运用到君主身上，君主变成了一个"神秘而莫测的龙"，龙的神秘和威势都为君主所拥有，都让臣下感到恐惧。所以，"自神术"成为君主常用的伎俩，尔后中国历史上想当君主的人莫不用此"自神术"为自己增添称皇称帝的神秘性和正当性。而且韩非还将这种自神术当作君主统治臣下，臣下不敢犯上的主要因素。"主上不神，下将有因；其事不当，下考其常。主失其神，虎随其后。主上不知，虎将为狗。主不蚤止，狗益无已"。① 这样虽然防范了臣下篡位的问题，但却为以后君侵臣埋下了理论上和实践上的祸根。韩非提出的治国之道的贡献在于此，但其弊端也在于此，且他没有意识到这种思想可能会造成的可怕后果。

最后，二人的同中之异还表现在：（1）韩非把是否能驾驭好群臣百官视为君主是否贤明的首要特征，而马基雅维利却视君主能建立自己的武装，拥有军事能力作为君主最主要的特征。这又一次凸显了二人思考政治问题出发点的不同导致的差异。但从历史和实践中以及当时二人所处时代的特征来讲，马基雅维利的观点更有说服力，也更真实、理性和务实。历史已昭然，君主如果不懂军事方面的知识或者不懂军事对于国家的重要性，那么国家迟早要灭亡，且在他们的时代，君主必须依靠军事力量保护国家的安危，同时想做君主的人也必须以军事上的胜利奠定自己的权力基础，韩非仅仅将重视耕战思想作为一种治国方略谈及。（2）马基雅维利的理想君主更多地呈现出"暴力"与"欺诈"的特点，而韩非的理想君主更多地给人以神秘而令人恐惧的印象，因为不知什么时候就可能"逆鳞"。（3）韩非生活在君主制源远流长的中国，所以对于君主身边妻妾兄弟、近侍以及宦官宠臣等给予了君王诸多方面的建议和原则，而马基雅维利由于刚处于君主制兴盛的初期，所以没有看到君主所面临问题的复杂性和危险性以及君主与官僚系统之间的矛盾和冲突，加之马基雅维利从事外交工作的特性，所以马基雅维利在刻画君主形象时更多注意的是君主对外的治理能力，而没有注意到君主本身应该如何处理宫廷内部的问题。

总体而言，韩非在论证君主权力时从国家内部的现实环境出发，认为君主必须在权力上高于臣民，赋予了君权至高无上的哲学论证，国家权力的最终所有权全部赋予君主，认为只要君主掌握了国家最高权力，运用法、术、势就能使国家长治久安。而马基雅维利却始终担心这可能会导致专制和集权，导致国家的衰败和臣民的反抗，这样对

①　《韩非子·扬权》。

比起来韩非的思想略显简单，当然也显示出了人类对于权力认识的进步性。马基雅维利对君主形象的刻画较为简单，仅仅局限于半人半兽的刻画，虽然也抓住了君主的本质，但是和韩非相比的话，对君主本身的认识显得较为简单和浅薄，没有看到君主本身的修养、品德会在国家治理过程产生的影响。中国的知识分子或者人民都视君主为一个全知全能的圣人，其血缘、人格、人品都是天下之表率，自身不可能有任何缺陷，所谓的"天子犯法与庶民同罪"从不可能成为现实。而西方社会则不会赋予君主任何人格、血缘上的权威，君主并不是真正的天子，仅仅是管理国家的最高代表而已，所以君主也会犯错，君主也会被弹劾，这也体现了中西两种不同的文化传统。

第四章

国家权力基础、作用及运用比较

　　恩格斯在《论封建制度的瓦解和民族国家的产生》一文中这样评述王权的意义:"在这种普遍的混乱状态中,王权是进步的因素,这一点是十分清楚的。王权在混乱中代表着秩序,代表着正在形成的民族而与分裂叛乱的各附庸国的状态对抗。在封建主义表层下形成着的一切革命因素都倾向王权,正像王权倾向它们一样。"① 恩格斯所说的王权就是君主代表的国家权力,也是对马基雅维利时代君主所代表的进步力量的表述。马基雅维利本人重视的并不是政体本身,他更重视因具体情势而构建一种政体类型,注重"政道"问题。而每一种政体都需要统治者或统治集团根据时代情境的需要与时俱进,不论哪一种政体类型的国家,权力才是真正维护这种政体存在的核心本质,国家统治权的建立和维护都离不开构成权力的两大核心:军事武装的强力后盾、普遍强制力的法律。从国家权力的视角来看韩非和马基雅维利政治思想的主要内容,他们都认为掌握国家权力的主体应该以公共利益为依归,韩非提出以耕战、权势、法律和统治术为中心的治国方略来保障国家权力的维持和对国家的统治,马基雅维利更是一针见血地指出了国家权力的重要性:"世界上最弱和最不牢固的东西,莫过于不以自己的力量为基础的权力的声誉了。"② 而这种力量主要是指军事

---

① 《马克思恩格斯全集》第 21 卷,人民出版社 1956 年版,第 453 页。
② [意] 马基雅维利:《君主论·李维史论》,潘汉典、薛军译,吉林出版集团有限责任公司 2011 年版,第 55 页。

武装力量和其他各种权力的力量。二人的权力政治观都是他们所处时代环境的产物。欧洲和意大利从 13 世纪开始,强权政治就成了他们的核心,任何一个国家或者城邦如果没有高超的政治智慧和手腕,顷刻间就会被齐根铲灭。所以残酷而恶劣的政治生态环境造就了意大利以及欧洲当时各国唯"权力至上"的政治观,而春秋战国时期的时代环境(如第二章所述)更是产生"君权至上"的时代。

一　国家权力的基础和后盾——军事武力

(一)韩非论耕战与国家权力

韩非的耕战思想在当时并不是一种新颖的特色理论,而是对法家先贤理论的继承。但却是构成国家权力的基石和最终力量的来源。同时也是君主实行法、术、势的保障。

韩非认为当时是一个务力的时代,是一个依靠道德不能拯救的时代,"吾以此知威势之可以禁暴,而德厚之不足以止乱也"。[①]任凭德行与德性再"厚"实际上也无法匡时救弊,而只能依靠威势,而所谓的威势主要指的是国家的武力——军事实力,而军事实力的构建需要国家整合多方面的资源。在中国古代,由于受自然经济条件的制约,国家的一切资源几乎全部依靠及出自农村和农业,包括财政税收、兵源、粮源等。尽管工商业有所发展,但韩非不主张发展工商业,所以在他的理论当中将农业税收、粮食和农民视为国家攫取资源的主要对象。他和法家前贤一样,继承和发扬耕战传统,因为在他之前商鞅、李悝、子产等人已经提出这种耕战军事体制的思想并付诸实践。"以农养战,以战促耕"的措施为国家的军事实力奠定了基础和提供了后盾,军事武力的功能一方面在于对外保障国家的安全、生存和发展;另一方面,韩非还认为国家只有务力耕战才能实现霸权进而统一天下。富国强兵只是国家实行耕战目的的第一步,称王称霸进而统一天下才

---

① 《韩非子·显学》。

是最终目的，而"事在四方，要在中央。圣人执要，四方来效"① 则足以建立天下大业之后的理想统治模式。他在《五蠹》《显学》《定法》《外储说左上》《亡征》《八说》等篇章论述了他的耕战与国家权力的思想。

韩非的耕战思想及其所达到的目的是马基雅维利所极力渴望达到的，也是对马基雅维利佛罗伦萨的极大嘲讽，佛罗伦萨这个以商业为主的城市每个人只忙着照顾自己的生意，而不愿意从军捍卫自己的城市，实行的是雇佣军制度，所以这个又肥又弱的小国成为了别国眼中的一块肥肉，各国垂涎欲滴想攻占拥有。韩非所要构建的正是一个以耕战为后盾的强大军事体系来防止别国入侵自己国家，同时还会入侵别的国家。但是他又有些极端，不过不能磨灭他所提出的以耕战来保证自己的国家屹立于"当时世界的民族之林"。否则，每一个不以武装为后盾的国家都会面临马基雅维利所描述的困境。

（二）马基雅维利论国民军建立与国家权力

军事武装对于国家的作用，尤其是对外征服和对内保护的作用远比某些"科学家、思想家"所预计的大得多，在某些重要方面也远比"思想"的作用大得多。马基雅维利在战争动乱年代出使国外，在国内担任军事领域的职务，让他对军事的理解远比众多学者认识得更全面和透彻，所以马基雅维利一再强调军事武装是一个国家生存的基础，君主的要务在于以军事战争为主，政治权力如果脱离了军事力量的支撑就如鱼离开水一般。在他所处的时代，政治的首要工作仍然是积极准备军务，处理好与别国的联盟关系，预防别国入侵；其次才是国内的秩序和发展。国家对国家的征服是暴风骤雨式的，是无任何怜悯、正义、道义和思想可言的，甚至一场战争的胜败就可以决定一个国家几百年的基业、几十万人的生命。在中西历史中，一个文明程度较低但军事力量十分强大的民族或国家战胜一个文明程度较高的民族或国家的例子并不罕见，国家的命运落入别人之手，那么只能依赖别国的

---

① 《韩非子·扬权》。

意志或运气生存，这对于一个国家的当政者来说不仅是十分耻辱的事情，更是满门灭族的生死大事，对于国内民众来说更是生灵涂炭，甚至生不如死。

在《君主论》的献词中马基雅维利指出，他最宝贵、最有价值的事物是关于伟大人物事迹的知识，写《君主论》的目的是探讨和指点君主的政务。指点君主政务的要点之一就是要君主建立自己的军事武装。这一观点贯彻马基雅维利思想的始终，以忽隐忽现的形式出现在他所有的著作之中，在《君主论》的第 2 章中指出，他主要集中探讨君主国应该怎样进行统治和维持下去。在接下来的第 3 章中他在论述混合君主国的最后指出，变得强大的国家对使用心机的或者运用武力的国家总是保持十分猜疑。第 4 章论述了君主国两种不同的统治类型：君主和大臣统治的类型，君主和诸侯统治的类型，这两种类型的统治各具特色。第 5 章中提出了三种策略针对在被占领前生活在各自法律下的城市或国家。从第 6 章开始，马基雅维利详细阐述了国家统治权中军事武装的重要性，在这一章他指出所有武装的先知都取得了胜利，而非武装的先知都失败了。由于人民的性情容易变化，因此当人们不再信仰你说的话时，你就必须依靠武力来迫使他们就范。并且马基雅维利以摩西、居鲁士、提休斯和罗慕路斯为例，论证如果他们不拿起武器，"他们就不能够使人长时期地遵守他们的戒律"。① 还认为他那个时代萨沃纳罗拉的遭遇就是因为他没有办法使那些曾经信仰他的人坚定他们的信仰，更没有办法迫使那些不信仰他的人信仰他。这是马基雅维利在论述依靠自己的武力和能力获得新君主国时提出的论点。那么是不是只有在这样的新君主国中才需要依靠武装呢？在第 7 章中，马基雅维利论述了那些依靠他人武力或者幸运而取得的新君主国，认为"他们之所以不能保有国家，因为他们不是拥有对自己友好的和忠

---

① ［意］马基雅维利：《君主论·李维史论》，潘汉典、薛军译，吉林出版集团有限责任公司 2011 年版，第 22—23 页。

诚的武力"。① 正在这一章中，他提出了依靠自己的能力或者幸运而成为君主的两个典型的例子——弗朗西斯科·斯福尔扎和切萨雷·博尔贾，其中后者更受马基雅维利的推崇和青睐。在第8章中，阿加托克雷和奥利维罗托都是以邪恶之道的方法成为君主赢得国家统治权的，虽然他们不能赢得光荣，但是他们却能够在本国安全地生活下去，能够使外敌不入侵和本国的国民不以阴谋反对他们。马基雅维利举这两个例子想说明依靠武力和欺诈可以获取一个国家的统治权，而且这并不直接导致他们本人以及他们的国家覆灭，最重要的在于是否能够妥善和恰当地使用残暴手段。但是在第12章中，马基雅维利已断言，一切国家，无论是新的国家、旧的国家或者是混合国，其主要的乃是良好的法律基础和良好的军队，并且没有良好的军队就不可能有良好的法律。可见马基雅维利对军队的重视程度，他视军队为法律之先，军队是法律的保障，而这种军队也就是所谓的武装力量——本国人民组成的军事武装。因为雇佣军、援军和混合军队都靠不住，并举例论证罗马、斯巴达和瑞士之所以享有自由，都是因为它们整军经武，而意大利之所以四分五裂且陷入奴隶状态和屈辱之中，就是因为没有本国人民组成的军事武装。所以马基雅维利一生都致力于构建佛罗伦萨的军队，因为他知道只有军事武装才能彻底解决佛罗伦萨的症结，对于统一意大利的理想，他清楚地知道没有军事武装不可能完成。在第14章中，马基雅维利指出，君主除了战争、军事制度和训练之外，不应该有其他的目标。君主沉醉于安逸较多而关心军事较少便会亡国，亡国的头一个源头就是忽视这种专业，而赢得一个国家的原因就是你精通这门专业。武装起来的人同没有武装起来的人是无法比较的，指望一个已经武装起来的人心甘情愿服从那个没有武装起来的人，或者没有武装的人厕身于已经武装起来的臣仆之中能够安安稳稳，这不符合

---

① ［意］马基雅维利：《君主论·李维史论》，潘汉典、薛军译，吉林出版集团有限责任公司2011年版，第24—25页。

情理。① 尽管后来的研究者都意识到了马基雅维利这样论述是有意夸张，但这个观点却完全符合他的思想核心，重视军事武装的观点一直贯穿在他全部的思想之中，即使是在和平时期他也劝诫君主要居安思危，而不能无所事事，应该利用这些时间紧锣密鼓地做好一切准备。即便是在《君主论》当中的第 15 章至第 21 章，马基雅维利没有再专门论述军事武装的问题，但是在这些章节中的观点都是以国家拥有军事武装为前提而论述的，同时指出了君主如果想避免遭人蔑视，那么第一条原则就是不能忽视对军事方面的责任，要知道怎样避免那些因自己而亡国的恶行。在分析罗马能够繁荣称霸的原因时，他指出"我不能否认，命运和军队是罗马霸权的原因；但我确切地认为，这些人没有认识到，在有优良军队的地方应该有好的秩序，并且在这样一个地方也很少没有好运气的"。② 可见军队还是好运的基础。马基雅维利在列举和论述君主的 11 对品德时，几乎每一种品德马基雅维利都特别指出了与军队、军事武装之间的特别关系。

在《君主论》的第 24 章中，马基雅维利探讨意大利的君主们为什么丧失了他们的国家这个问题时，又重新强调正是因为他们没有组建由本国国民组成的军事力量才导致他们身死国灭，否则的话就不会丧失他们的国家。在第 26 章当中，马基雅维利奉劝将意大利从蛮族手中解放出来时，仍然强调了利用军事力量的重要性。总之，马基雅维利在《君主论》中归纳总结了导致一个国家衰败的主要原因：

（1）谁使别国强大，自己就会灭亡。

（2）没有武装的国家或君主都会灭亡。

（3）谁与人民为敌，谁就离灭亡不远。

（4）谁依靠雇佣军、援军，谁就难以保全国家的安全。

（5）谁忽视军事专业，谁就开启了亡国的源头。

综观马基雅维利关于军事武装的思想，他已深深认识到没有军事

---

① ［意］马基雅维利：《君主论·李维史论》，潘汉典、薛军译，吉林出版集团有限责任公司 2011 年版，第 56—57 页。

② 同上书，第 156 页。

武装的国家对外不能自卫，对内不能保证和平和秩序，只能陷入不断的混乱之中，越是惧怕战争，越是想要和平，那么越是必须要拥有军事武装，越是不能害怕战争，战争是用来维护和保障和平与秩序的。没有军事武装或军事力量薄弱的国家或君主，迟早会灭亡，军事武装是和平、秩序的堡垒！这是几千年来历史事实为我们提供的铁律！马基雅维利身处战乱的时代，又恰逢自己国家军事力量薄弱，所以对此有难以言状的刻骨铭心体会，并一再强调军事武装的重要性。他所论述的军事武装的主要作用体现在：第一，是获取统治权的基础和依赖力量；第二，是君主避免遭人蔑视，维护统治权的核心；第三，是国家生存和发展的核心，免遭他国入侵的后盾，国家和人民自由的保障。这也是从一开始他把政治、权力与军事联系在一起的缘故，政治与军事的联系表明，政治作为一种公共事业，如果离开了军事武装，那么政治的作用和功能将不复存在，国家的生存和发展在可以预见的将来仍然无法离开军事武装的支撑。也只有在军事武装保持国家的秩序与和平的前提下，才能谈论正义、公平、自由、平等等价值问题，否则会受到别国入侵或奴役而不能自保，生存和生死问题一旦成为人们所要解决的主要问题，那么关于人的尊严、人的自由、社会的公平与义务等价值问题便遥不可及。

（三）异同点及原因分析、启示

他们二人关于军事武力思想的相同点体现在：第一，都指出了军事武力始终是一个国家生存、安全和国防的最终依靠力量。第二，军事武力是君主争夺国家权力和维护国家权力的必备力量，建国必先建军（建军乃建国之本），强兵乃治国之本、治世之道。第三，军事武力对于国家法律的形成及维护具有重大意义。

不同点在于：第一，马基雅维利不仅详细地论述了军事战争中的行军、会战、纪律、步兵与骑兵、队形队列等一系列详细的军事问题，还论述了军队心理、将领的智慧才能以及如何在具体的环境下作战等精神和思想中的军事问题，可以说全面阐述了军事的理论和实践中的各方面问题。而韩非仅仅指出了军事战争对于国家的重要性，而实际的有关军事细节的问题根本没有涉及，这也是因为他没有具体从事过军事方面的工作所导致，而马基雅维利不仅亲身从事过而且也亲身现场指挥过。第二，由于当时两个人各个国家具体的军事制度不同，马基雅维利竭力想论述的是由本国国民组成的本国军队的重要性，而对于韩非来说，这是毋庸置疑和不用论述的既成事实，他关注的是如何调动人民的积极性参加战争，国家如何通过战争而称霸的问题。

在世界历史中，从古至今都不是只有一个"国家"，从氏族、城邦演变到国家这种高级形态的过程中，不论国家处在何种形态，作为在一定疆界领域内掌握最高权力的政治特性从来没有改变，为了获取更多的物质资源、满足国内人口的需求，或者纯粹为了消灭外在的威胁力量抑或纯粹为了当权者好大喜功的个人欲望，总之国家作为一个政治实体而言一直在试图保卫自己的安全和拓展自己的疆域。正如罗素所说："每个足够强大的国家都企图进行对外征服。只有在下列两种情况下它才可以无此企图：一是这个国家有过经验，从而知道自己并不如外表那么强大；另一是它还没有经验，因而还不知道自己实际比表面要强大。一般的规律是：一个国家总要征服它所能征服的地区……就内在的趋势而言，每个国家都倾向于成为囊括世界的国家。但每一国家的权力，多少都与地理有关。"① 自古以来，有关国家问题主要涉及三个方面：第一，国家的性质问题，也即哪一个阶级上台执政掌握国家权力的问题；第二，治国之道的问题，就是国家采取什么样的思想、方针、原则治理国家；第三，具体的如何贯彻落实这些指导思想和原则的问题，也即行政管理问题。所以，无论是从国家的进化史来讲，还是从国家具体的统治实践来讲，军事武力是国家权力的应有之义，没有军事武力的国家必遭覆灭，而拥有国家权力的阶级也必须建立本阶级的军事武力。几乎没有不通过军事武力等斗争而轻易就能获得国家权力的，毛泽东曾说："枪杆子里出政权"，而韩非和马基雅维利的时代可以说是"刀把子里出政权"的时代。在"中国历史

---

① ［英］伯特兰·罗素：《权力论》，吴友三译，商务印书馆 1991 年版，第 115 页。

上只有用武力征服的朝代而没有用德化服人的例子"。① 在欧洲国家的历史中，自古国家权力的更替也是伴随着血腥和暴力，无论是国外势力对一个国家内部政权的干涉或者国内各阶级为争夺国家权力的领导权无一不是通过军事武力而决定的。在军事武力方面，韩非特别重视"耕战"问题，以耕养战，以农民和农业耕地积蓄军事战争所需要的一切资源：人力资源（农民作为战士）、物质资源（粮食作为物质）。在《初见秦》的开篇中，韩非就指出了秦国要想一统天下就必须通过战争的方式去称霸。而马基雅维利曾专门写作《用兵之道》来论述军事问题，之所以写作这本军事著作，最主要的还是因为他意识到只有军事力量的强大才是国家生存、安全和发展的根本所在。除此之外他还在《君主论》《李维史论》以及其他文本中的多个章节的多个地方专门论述了君主对于军事方面的责任，以及面临各种各样的具体军事问题君主和将军们应该怎样解决。

第三，马基雅维利主张军事不能职业化，构建的军事武装力量应该像罗马的军事模式一样，让军事首领和构成军队最主要的步兵在战争时期出战，战争结束之后就应该继续回到自己的家中经营自己的事业，依靠自己的技能生活。"因为，从事这一行业职业（指军事战争行业）的人绝不会被认定良善，在其中由于每时每刻都想从它之中抽取得益，他必然贪婪、欺诈、暴烈，并且有许多必然使他不善的品性。将它作为一门技艺的人，无论大人物小人物，都不能被塑造成别样，因为这门技艺在和平中无利可图。于是，他们必定要么策动打破和平，要么在战争期间大发横财，即使在和平时期也能自肥"。② 军队的来源他主张多选用农村地区的人当步兵，而骑兵则从城镇选取，年龄在17—40 岁均可，他之所以这么构想是因为他极其恐惧军事职业化会造成如罗马那样的弊端，导致军事对国家统治长治久安造成影响。这种对待军事武力的思想与韩非的有重大不同，韩非则主张军事武力要由

---

① 施觉怀：《韩非评传》，南京大学出版社 2002 年版，第 377 页。
② ［意］马基雅维利：《用兵之道》，时殷弘译，吉林出版集团有限责任公司 2011 年版，第 12 页。

君主牢牢掌握，而不能让臣下窃取如此重大的军事权力，否则可能导致君主身死国灭，对军事首领干政的问题提前做了预防。

中国在夏、商、周时期，尤其在春秋战国时期已经意识到战争、军事武力对国家和君主的极端重要性，《孙子兵法》的出现标志着当时的政治理论界和实践者已充分而正确地认识到了政治与军事的密切关系，已指出了政治必须以军事为基础和后盾，但政治必须凌驾于军事之上，军事武力是政治的一种延续和迫不得已的手段。对于韩非来讲作为君主必须牢牢掌握住军事权力，政治权力（国家权力）必须高于军事，但是韩非没有考虑到军事职业的专职化可能带来的影响，中国历史上的军事力量一直都是由国家来供给给养，并且国家视民众服兵役为正常的个人义务。凡是一个国家没有把军事力量纳入国家权力控制的范围之内，也即处理好政治与军事的关系确保军事武力以制度化的方式服务于政治，那么这个国家就很难是一个稳定的国家。而且其余世界各国历史的实践和现实中很多国家的军事制度都可以证明这一点，任何一个国家的最高权力执掌者都拥有对军队的绝对控制权，不管是以哪一种政体为标榜的国家都是如此。国家必须垄断军事力量的运用，军事武装力量才是一个国家实力的体现，是一个国家安全和生存的保证。所以国家权力一定要将军事武力装在"笼子里"，让军事武力发挥它的积极性作用，为国家、社会和人民服务。批判的武器永远不能代替武器的批判，没有军事武装作为武器的批判，就永远不可能取得国家权力。

二 国家权力与权势

国家作为抽象出来的概念和具体的实物构成的整体，其国家权力也必须有具体的载体，即所谓具体的人、部门、组织或者集团等主体掌握。在韩非的时代，掌握国家权力的就是君主本人，君主和群臣百官共同治国理政，但是后者的权力是前者所赋予的。在马基雅维利那里，由于西方传统文化的影响和当时新兴的君主制，国家权力可以由传统的贵族制、民主制和君主制各种不同的政体规定下的人或部门掌握。不论国家权力由谁或者哪个部门、组织掌握，都涉及掌握国家权力本身的大小、性质与目的的问题，也涉及如何运用这些权力的问题。

（一）韩非论权势

势论在韩非的思想体系之中起着十分关键的作用，所以后世学者对于法、术、势何者才是中心展开了诸多争论。总体而言，势是法和术的前提和基础，是一种异于常人的优越性地位、品质、能力等相对的优势。在韩非那里，势又分为自然之势（先天就拥有的优势）和人为之势（后天努力而拥有的优势），同时自然之势必须逐步转化为人为之势才能长久，而法和术则是自然之势转化为人为之势的途径和方法。韩非势论的目的就在于告诫君主要依靠自己本身所具有的优越性条件、资格来统治国家，当这种自然之势不足时，还要善于人为地营造一种"人为之势"的产生，以凸显自己的重要性和优越性。所以，"人为之势"是指人为地造成的一种趋势、气势、权势等有利于实现自己目标的局面与局势。纵观韩非对势的认识，势首先是指权势。权势是以权力为核心所形成的势力范围，是指自己本身不但掌握权力，还通过自己的权力掌握其他权力的人，让这些有权力的人为自己服务。韩非所说的"势"即是权力，这点已被学者们所证实。[1] 而权力首先是一种力量和强力，是一种要求被支配与服从的力量，如不服从就可能受到惩罚与威胁，是一种支配与被支配的关系。所以权力是以掌握某种力量、资源为后盾的控制力，并且逐渐演变为各种各样的力量，主要可分为：强制性的支配力量和非强制性的支配力量。前者主要指军事力量、暴力机关等能够对人予以限制和惩罚的力量；后者主要指以智慧和技巧而运用的影响和个人行为的力量。当然还包括约定俗成的舆论与道德力量。"势者，胜众之资也"。[2] 君主怎么能够胜于众人呢？凭借什么资质、资源、资本胜过众人呢？韩非认为君主胜过众人

---

[1]　具体可参见韦政通《中国思想史》上，吉林出版集团有限责任公司2009年版，第263页；萧公权《中国政治思想史》上，商务印书馆2011年版，第226页。

[2]　《韩非子·八经》。

的"资"有两种，即自然之"资"和人为之"资"，也即韩非所说的自然之势和人为之势。这里的"资"实际上就是一种能力、力量、资本和凭借。君主的自然之势就是君主依据传统、血缘所继承的权力地位、血缘关系和荣誉资质，是不能选择和无法通过自己的主观能动性改变的。而人为之势就是依靠法和术构建出有利于自己权力的地位和力量、资源。就势本身来讲，它可以在实际生活中延伸出很多的外延，也可以分为很多种：人势（人多势众）、形势、权势、威势、气势、力势（势力范围）等。韩非也十分明白这种自然界的势位运用到政治领域当中的重要性，并且提出了威势、权势等概念，而且将势等同于权，任势必先集权，失势即是失权，权势不可借人，从而将势与权、地位等要素结合起来论述，使得人为之势变成了一种无形的影响力和控制力。

韩非对三代之中的尧舜之所以行禅让而不是世袭的行为进行了与儒家等诸子不同的解读，认为因为当时君主的权势太小，没有享有特殊的待遇且与普通大众没有什么区别，所以禅让天下并不是什么圣贤之举，而一个"县令"都比他们的权势大，享有的财富多，所以，"轻辞天子，非高也，势薄也；争士橐，非下也，权重也"。① 因此，韩非认识到君主与常人无异，权势才是君主的根本。

> 天下有信数三：一曰智有所不能立，二曰力有所不能举，三曰强有所有不能胜。故虽有尧之智而无众人之助，大功不立；有乌获之劲而不得人助，不能自举；有贲、育之强而无法术，不得长胜。故势有不可得，事有不可成。②

> 权势不可以借人，上失其一，臣以为百。故臣得借则力多，力多则内外为用，内外为用则人主壅。③

> 势不足以化则除之。子夏之说《春秋》也"善持势者，蚤绝

---

① 《韩非子·五蠹》。

② 《韩非子·观行》。

③ 《韩非子·内储说下六微》。

其奸萌"。①

　　韩非将权力与势位相连，在众多掌握权力的群体之中，为突出君主掌握权力的重要性，君主一方面要依靠自己本身宗族血缘的自然之势、继承的君位带来的自然之势以及天下舆论为君主带来的自然之势；另一方面君主要依靠法和术来巩固和人为地制造更多的人为权势。依靠自然之势可以获得权力，依靠人为之势可以增强权力，都是维护和巩固君主权力不可缺少的工具和武器。所以臣民就必须服从这种权力和地位，萧公权认为："盖人君发号施令而民奉行之者，非以其君为圣人贤人之所发，而以其为君主之所发。人民如较量法令者之品格如何以定从违，则命令本身失其威权。推其极致，则社会中只有道德之制裁而无政治之命令"。② 历史发展到今天，国家和社会的治理仍然需要道德之功能但又不能仅仅依据道德，人们服从的仍然是有道德缺陷的君主而不是道德完善的贤哲。如果马基雅维利将道德划于政治之外的话，那么韩非早已在 1700 多年之前就有了这种思想。事实上，他们二人并没有完全将政治与道德的关系颠倒，这一点在本书的第五章有专门的论述。但应该注意，势仅仅是君主追求的目标之一，而不是最终目标。因为韩非知道君主能继承势，能制造势，也能失去势，失去地位和权力。所以，势还要与法、术结合在一起运用，用法和术加强势的力量。作为君主最初是依据势来定法、用法和用术，但是反过来也要用法和术加强势的力量，这是三者之间的辩证关系。宋洪兵在谈到这个问题时认为，韩非"势论"思想本质在于探讨"势位"的政治特性及其在政治领域中的政治功能，从未将"势"作为最终目标，也未将君主权力视为政治领域的终极价值来加以追求，更不可能将君主个人利益置于政治思想的中心地位。③ 韩非作为法、术、势综合论者，认为势不仅仅是单独的"势"的问题，更是君主生死存亡、治国理政

①　《韩非子·外储说右上》。
②　萧公权：《中国政治思想史》，商务印书馆 2011 年版，第 227—228 页。
③　宋洪兵：《韩非子思想再研究》，中国人民大学出版社 2010 年版，第 157 页。

系统之中的一环。

在《难势》篇中，韩非进一步强调势的目的：一是势能增强君威、君位和君力，进而防止臣子、妻妾篡位，为君主安民治乱奠定基础，确保君主能够依据强大的权力稳固而安全地统治国家！二是为了与儒、墨、道等其他派别的辩论，同时也是为了发扬法家的一贯传统思想。在如此战乱不断的时代，必须要赋予一位君主特定权势统一局面，为天下苍生谋道。韦政通也认为，韩非的话有两点含义：（1）权力本身无所谓善恶，究竟是"便治"还是"利乱"，全看谁来使用它。（2）任势而不重法，使权力的运用不受法的节制，那么权力附身，无异于养虎狼之心，容易造成暴乱天下之大患。① 总之，韩非势论的提出具有双重意义：在理论和思想上颠覆了君主可以依靠自身品德治国理政的应然设想，颠覆了君明臣贤民可化的应然治国逻辑；在实践上解决了以下犯上、重臣弑君造成的国家最高权力更迭的失序、混乱。其理论的不足在于抹杀了现实中制约君权的可能性，为以后的君主专制理论的实践无疑奠定了基础。

（二）马基雅维利论权势

意大利 15 世纪政治的复杂性、残酷性、激烈性远远超过以前的几个世纪，并且意大利内部的事情已与国际政治相联系，内部各邦国以及邦国内部的政治势力都与国际上其他国家相联合，形成联盟关系。国外的政治力量依然是意大利以及马基雅维利所生活的佛罗伦萨的最大威胁，所以维护君主权力或者国家的统治是当时最主要的政治工作，只有在国家得以生存、国家得以保持不被外族入侵的前提下才能进而谈论如何自治，以及如何过上优良生活和实现公共善的问题。正是在这种情况之下，君主的任务与国家的任务紧密联系在一起，君主维护自己的统治地位和统治权就是保障国家的生存和自由。在《君主论》当中马基雅维利明确表达了关于权力、权势的思想。"这一时期意大利城市国家的政治结构也出现了重要的变化，随着专职官僚集团的成

---

① 韦政通：《中国思想史》，吉林出版集团有限责任公司 2009 年版，第 265 页。

长，国家被当作一个具有强制力量且能创设成文法的机构，而不再是
人文主义者眼中的公民团体"。① 同时，"马基雅维利的著作可以看作
此时权力观念孕育在国家，即'state'这一概念当中的最佳证明"。②
马基雅维利想让国家具有强大权力，尤其是能够抵御外侮的军事力量
和管理内政外交的力量，而不是依靠眼里只有钱的雇佣兵和只知道拖
延战术和骑墙中立外交的执政团。除此之外，马基雅维利也深知权势
对于国内人民的影响，这可以从他的对有关权势的具体用法当中得知。

　　当他们消灭了那些对他们的高位嫉妒的人们之后，他们就能
够继续享有权势、安全、尊荣和幸福了。③ 因此，人们追随这些
有权势的人的权威，武装自己反抗君主，并在君主灭亡后，服从
他们，如同服从他们的解放者一样。④

在马基雅维利所用大部分有关"权势"的句子和语境当中，他仅
仅是把权势作为一个名词使用，并没有对权势进行更详细的系统论述。
他作为一个政治实践者不可能感觉不到权力或者是权势在政治领域中
的重要性，因为在政治实践领域当中，先天的血统、家族和世袭优势
都发挥着极其重要的作用，甚至在有时候比个人努力和个人才华更重
要。在他生活的年代里，佛罗伦萨的统治者都是金融领域中的大资本
家，而执政团里的人也都是由大资本家垄断，没有一定的权势很难在
政治上有所作为。具体来讲，不管是人势、财势、自然之势还是人为

────────────

① Lauro Martines, *Lawyers and Statecraft in Renaissance Florence*, Princeton: Princeton University Press, 1968, p. 412.

② 张弛：《国家权力的发现：从人文主义到近代自然法学说》，博士学位论文，中国政法大学，2011 年。除此之外，张弛还很好地论证了马基雅维利使用的 state 的概念中已具有权力的性质和含义。

③ ［意］马基雅维利：《君主论·李维史论》，潘汉典、薛军译，吉林出版集团有限责任公司 2011 年版，第 23 页。

④ 同上书，第 150 页。除此之外，在第 151、173 页都有对权势的相关表达和理解。

之势，都没有权力之势更为重要，并且在某一领域中占有势位的人最终也都会与权力之势的人或组织形成联盟，寻求权力的佑助甚至向权力领域进军，因为只有这样才能获得更多更大的利益。马基雅维利在运用权势时总是将权势视为一种既定的态势，所以他在使用权势时是直接使用"权势""有权势的人""权势者""权势公民"这四种主要用法。实际上，他已经把权势视为现实实践中存在的客观事物，是一种人们可以利用的资源和一种优于别人的能力与力量。可是因为他深深地意识到这种力量之大以及在现实中的意义，所以他希望美第奇家族能够凭借他们的权势统一意大利。

虽然马基雅维利并没有对权势的内涵作出学理上的分析，但是他之后的霍布斯继承马基雅维利的权势理论并发挥，对权势已经做了很好的阐释，并且与韩非的"势"在本质上几乎完全相似。

> 人的权势普遍来讲就是一个人取得某种未来具体利益的现有手段，一种是原始的，另一种是获得的。自然权势（原始权势）就是身心官能的优越性，如与众不同的膂力、仪容、慎虑、技艺、口才、慷慨大度和高贵的出身等等都是。获得的权势则是来自上述诸种优越性或来自幸运、并以之作为取得更多优势的手段或工具优势，如财富、名誉、朋友以及上帝暗中的帮助（即人们所谓的好运）等都是。①

霍布斯也提出了自然之势和人为之势，但是他把权势理解得较为广泛，实际上权势就其本意来讲仅仅是政治领域中的现象，但是在现实当中，权势的运用范围较广，在本质上也是一种力量，是从权力衍化而来，只要有能够影响、改变或者控制某事务发展的能力都可以称为权势，经济、文化或者社会其他领域的人都可以通过各种途径影响政治领域当中的事务，所以权势也就成为广义上的一种力量。阿尔都塞就认为马基雅维利是第一位谈论形势的理论家，或者说，他是第一

---

① ［英］霍布斯：《利维坦》，黎思复、黎廷弼译，商务印书馆 1985 年版，第 62 页。

位这样的思想家——他自觉地至少一贯地在形势中，也就是说，在作为偶然独特情况的形势概念中进行着思考。[①]

（三）异同点及原因分析、启示

首先，韩非和马基雅维利都是从实践当中提炼总结政治理论，所以看到了势位在政治中的特有功能，体验到了没有权势的无奈，"夫有才而无势，虽贤不能制不肖，故立尺材于高山之上，下则临千仞之谷，材非长也，位高也"。[②] 这个道理道出了政治领域当中的一般规律。韩非是韩国的众多公子当中的一个，但却不是嫡长子，没有继承王位的权力，加之他在韩国没人重用和被人排挤，所以他深感自己没有权势的痛苦。在政治权力的中心没有权力、权势就如在战场上没有武器而任人宰割一样。另外法家前辈已有人言势，韩非根据自己的体验、经验加之前辈的理论使他将势的理论发挥到了哲学的高度。马基雅维利只是意识到权势的存在对人的影响，明确地提出在政治领域中要追求权势，也和韩非一样吃到了没有权势的亏，但是他没有过多地论述。

其次，马基雅维利更多的是在"形势"这样的意义上论述意大利和佛罗伦萨的情况，谈得最多的是关于某种危急时刻以及行事的必然性问题，同时也注意到了君主的权势在非常态下的重要性。之所以马基雅维利没有更多地分析君主权势与群臣百官的关系问题，这主要在于佛罗伦萨以及意大利的政治体制与中国古代的君主制不同。处于资产阶级萌芽时期的佛罗伦萨，政治上的地位和国家权力大部分都掌握在大资产阶级和贵族手中，君主以及政府首脑或者其他重要职位的部门都为资产阶级所垄断。尽管也满足了人民大众的部分参政要求，他们自己也组建了行会且在议会之中有自己的代表，但是国家的最高权力还是被少数资产阶级所垄断，所以国内政治上的权位主要由财产来决定，而不是由武力、血缘等关系所决定，权势某种程度上就是财势，同时这样的社会结构某

---

① 转引自朱晓慧《马基雅维利与"偶然相遇的唯物主义"》，《福建论坛》（人文社会科学版）2008 年第 5 期。

② 《韩非子·功名》。

种程度上是平行的，而不是垂直和纵向上的统治模式。这样的政治组织和统治模式与韩非所见的君主制传统迥异，周天子衰微之后，君主和诸侯共治的治理方案已被法家否定，取而代之的是"要在中央，事在四方"的中央集权制度，在这种垂直的政治组织之下，君臣之间的等级关系模式中，不论是作为自然之势还是人为之势的作用就显得极为重要，甚至能够影响和决定个人的一生的地位和命运。

三　国家权力作为法的后盾及法体现的国家意志

（一）韩非论法律——法律是权力强制性的日常体现

在人类社会的早期是没有所谓的法律或者法的，法律也是人类社会发展到一定阶段的产物。历史发展到中国春秋战国的中晚期之时，时代境况已发生了翻天覆地的变化（在前文已述），在此情况下诸子百家各自提出本派的治国之道，法家应时而生，提出了最适合当时国家统治和治理的方式。韩非继承法家先贤传统，总结历史经验教训，提出了他自己的一套法、术、势相结合的理论，把是否依法治国作为国强国弱的标准，在理论上丰富和完善了关于法的实质和性质、功能和作用、运用方式和局限性等问题，但没有提出具体的有关治理国家的法令和政策，其中的原因之一是韩非并不是政治实践者，所以没有机会针对具体而现实的政治问题提出具体的解决方案。同时他的这种思想的局限性也有利于从学术上剖析战国中后期思想家对法的理解。

具体而言，韩非对法的论述主要集中在《说疑》《定法》《难三》等主要篇章之中。① 在已有的文献之中，只要谈及韩非的政治思想，

---

① 韩非对法的主要论述有："法也者，官之所以师也"（说疑）；"法者，宪令著于官府，刑罚必于民心，赏存乎慎法，而罚加乎奸令者也。此臣之所师也"（定法）；"法者，编著之图籍，设之于官府，而布之于百姓者也。术者，藏之于胸中，以偶众端而潜御群臣者也。故法莫如显，而术不欲见。是以明主言法，则境内卑贱莫不闻知也，不独满于堂；用术，则亲爱近习莫之得闻也，不得满室"（难三）。

那么关于韩非的法、术、势这三者就是绕不开也无法回避的主题，而关于法的特征、性质、内容、目的、作用、局限性等问题已有丰富甚至烦琐重复的论述，学者们已经就韩非的法具有公平性、成文性、合理性、平等性、权威性、时移性等性质达成了一致。① 李甦平将韩非有关法的思想总结为法体、法性和法用。② 所以在此对韩非所言的关于法的基本内容、性质、特征等问题不再赘述。而只针对以往很少论及的法与国家权力、法的运行目的、法与制度政策以及法与君主之间的关系等问题进行论述。

　　面对以往的历史和当时的现实，韩非得出了不同于儒墨道三家的结论。他认为，人口日益增长所需要的各方面物质和精神的需求与这种资源及生产力低下而不能满足人们的需求之间的矛盾决定和影响着人们的生存状况，更影响着人们的精神状况。人由动物演变而来，必须满足人的最基本的生物性要求，同时人们所不同于生物的地方在于人们不会满足自己的所得，人的欲望具有无限性尤其是未经过教化的人性，面对这种欲望的无限性，一方面要教化人们克制自己的欲望；另一方面要利用严刑峻法来强制人们不能过多地无限地追逐自己的欲望。这样为了让全体人们能够公平、公正地满足自己的生存和有限的欲望，就需要法律来定分止争。当然法律的作用不仅仅如此，但是却可以说是从这一内涵当中延伸出来的。

　　韩非对法的论述很清晰，除此之外还把法比喻为：司南、规矩、权衡和绳墨。这都体现了他要论述的法的公平、客观这一特性，所以梁启超认为法家和韩非的法治是"物治主义"。③ 韩非的法治思想是融法家先贤的法治思想和老子的道的思想为一体而提出的道法思想。法

　　① 　具体可参见吴秀英《韩非子研议》，台湾文史哲出版社 1979 年版，第 82 页；王邦雄《韩非子的哲学》，台湾东大图书股份有限公司 1979 年版，第 150—151 页；姚蒸民《法家哲学》，台湾东大图书股份有限公司 1986 年版，第 112 页；张纯、王晓波《韩非思想的历史研究》，中华书局 1986 年版，第 111—113 页；李甦平《韩非》，台湾东大图书股份有限公司 1987 年版，第 168 页。

　　② 　李甦平：《韩非》，台湾东大图书股份有限公司 1987 年版，第 165 页。

　　③ 　梁启超：《先秦政治思想史》，岳麓书社 2010 年版，第 182 页。

的基础、本质和宗旨继承了老子的道，而法的贯彻、执行及运用则继承了管子、商鞅、李悝的公平、强制、惩恶扬善的思想。"韩非把治国的最高原则和根本策略的道的内涵，解释为法，把法看成是治国之道，进而有了他的因道全法、动无非法的主张。"[①] 韩非的法论的具体内容有哪些呢？这个韩非其实并没有具体讲，并没有列举或者论述治理国家应该制定哪些法，他只是在一味地强调以法治国的重要性，如何依法治国，如何将法与术、势结合起来起到最佳的治国效果，而对法的具体内容论述得极少，也正是由于这一点，韩非的法论呈现很强的模糊性，可以说任何有关国家的政策、制度、条令都是法，法变成了没有边界的，不分公私的只要涉及国家治理的都可以成为法，都必须要求全体人民服从，都是以强有力的赏罚作为支撑。正因为如此，有些学者就直接简单地认为，韩非的法就是刑法。实际上，韩非的法治的目的本不是刑法，其含义也不仅有刑法。赖蕴慧指出了这一点，认为韩非交替使用了"法"的两种用法，广义上作为度量的准则的法和作为狭义上的刑法。[②] 那么为什么要用法治呢？

一是为了国家的长远利益和近期利益。国家富强和繁荣必须用法。法是国家强弱存亡的最终因素，也是当时能够走向民安国治的最佳方略。韩非在《韩非子·有度》篇中着重阐述了这个理论，认为国无常强，无常弱。奉法者强，则国强；奉法者弱，则国弱。是否实行以法治国是关系国家选才用人、群臣官吏的关键。所以，韩非在《有度》篇中将当时已经亡国的国家归因于群臣官吏都去做使国家乱而不使国家治的事情，都舍国法于不顾而去营私舞弊，所以，国家必须除掉奸邪谋私的行为而遵循国家的法令，除掉图谋私利而实行国家法令才能让自己的国家兵强而敌国的兵弱。

二是为了中主就可以治国理政而不必等到贤君圣君。中主通过抱

---

① 王立仁：《韩非的治国方略研究》，中国社会科学出版社 2012 年版，第 33 页。

② [新加坡] 赖蕴慧：《剑桥中国哲学导论》，世界图书出版公司 2013 年版，第 183 页。

法处势驾驭百官群臣、制止奸邪重臣。"由主之不上断于法，而信下为之也。故明主使法择人，不自举也；使法量功，不自度也。能者不可弊，败者不可饰，誉者不能进，非者弗能退，则君臣之间明辩而易治，故主仇法则可也"。① 法还是弥补君主个人治理国家不足的利器。为中主治国奠定基础。"夫为人主而身察百官，则日不足，力不给。且上用目，则下饰观；上用耳，则下饰声；上用虑，则下繁辞。先王以三者为不足，故舍己能而因法数，审赏罚。先王之所守要，故法省而不侵"。②

三是主要针对特权阶级立法。韩非认为依法治国的好处就在于能够让所有臣民都能够依法行事，排除贵族和官僚集团等特权阶层不依法的特例，让除君主之外的人都能够一律平等依法行事，而不是刑不上大夫。法虽主要用于治民，但是对贵族的制约更大、更有效果，这也是法家的改革政治家屡屡没有好结局的原因，旧贵族的反扑就是阶级斗争的体现，旧贵族不愿意丢掉自己的特权和利益，对侵犯他们的人当然要予以铲除。以往学者都过多注意到法对百姓的制约，而忽略了对贵族、特权阶级的制约。从《有度》篇之中也可以看出，韩非的法主要是赏和罚，故称治国的"二柄"，在《有度》篇之后紧接着写了《二柄》篇，详细解释了二柄的内涵：刑德。刑就是杀戮，也就是最大的惩罚。德就是赏，可以赏钱、赏官、赏物，更可以赏权，总之群臣百官的一切都拜君主所赏赐，君主之所赏即为群臣之利益。"明主之所导制其臣者，二柄而已矣。二柄者，刑德也。何谓刑德？曰：杀戮之谓刑，庆赏之谓德"。③ 赏罚的目的是要达到什么境界呢？"是故明君之行赏也，暖乎如时雨，百姓利其泽；其行罚也，畏乎如雷霆，神圣不能解也。故明君无偷赏，无赦罚。是故诚有功，则虽疏贱必赏；诚有过，则虽近爱必诛。疏贱必赏，近爱必诛，则疏贱者不怠，而近

①　《韩非子·有度》。

②　同上。

③　《韩非子·二柄》。

爱者不骄也"。① 但是韩非的法也不是君主任意妄为的法，更不是随意诛杀群臣国民的法，要做到的是"简令谨诛，必尽其罚"，在中国古代普通百姓几乎没有不听从国家法令的，而恰恰是特权阶级和君主身边的权臣、贵族才不依国法行事维护自己的利益。这是韩非实行法治的底线和精华。

徐祥民认为法家的法律效用主要有"定分止争，禁奸止邪，生力生强，制臣服虎"。② 韩非以法为治的提出就是针对现实社会中的大多数人不可能全都依据道德而自律、自觉地维持社会秩序，不是为君子、圣人立法，而是针对普通人、众人立法，其着眼点在于统治的大多数人而不是少数人。韩非虽然没有论述法的具体内容，而实质上他主张的法是公法、国法，同时他也将君主颁布制定的法律等同于公法和国法。怎样制止下侵上的局面和现象呢？"法审，则上尊而不侵。上尊而不侵，则主强而守要，故先王贵之而传之。人主释法用私，则上下不别矣"。③ 并且人主的二患"任贤和妄举"都是出自君主不以法治国的缘故，因为任用贤臣则会出现乘于贤以劫其君的情况。对于韩非的法论，现代学者普遍认为韩非的法治与现代的法治不同，因为在中国古代，所谓的"法"是刑法、律令。现代的法权理论认为法律是全体人民共同遵守的规范，是全体人民的意志的体现，任何人、组织或党派都不能超越法律之上。但是在韩非那里，立法权隶属于君主，除了刑法外，"还透漏出某些带有行政法、民法、户籍法等意义的内容"。④ 这与西方法治的含义不同，韩非的法不包括司法，也没有明确说明立法权和执法权的问题，更没有详细列出法的种类，不过根据韩非及以前法家人物的思想来讲，法律的立法权在于君主。就韩非论述的法的特征而言，具有成文性、公开性、公平性，所以就韩非法治的初衷和目的来讲，韩非的法与西方的法治相同，但是就法治的精神和具体情

① 《韩非子·有道》。
② 徐祥民：《法家的法律思想研究》，博士学位论文，中国政法大学，2000 年。
③ 《韩非子·有度》。
④ 施觉怀：《韩非评传》，南京大学出版社 2002 年版，第 285 页。

况来讲，韩非的法治理论显得极其简单和粗糙。另外韩非因道全法，法体现的更多的是君主体道之后制定的各项政策、条令、制度，所以法就演变成因时代、情况和君主个人修养不同而具有极强灵活性和主观性的"法"，虽然韩非主张一旦立法不可轻易变更，但是立法之人的体道和识道的深浅决定着"法"的高下，"法"也因此深受个人主观能动性的影响，而无约束立法之人的强力，法也因此有可能变成君主的"私法"，而失去为国家而着想的公法的内涵。宋洪兵论证了在韩非的思想当中，毫无疑问是法权高于君权，并对前人所论证的君权高于法权的专制、人治的观点进行了批驳，说明了韩非的政治思想确立的是法权高于君权的原则，还对韦政通在他的《中国政治思想史》中对韩非的论述作了评论，认为韦政道的观点是自相矛盾的，根本原因在于将韩非的思想主张与现实效果混为一谈了。[①]

宋洪兵认为韩非的政治思想虽然与现代"民主"政治存在区别，但是并不在于政治动机层面，而在政治实践效果层面。在理论动机层面，韩非的政治思想与西方民主宪政追求的政治理想在本质上是一致的。[②] 这个观点虽然有些夸张，但就韩非法治思想的初衷、目的以及制度设计来看的话，韩非无疑也是秉持法律至上的观点。

（二）马基雅维利论法律

马克思在评价马基雅维利时指出，"以及近代的其他许多思想家谈起，权力都是作为法的基础的，由此，政治的理论观念摆脱了道德，所剩下的是独立地研究政治的主张，其他没有别的了"。[③] 所以，国家权力作为法的基础，作为法的制定、贯彻和执行的支撑力量。法律是怎么产生的呢？为什么国家统治过程中政治权力会成为核心呢？法律的统治在西方政治思想传统中一直存在，柏拉图的《法律篇》表明他

---

① 宋洪兵：《韩非子政治思想再研究》，中国人民大学出版社 2010 年版，第175—189 页。

② 同上书，第 79 页。

③ 《马克思恩格斯全集》第 3 卷，人民出版社 1960 年版，第 368 页。

已经从"哲学王"统治走向了"法律的统治"。亚里士多德更是主张法律可以不因人情的变动而改变，主张用法律来进行国家的治理。在罗马时期，罗马法的完善为罗马的统治建立了系统的治国体系，创建了他们有效的政治制度。马基雅维利在《君主论》的第 12 章、第 18 章中已经指出，军队和法律是一切国家的基础，并且良好的军队是产生良好的法律的前提和基础。法律是人类特有的斗争方法，但是法律常常有所不足又常常依靠"野兽"般的军事武力协助，同时在运用这种野兽的方法时要效仿狐狸与狮子。但是在《君主论》当中马基雅维利并没有过多阐述关于法律的相关内容，因为他认为当时的情境法律不能够起到应有的作用。他对法律的论述更多地体现在《李维史论》当中。在《李维史论》的第 1 卷第 1 章、第 2 章中马基雅维利指出，法律的制定是考察国家创建者德行的体现之一，法律要做的事情就是防止某些弊端的产生进而危害国家。罗马的法律是偶然地、多次地并且根据各种情势才得以全面确立。至于法律是必要的，他在第 3 章中做了论述，"如果一件事情本身在无法律的情况下运转良好，则法律就是不必要的；但是在没有这种良好的风俗习惯的时候，立刻就需要法律"。①

在《李维史论》中第 1 卷的第 3 章，他指出"有用而且必要的是共和国利用其法律为人民对某个公民怀有的愤怒提供发泄途径，因为当没有这些合法的手段时，人们就会诉诸非法的方式，毫无疑问后者比前者产生坏得多的后果"。② 在此马基雅维利论述了法律规定一项指控权的意义是多么重大，让国家之中有怨恨情绪的民众有权利合法指控和发泄对其他公民的不满。如果没有这种法律的话，人们就会采取非法的途径和形式，采取暴力甚至背叛祖国寻求外国力量的形式来复仇。相比较来说，在韩非的思想当中，这一法律的精神却没有体现，当然韩非的时代与马基雅维利的时代相差 1700 多年，中国的法律精神

① ［意］马基雅维利：《君主论·李维史论》，潘汉典、薛军译，吉林出版集团有限责任公司 2011 年版，第 155 页。

② 同上书，第 168 页。

还没有进化和发展到这个程度。

为什么说法律在马基雅维利的时代不能够起到应有的作用呢？因为马基雅维利认为国家如果处于严重的无序状态，那么几乎不可能通过任何变革来进行整顿，因为再也没有比进行一项改革、比率先采取新制度更困难、更危险、更难以确定成败的事情了，许多人绝不会对涉及国家新秩序、新改革方案的某项法律达成一致，除非产生某种危难的必然性促使他们不得不这样做。但是一般情况下在它实现有秩序之前这个国家就可能提前毁灭了。马基雅维利所在的佛罗伦萨共和国就是这样的例子。这也就是马基雅维利所说的"在公民已经腐化的地方，制定得再好的法律也没有用处，除非这些法律已经有一个人来实施，而这个人可以用暴力来使人遵守它们"。[①] 这就是法律应用的有限性。

1. 法律必须在有秩序、稳定、安全的国度里才能实施；

2. 法律必须以军事为基础；

3. 法律在无序的国度里，除非有某种危难的必然性产生，否则法律难以取得一致。

除此以外，马基雅维利还认识到法律的制定并不能够真正代表国家的利益和全体人民的意志，而是可能是上台统治的阶级制定的有利于他们的利益的法律，在《佛罗伦萨》中马基雅维利写道：

> 我们的法律规章、民事条例等等，并不是，而且从来也不是为一个自由城邦群众的利益而制定的，而是根据当时局域最高统治者地位的帮派的愿望搞的，其结果必然是一派被赶走或派别被消灭之后，另一派又随即兴起。因为一个城邦既然不是按照法律而是按照派别的意图治理，那么，一旦一个派别处于统治一切的

---

① ［意］马基雅维利：《君主论·李维史论》，潘汉典、薛军译，吉林出版集团有限责任公司 2011 年版，第 201 页。

地位而又无人反对时，过不了多久它必然要分裂。①

在《李维史论》第 1 卷第 58 章，他这样强调法律的意义：君主政体已经持续了很长时间，共和政体也已经持续了很长时间，并且这两者都需要受法律的规范。因为一个可以为所欲为的君主是个疯子，一个可以为所欲为的人民是不明智的。② 马基雅维利之后，哈林顿就指出，马基雅维利追求的是"法律的王国"而不是"人的王国"。③ 但是应该注意到，马基雅维利在论述这些法律的同时，都是与罗马的自由联系在一起的，他认为罗马的法律是为了适应一种自由的体制，为了化解民众和权贵之间的不和与冲突而产生的法律。归根结底，这是马基雅利从罗马共和国中继承的思想资源。这也是马基雅维利作为西方政治思想家承上启下的原因所在，也是他被称为近代政治哲学的奠基人之一、众多学者从这里分析出他是自由主义者的原因之一。这个问题和韩非的比较放在后面的章节之中，在此不论。

（三）异同点及原因分析、启示

罗素曾说，法律的终极权力是国家的强制权力。文明社会的特征就在于：直接的人身强制是国家的特权，而法律则是国家对公民行使这项特权时所依据的一套规定。但法律使用惩罚，不仅是为了使不希望发生的行动实际上不会发生，而且是作为一种诱导的手段。④ 为什么在相似的战乱时代韩非提出来以法、术、势为主的国家生存和发展方案，其中韩非特别强调法的重要性，而马基雅维利却认为在他的年代法律已经不能起到应有的作用了呢？既然本篇论文已证明他们的时

---

① ［意］马基雅维利：《佛罗伦萨史》，王永忠译，吉林出版集团有限责任公司 2011 年版，第 167 页。

② ［意］马基雅维利：《君主论·李维史论》，潘汉典、薛军译，吉林出版集团有限责任公司 2011 年版，第 306 页。

③ ［英］哈林顿：《大洋国》，何新译，商务印书馆 1996 年版，第 6—7 页。

④ ［英］伯特兰·罗素：《权力论》，吴友三译，商务印书馆 1991 年版，第 25 页。

代背景有很大的相似性，又认为他们的思想主旨有很大的相似性，但是又为什么他们一个认为法律在当时很重要，另一个却认为法律无法发挥作用呢？对这个问题的解答就涉及韩非所说的"法律"与马基雅维利所说的"法律"之间的异同。

在中国春秋战国之前，"法""律""令"三者之间是有区别的，都是国家治理臣民的政策，法家提出"法治"论之前，"刑不上大夫"是默认的治理原则，直至法家提出法不阿贵，法律面前一律平等的主张，才打破了这种观念。在韩非之前，商鞅在秦朝变法图强，将"法"与"律"连用，合称"法律"。《韩非子》全文中只有一处将"法"和"律"连用，"舍法律而言先王以明古之功者，上任之以国。臣故曰：是原古之功，以古之赏赏今之人也"。① 那么韩非的这个表达是不是意味着他将"法"等同于"法律"了呢？如果等同，那么他的"法律"与西方的"法律"是不是表达同一内涵呢？如果不是，那么在他的语境当中"法"与"法律"有何区别呢？韩非的法治思想当中，本身就包含依据法律来解决军事方面的问题，是用法来奖励耕战，将对军事问题的强调融入了治国的政策之中，耕战的重要性也需要用法来规定和强制。而马基雅维利则仅仅认为法律与军事武力是君主应该运用的两种武器，是一种并行不悖的策略，并且军事武装的优先性要大于法律。仅仅将法律视为一种规范性的既定治理国家的手段，没有认为军事武装力量的形成也需要用法律来保障，这因为在当时的意大利还没有形成常备军制度和普遍服兵役的制度，而在中国的战国时期，这一制度早已成为制度化的常态。这就是韩非在当时条件下重法而马基雅维利更重军事武力的缘故。韩非和马基雅维利都主张以法治国，二人对法律认识的不同之处在于：

第一，法律的来源和内涵不同。韩非的法来源于道和法家人物思想当中的法，他指称的法其实是一套制度、政策、规章的总称，是治理国家的一种方法、途径和具体的措施、原则、理念，并且制定法的主体是君主，组织机构是君主及其群臣，只要是君主和国家发布的任

---

① 《韩非子·饰邪》。

何关于国家治理的具有强制规定性的条文都是法律。这种法具有极强的灵活性，可以依据不同时代条件和各种情况而变化，但是其核心却是依据奖惩赏罚的核心原则来治理国家。而马基雅维利的法仅仅是狭义的概念，是指固定不变的政治制度，如国家权力的分配机制、公民参政议政的机构及其渠道等正式的法律。这样韩非的"法"无论在何时都能用于治国理政，君主任何时候都可以宣称自己是在依法治国，而马基雅维利的法却只能在和平稳定时期治国。所以，韩非着重强调了法律的强制性内涵，过多强调了强权的性质——权力的强制性一面，而忽略了法律的规范性和其他方面的作用。

第二，法律的目的、功能效用也不一样。韩非和马基雅维利都主张依法治国，但是韩非的法主要在于君主用法作为工具治理臣民、国家和防止奸臣、忠臣，君主也要遵守法，只不过没有实质性的约束，并且韩非认为他的法无论在什么情况下都能使用，无论是什么样的君主都能使用。而马基雅维利的法是狭义上的法，专指西方意义上的宪法和司法，是将法律置于最崇高的地位，但是马基雅维利也意识到了这种法律的局限性，他认为当时的意大利或者佛罗伦萨已经无法仅凭法律来治理，而必须诉诸武力。马基雅维利对于法律的寄托没有特别提出利用法律和术相结合来防奸的建议，较少意识到"八奸"——同床、在旁、父兄、养殃、民萌、流行、威强、四方。这是马基雅维利所远远没有意识到的重大问题，尽管这种现象在西方也极其盛行。至于原因最主要在于马基雅维利没有研究过君主制的历史，没有见证过君主国的历史兴衰。

四　国家权力的运用和实践的媒介——术

在本章中，通过考察掌握国家权力的君主对国家权力的运用和实践，对比韩非和马基雅维利关于术的认识和理解。术原本是道路的含义，但他们都在"帝王师"的自我定位上教导君主一套详细的统治术——治国之道，术在这个意义上是君主治国理政的智慧的体现，是明主的体现。君主要想治理好国家，除了拥有以军事武装保障国家和人民的生存和发展、拥有政治权力保障国家的法律政策得以实施之外，还需要提供一套具体的治理国家的途径、方案和策略——统治术，这就是韩非和马基雅维利论述的君主如何治理国家、如何对待臣民、如何处理各种各样的具体而详细的事务具体的包含经验和智慧的统治术，然而具体环境和需要解决的问题不同，他们的理论也呈现出了不同的特点。

（一）韩非论术

韩昭侯拜申不害为相时以术治国，使得韩国国治兵强，各国不敢入侵韩国，申不害去世后，韩国随即衰败屡遭侵犯。韩非批评申不害只知用术，而不知法、术、势兼用。所以韩非对申不害的术进行了系统的反思和总结，提出了关于术的很多精辟观点，展现了术在政治当中的作用，尤其是在国家权力高层中间为争夺权力而演绎的众生相。君主一方面把术当作治理国家的方案之一，另一方面也为君主如何防止权力失守、加强权力巩固提供了绝世的妙法。韩非自己对术有独特的理解。总结他关于术的性质、作用和运用，主要有以下几个方面。

（1）治国八术；① （2）御臣七术；② （3）察奸六术；③ 除此之外，还有用人术、行法术、听言术等具体的统驭管理方法。对此，姚蒸民认为，韩非的术一言以蔽之就是君主任使官僚，并监督责其功效之一切用人行政之方法。④ 此语可谓一语中的，韩非关于术的各种论述，其目的就是想使君主能够督责群臣百官尽其忠、力、智为国为君服务，一方面防备奸臣篡权、谋私，只顾着自己的私利；另一方面督促他们积极作为。而后在《定法》《奸劫弑臣》《难三》等篇章中关于君主

---

① 《韩非子·八经》，八术分别指：因情、主道、起乱、立道、类柄、参言、听法、主威八种治国理政的方略。

② 《韩非子·内储说上七术》，七术分别指：众端参验、必罚明威、信赏尽能、一听责下、疑诏诡使、挟知而问、倒言反事。

③ 《韩非子·内储说下六微》，六微分别指：权借在下、利异外借、托于似类、利害有反、参疑内争、敌国废置。

④ 姚蒸民：《韩非子通论》，台湾东大图书股份有限公司1988年版，第199页。

将术藏于胸，潜御群臣，因任而授官，循名而责实等都是为了这一中心目的。

"术"字是古代"術"的简写和简化，在古代这两个字是有区别的，"术"和"術"的含义相同，但现在"术"表达的含义已经与"術"没有任何相关了。"術"在《说文·行部》的含义是"邑中道也"。① 所以，术本身并不特指权术，更无阴谋权术之意。王船山说：

> 术只为言，路也；路者，道也。《记》曰："审端径术。"径与术则有辨。夹路之私而取便者曰径，其共由而正大者曰术。摧刚为柔，矫直为曲者，径也，非术也。……学也者，所以择术也；术也者，所以行学也。君子正其学于先，乃以慎其术于后……君子之学于道也，未尝以术为讳，审之端之而已矣。②

所以，术并不专指权术，术本身就是一种解决问题的方法、办法、途径和策略的总称。治理国家要解决的问题诸多，所以能不能找到一种很好的治国方案、策略就显得极为重要，而"有术与无术之区别就是蛮干与巧为的区别"。③ 在韩非的思想当中，术有很多层面的功用和形象，为了不同的目的、解决不同的问题而运用术时，就相应地表现出了不同的特征。术实际上可以分为很多类，也可以从不同的角度对术进行总结和分析，阴谋权术仅仅是术的种类和属性之中的一个小类别而已，课能术、任人术、赏罚术、潜御术、察奸术、道术、法术、听言术、自神术、无为术、独断术、智术、诈术、治国术、御敌术、学术、艺术、武术、数术等这些种类繁多的术可以从不同的角度来划分，而不能仅仅从韩非的疑诏诡使、挟知而问这些片面的和时代的局限性而断定他就是主张阴谋权术论者。

---

① 许慎：《说文解字注》，段玉裁注，浙江古籍出版社 1998 年版，第 78 页。

② 王夫之：《宋论》卷三，载《四部备要》，第 16—17 页。

③ 杨玲：《先秦法家思想比较研究——以〈管子〉、〈商君书〉、〈韩非子〉为中心》，博士学位论文，浙江大学，2005 年。

　　韩非对术的运用和表达的含义实际上也就是治国之道，也即治理术、统治术，也即治理国家的方向、原理、政策以及用人、察奸的办法。如前所述，术本身并不含有邪恶、狡诈的内涵，而仅仅是一个具有中性色彩含义的词汇。韩非经常使用的"道术""法术"的含义就是指治理国家要遵循"道"的原理和方向，也就是治国之道。宋洪兵认为，从本质上讲，"术"只是一种政治艺术，不是哪家哪派的专利，并不含有任何贬低的价值判断成分在内，而是从事政治实践必须遵循的规则和原理。① "国者君之车也，势者君之马也，无术以御之，身虽劳犹不免乱；有术以御之，身处佚乐之地，又致帝王之功也"。② 韩非把治理国家比喻为君主有没有办法和策略驾驭马，治国得当有一套办法就是懂得治理国家的术。韩非的术虽然以治理国家为总目标，但是他却主张术的对象主要集中在"群臣百官"身上。所以赖蕴慧认为，法家的术就是管理臣下的技艺。③ 实际上，韩非只是强调术在使用过程中对于官僚集团的主要作用而已，驾驭官僚群臣本身就是治理国家的一部分，因为群臣百官的自利性与国家权力的公利性之间存在着张力。

　　除此之外，韩非赋予"术"的隐秘性以及只让君主藏于胸的特征，让他的理论背上了恶名。术的这种秘密性与道的不可见实际上是相对应的，其目的就在于不让臣下窥测出君主的好恶，从而不让臣下有机可乘，让君主牢牢地享有君位，专心一致地以法治天下。术也是对付奸臣重臣的有效手段，是对以往臣子夺位历史事实的经验总结。臣下怎么侵犯君主呢？韩非认为，"夫人臣之侵其主也，如地形焉，即渐以往，使人主失端，东西易面而不自知"。④ 在韩非的思想当中，术是构成君主掌握权力、形成君主人为之势以及驾驭群臣的能力，同时也是保障君主君位以及有效应对国外势力的重要能力。虽然韩非明

---

①　宋洪兵：《韩非子思想再研究》，中国人民大学出版社 2010 年版，第 163 页。

②　《韩非子·外储说右下》。

③　[新加坡] 赖蕴慧：《剑桥中国哲学导论》，世界图书出版公司 2013 年版，第186 页。

④　《韩非子·有度》。

确说过术是一种最重要的驾驭群臣的工具，但是后世的学者过多地将韩非的术理解为"阴险狡诈""坑害人臣"的工具，将术更多地视为一种贬义的词，这忽略了当时的一个重要问题，在当时奸臣、重臣弑君的残酷事实和普遍现象。春秋战国时代开启了智识阶层的普遍理性，统治集团内部的每一个有权有势的人物甚至是没权没势的人物都想争夺君位，天下普遍失序，没有了统一的权威，国家、君位变成了任何一个人都可以争夺的对象，所以才出现了韩非所记录的赵武灵王、齐桓公的惨烈事实，"威寡者则下侵上"，正是在这种"君位无定分"的情况之下韩非才主张君主以术御臣，因为群臣也变得极其有理性和智慧，仅凭法律难以将他们的野心、欲望束缚，他们一开始也都是儒家眼中的贤人甚至是圣人，对君主表现出了他们的超乎异常的忠心，但是这种君主眼中的至善至忠的臣子往往演变为大奸大恶之臣，这是儒家所没有预料到的，但是韩非却充分意识到了这种善恶之间的演变以及人性的不确定性，所以对于群臣的治理，除依靠法律之外还必须依靠权术才能保障他们为国服务、为君主服务和为人民服务。在当时的中国，虽然君主并不一定代表人民的利益，但是除了君主也找不到更好的人能代表人民的利益。君主政体不是最好的政体，但是君主政体是当时所能发现的弊端最少的政体，君主也是当时所能发现的最能代表人民利益的人。

目前学界过多注重韩非对阴谋权术的理解和主张，而忽略了韩非将法、术、势作为一个整体治国的大义。为什么韩非特别强调术在政治中的作用呢？为什么韩非特别强调君主要独操术之大权而防御臣下呢？这种观点的产生还必须追溯到他那个时代的政治情势。中国的春秋战国时期国家的数量由多变少，在黄帝时代国家的数量还称为"万国"："置左右大监，监于万国。"① 中国第一个国家夏朝是一个部落联盟形式的国家，到周朝周武王东伐时，尚有八百个左右诸侯国，"周武王之东伐，至盟津，诸侯判殷会周者八百。"② 在春秋之时，弑君、

---

① 《史记·五帝本纪》。
② 《史记·殷本纪》。

亡国的不计其数，诸侯奔走保社稷者不计其数。韩非从这些历史事实当中看到了臣下对君主的迫害；另外韩非在韩国生活的时候韩国的山阳君和阳城君两大臣子当政主朝，韩非认为君主如果不能有效约束、治理臣子的话那么就会被臣子夺权谋害，他列举了群臣成奸的"八术"——八种渠道、方法。为了说明这一点，他举了赵武灵王和齐桓公被臣下谋害的例子，这些残酷的现实事实告诫韩非在政治领域当中，对于君主而言，即便是听命于君主的大臣也不可对其放松警惕，即便是被人民称为贤臣、忠臣的人也会有野心，也会"变质"，更会笼络人心，养士养侠集财进而自己想成为国君。所以作为君主必须防止作为臣子的野心。"人主之左右，行非伯夷也，求索不得，货赂不至，则精辩之功息，而毁诬之言起矣。治辩之功制于近习，精洁之行决于毁誉，则修智之吏废，则人主之明塞矣。不以功伐决智行，不以叁伍审罪过，而听左右近习之言，则无能之士在廷，而愚污之吏处官矣"。①

在这里韩非实际上揭示了政治学原理上的一个重要问题：如何确保官僚体系当中的下级官员如实地向上级官员汇报的问题，确保政治体系反馈的正确性，而不出现瞒报、虚报、假报的问题，尤其对于当时残酷的国际竞争和日益扩大疆域的君主来说更为重要。君主要统筹国际国内两个大局，内政不稳国不足以自强，所以韩非对此重大的内政问题的解决方法是通过法律规定臣子的职责范围，但是法律也有不足和漏洞，也不足以制止有智慧、有智术的大臣。韩非在《内储说下》中举例说明了臣下也用术想牟取自己的利益，但是韩昭侯也懂得用术，这样就把这件事情搞清楚了，否则遇到一些不明智的君主，臣子之术就会得逞。在韩非眼里，君主和大臣、贵族、学者、人民之间存在着不同的利益，尤其是君主和大臣之间存在着很难调和的矛盾，"富贵者，人臣之大利""霸王者，人主之大利也"。② 君主如果表现出自己的喜好，那么群臣将自雕琢，自表异，就会出现乐羊食子的现象。

---

① 《韩非子·孤愤》。
② 《韩非子·六反》。

　　实际上术的产生就是人们理性、自利的必然产物，术在本质上就是人们运用自己的思想、智慧解决问题的办法或谋取自己想得到的事物、满足自己的心愿的办法、方法。在某种程度上也是一个人能力的体现，智慧的体现。术是在人的头脑或者心中产生解决问题的办法，在没有告诉外人的情况下在本质上都是机密的。术本身并不涉及善恶好坏的价值问题。正因为术的这种中立特性，君主可以用，任何一个人都可以用，韩非已经注意到了"释公行，行私术，比周以相为也"。① 不仅君主用术，而且群臣百官都在运用术，韩非将他们的术称为"私术"。当臣下用术准备牟取自己的私利或者损人利己的时候，君主就必须加以防范，此时术就是对法律的补充，以前法家的前辈申不害的术曾发挥了这样的作用，韩非继承并发扬了申不害的这一法宝。大部分学者普遍认为，韩非的术具有三个特性，即非成文性、机密性和独占性。但实际上，术在当时并不是君主所独占，更不是只有君主才懂得，而韩非仅仅是希望术为君主所独占、独操，因为这样才能够有效制约下级对上级的欺骗，才能有效检验下级是否对上级讲了真话、办了实事、是否忠于上级以及是否仅为自己牟私利。让君主独占术的运用，取消群臣百官用术的合理性和正当性，只有这样才能避免群臣百官为自己牟私利。另外，术也是在"尽之以法，质之以备"② 的总原则的前提下运用的，术仅仅是法的补充。因为君主禁奸，必须审核刑名——言与事，是在审核言与事的过程中使用术。

　　而现在的学者大都站在当今时代的前沿，站在民主、法治、平等、自由、权利的话语体系之内，对韩非以及中国代表的政治体制进行批判，所以将矛头指向了韩非论述的君主独自掌握的隐秘的术。殊不知韩非的时代还是国和民朝不保夕的年代，国家和民众都尚处于生存的边缘，生存和屹立于国家之林是当时政治的首要工作，"万民不失命于寇戎"是当时最大的政治任务，而自由、民主、正义、平等则基本上等同于空头口号，也正因为如此，儒家、道家、墨家以及其他诸子

---

① 《韩非子·有度》。
② 《韩非子·爱臣》。

的思想根本无法适应时代的要求，无法帮助国家得以自存和发展。当然这不是说韩非术论没有缺陷，而仅是指明韩非的术论的原意和初衷是好的，受当时时代条件的限制，他无法找到更好的制约群臣百官的办法，所以才出此"术"策以保君安国。

"今人君之左右，出则为势重而收利于民，入则比周而蔽恶于君。内间主之情以告外，外内为重，诸臣百吏以为富。吏不诛则乱法，诛之则君不安。据而有之，此亦国之社鼠也"。① 如今术的运用已扩展到国与国之间，组织与组织之间，个人与个人之间以及任何的矛盾斗争之中，成为一种普遍存在的事物。无论是统国之术意义上的正面作用，还是作为利益相关者之间的博弈之术，术在政治领域中已成为一种常态，且已成为人类世界不可或缺的一部分，是人类自身理性进化的必然产物。

（二）马基雅维利论术

马基雅维利的《君主论》与《李维史论》之所以被列为禁书，无疑与其公开君主秘密的统治术有极大联系，所以卢梭才会认为他是在给人民讲课，告诉人民君主或国家在本质上是如何统治自己的，而不是如他们表面上所公开宣布的一样娓娓动听。马基雅维利没有运用"权术""统治术"这个词，目前学界对术的理解有些混乱，有的学者将马基雅维利的有关"术"的思想称为中性色彩意义上的"统治术——治国之道"，而有的学者用带有贬义色彩的行文将其称为"权术"的同时而加以犀利的批判。马基雅维利自己认为他长期以来一直都是在研究国家技艺、国家的兴衰之道、统治之道的问题，这实际上就是统治之道的问题。但是纵观马基雅维利提出的君主治国之道以及对有关统治之道的理解，可以得出：第一，马基雅维利主要是在外交层面上展开君主应该如何应对的具体解决问题的技巧和策略，是防止自己被别人欺骗，在国际危机和国内危机之中恰当合理地应对危机的办法，是从国与国的斗争和历史、现实实践当中总结出来的"统治

---

① 《韩非子·外储说右上》。

术"和"治国术",也即所谓的统治艺术。第二,马基雅维利的术论目的是维护国家的生存、稳定和发展,而不是为了个人获得权力或者私利,这是马基雅维利不言而喻的重要前提。而就统治术而言,公开与隐秘也无法完全界限分明,只不过在当前的民主化、法治化浪潮以及政治文明高度发达的情况之下,统治术越来越趋于公开、透明,而这对统治者来说是迫不得已的事情而不是一厢情愿的,因为越是隐秘行事越有利于他们达到目的。

马基雅维利所认为的"术"就是一种解决问题的方法、技巧、途径和策略等。他的目的也是想借用权力的"强制力"和术的"智慧力"来解决现实中的问题,也就是他所说的"暴力"与"欺诈"相结合,也即他著名的狮狐之喻。他在《君主论》的第18章开宗明义地指出:"那些曾经建立丰功伟绩的君主们却不重视守信,而是懂得怎样运用诡计,使人们晕头转向,并且终于把那些一本信义的人们征服了"。① 这里就存在着术与诡计、欺诈之间的关系问题,如果术仅仅指诡计和欺诈的话,那么术的意义和内涵就完全是消极意义的,但是马基雅维利在论述"强力""智力"或者是诡计欺诈的运用时,首先是为了一个良好的目的,如果其目的本身就是邪恶的,那么运用这种强力和智力的人则难以被视为一个"荣耀"的人。因为在创立丰功伟业的过程之中,有很多必然性因素的驱使,有很多使人不择手段的情况,而为了大多数人民的利益,为了在与别国的争斗过程中胜出,诡计意味着一种聪明的智慧选择,同时这种诡计大多数用于与别国战争的斗争当中。所以,权术在马基雅维利的语境里意味着在用权力作为竞技的政治实践中,要处理好国家的外交和内政的政策,必须围绕着如何才能使国家获得安全和利益动脑筋、想办法,用"术"来解决权力竞技场上和国家面临的内政外交中的各种问题。

既然"术"是解决问题的一种方法和途径,所以马基雅维利才会给君主出谋划策想办法解决当时佛罗伦萨、意大利以及具有普遍意义

---

① ［意］马基雅维利:《君主论·李维史论》,潘汉典、薛军译,吉林出版集团有限责任公司2011年版,第68页。

政治思想史的各种问题。然而有些问题的解决不能完全公开式，比如一些关乎国家命运和安危的军事行动就必须要保密，否则就无法取得成功。所以，悄悄地行动并解决问题，或者说背信弃义、言而无信等马基雅维利在《君主论》中所论述的 11 对品德行为是当时现实政治的写照，然而在背地里、暗地里偷偷行动而不是光明正大地行动以及做出不符合常人所理解的正义、正直之事都被人称为阴谋权术。马基雅维利对"术"的相关论述都是在关于解决国际冲突、国与国的军事战争、君主与君主的对弈等政治层面来认识和运用的，而没有涉及伦理领域，更没主张在社会等领域里运用权术。"许多和约和许多诺言由于君主们没有信义而作废和无效；而深知怎样做狐狸的人却获得最大的成功。但是君主必须深知怎样掩饰这种兽性，并且必须做一个伟大的伪装者和假好人。人们是那样地单纯，并且那样地受着当前的需要所支配，因此要进行欺骗的人总可以找到某些上当受骗的人们"。①君主所要打交道和处理的问题都是与权力和各种各样的利益相关的人与事，而这些人为争夺各自的利益，尤其在国际公约、国际法还没形成之前，在国际上争夺各国利益的事务当中，遵循的原则仍然是到近代才形成的外交名言：没有永远的敌人，没有永远的朋友，只有永远的利益。所以，为争夺各国的利益，各个国家都会绞尽脑汁想办法出谋划策谋取自己国家利益的最大化，其他国家的所谓道德标准、伦理规范和正义善良的概念一方面在他们眼里是不适用的；另一方面就算他们也在情感和道义上认可，但是在利益的巨大诱惑面前或者为解决本国自己的更为重大的矛盾和危机，他们毅然决然地会选择牺牲别国而成就自己。正因为不同国家的价值观不同，所以在《李维史论》当中，马基雅维利指出了不同国家的民族性特征，并认为："日耳曼人和法兰西人充满贪婪、傲慢、凶残且毫无信义，因为这四种习性在不

---

① ［意］马基雅维利：《君主论·李维史论》，潘汉典、薛军译，吉林出版集团有限责任公司 2011 年版，第 69 页。

同时期曾大大地伤害过我们这个城市（佛罗伦萨）"。① 当你对别人、别国信守诺言之时，而他们却并不是守信不渝的，并且任何一个人或者一位君主总是不乏正当的理由为其背信弃义的行为而涂脂抹粉地粉饰。马基雅维利出使外交多年，对于这方面的体验刻骨铭心，外交当中更没有所谓一成不变的道德和正义所言，本国的道德和正义在别国看来一文不值，维护本国的安全、生存和发展依靠的并不是道德和正义上的理论辩护和口号，而是本国切实可见的强力和处理、应对危机的能力，这种能力就是马基雅维利所言的"术"。这种能力就是国外学者使用的"art of power"或"art of state"的含义。

面对外族的入侵和背信弃义，马基雅维利提出了用术的必要性。在意大利内部，罗马教廷本身不是足够强大以至于成为独揽意大利的大权使自己成为统治者，但是罗马教廷却运用自己的"智术"阻止其他人统治意大利，"正是这样才使意大利不仅成为外邦列强的猎物，也使意大利成为任何一个侵袭者的猎物"。② 除了罗马教廷之外，其他各个小国、公国也只顾着自己国家的利益，经常和法国、西班牙、瑞士等国结成联盟或者雇用他们的军队保护自己，而无视意大利的整体利益。这样的格局迫使马基雅维利意识到意大利内部的事务也需要一位君主用强有力的"手腕"和"智术"来统一。在具体的国家治理方面，马基雅维利其实也主张用术。他劝告君主在表面上要成为拥有五种品质（慈悲为怀、笃守信义、诚实可靠、讲究人道、虔敬信神）的人，千万不要从自己口中说出有违这五种品质的话语，因为人们进行判断一般依靠眼睛更甚于依靠双手，注重结果更甚于过程，群氓总是被外表和事物的结果所吸引，而这个世界里尽是群氓。③ 这都可以视为统治术。马基雅维利鉴于对人性的认识，认为在具体的统治和治理过程中有必要进行"表里不一"的策略。

---

① ［意］马基雅维利：《君主论·李维史论》，潘汉典、薛军译，吉林出版集团有限责任公司 2011 年版，第 577 页。

② 同上书，第 187 页。

③ 同上书，第 70 页。

（三） 异同点及原因分析、启示

"一切组织（特别是国家）的统治问题是双重的。从统治机关的观点来看，问题在于如何取得统治者的默认；从被统治者的观点来看，问题则在于如何使统治机关不但关心它自己的利益而且也关心在其权力支配下的人们的利益。假如这两个问题中有一个完全解决了，其余的一个也就不会发生；假如两个问题都不得解决，那就要发生革命。不过通常总是达成一种折中的解决"。[①] 韩非和马基雅维利的共同点就在于都将术等同于治国之道或统治术，都从这个角度来阐述了君主如何治国理政的问题和解决君主及统治集团自身的问题以及统治之中的国际问题和国内的臣民问题。

韩非从术引申到权术，意指在权力领域中如何运用权力的方法、途径和道路，后来韩非赋予权术道的特性——隐秘不可见，藏于胸中——才导致了后世学者对韩非权术理论的批评。实际上正如上述所论证的，权术一方面是政治领域乃至人类一切涉及权力的活动领域中不可另一方面又不可避免地产生一些消极意义的后果，但是其在政治权力中的作用却是不言而喻的，其目的都是更好地治理国家而不是其他。马基雅维利没有对权术理论展开详细的论述，但是从他所用的关于"术"的词汇来看，他也把术当作一种解决问题的策略和办法。马基雅维利虽然并未明确提出权术的问题，而实际上所有针对君主提出的建议也就是权术的问题，因为君主运用的理所当然就是国家的权力，只不过马基雅维利并没有将其放在君臣的关系之中来论述，而是放在了国与国之间论述，因为佛罗伦萨政治体制模式并不是单一的君臣之间的统治模式，而是大议会作为最高权力核心的共和制模式，所以在这种体制之下，权术的弊端即臣下运用阴谋权术来牟取个人私利的情况较少见，臣下阴谋篡权的实例也较少，所以马基雅维利并没有深刻地讨论这些问题。

---

① ［英］伯特兰·罗素：《权力论》，吴友三译，商务印书馆1991年版，第135页。

　　韩非提出的弱国无外交、联盟不可靠、实力是一切、严防私建交等这些政治智慧和马基雅维利的体验是一样的，这些都是他们的经验观察和自己的明见。韩非和马基雅维利对军事、权力、权术、法律等的分析，前提都是将这些作为手段且预设了使用这些手段的人是为了公共目的，预设的君主都是为了国家统一和全体国民的利益和幸福，因为君主的最高荣誉和利益就在于能够统一国家、治理国家以保障国家的长治久安，君主和国家的根本利益是紧密结合在一起的，君主也不愿意看到自己所统治的国家分崩离析，不治而亡。在韩非和马基雅维利的时代，国家的兴衰还主要在于精英人物的智慧，这种智慧既包括知道如何使用强力，也包括知道如何使用恰当的手段达到这种目的。这种精英人物的主要代表就是君主，所以君主在他们的时代是与国家的兴衰联系最紧密的人物，可以说君主的个人智慧决定了国家的兴衰，民众的智慧还没有得到启用，还没有登上政治的舞台。资产阶级的平等、博爱、自由的思想和口号尚未兴起，资产阶级面临的主要任务还是联合君主以夺取国家的统治权，进而打破贸易壁垒，保障他们的私人财产和个人自由。

第五章

国家权力运用的道德审视

国家权力产生的初衷和目的就在于为公益、公利负责，君主掌握国家权力也必须以这个目的为依归，然而在现实环境之中，国家权力本身可能成为追逐的目标，或者利用国家权力而追求公共利益的过程中的手段、途径可能与伦理道德不相符合。"目的证明手段的正确性"这一结论学者们经常用在韩非和马基雅维利身上。加之如前文已述，正是因为他们所著内容的真实性导致了后世学者对他们著作的垢名，二人都被诸多学者称为"非道德主义者"，韩非被称为"刻薄而少恩"，马基雅维利则有"邪恶的导师""堕落的天使"等称号，原因就在于他们的著作和思想当中提出的理论与通常的伦理道德不一致，他们都在各自所处的具体时代当中，将伦理道德问题放在了具体的政治情势之下考察，得出了与当时诸多学者不同的结论，也导致了后世对他们的理论，甚至是个人本身的厌恶。

一 韩非的政治道德观

对于韩非的道德观，学界产生了诸多争论。其中宋洪兵认为，"道"作为政治领域的终极依据和价值基础，韩非对"仁、义、礼"三字的解释和分析与孔子、儒家的认识并无二致。但是陈奇猷认为，韩非对仁、义、礼之解，是从法治出发，与儒者之说迥异。① 实际上，

---

① 陈奇猷：《韩非子新校注》，上海古籍出版社 2000 年版，第 378 页。

韩非是将道德放在国家政治领域当中来认识,借用"道"和"理"的内涵和思想重新阐释道德的观念,其目的不在于阐述道德体系当中的仁、义、礼等道德观念本身。当然,他的道德理论与儒家的道德理论有着本质区别,但也不能否定他们之间的联系和夸大他们之间的差别。

(一)援"道"入"德",以"政"体"德"

韩非是在阐述政治与道德的关系时表达了自己的"道德观",以道家的基本概念、思维和理想为架构,使他的道德思想呈现出道家的色彩。现代汉语当语境中,"道"与"德"连用且没有任何区分。但在《韩非子》当中,"道"与"德"经常分开使用,"道者"出现16次,"德者"出现7次,"道"字出现354次,而"德"字出现118次,而"道德"连用却只有2次,且有待质疑。韩非将自己的思想基础奠基于道家哲学之上,将个人道德放在以国家、君主为中心的政治实践当中考察,所以在论述"德"时赋予了"道"的色彩和内涵,也即援"道"入"德"。在《扬权》《解老》篇中他对道与德的内涵进行了详细的解释,并论述了他理解的政治与仁智、道德、正义等的关系。

> 夫道者,弘大而无形;德者,覆理而普至。(《扬权》)
> 德者,内也;得者,外也。(《解老》)
> 德者,道之功。(《解老》)
> 失道而后失德,失德而后失仁,失仁而后失义,失义而后失礼。(《解老》)
> 身以积精为德,家以资财为德,乡国天下皆以民为德。修之邦,其德乃丰。修之天下,其德乃普。(《解老》)
> 积德而后神静,重积德,则无不克。(《解老》)
> 民蕃息而蓄积盛之谓有德。上盛蓄积而鬼神不乱其精神,则德尽在于民矣。(《解老》)

从《解老》篇中可以得知,韩非援"道"入德,通过"道""理""阴阳"等道家哲学的概念和范畴来阐述了"德"的内涵,这个"德"不再仅仅是伦理关系中的个人之私德,而是通过"理"这个中介将德的内涵普及天下。其中"'德'成为'道'的具体凝聚和体现",并且"德"对于不同的对象就有不同的内涵,对于个人来说,个人的德就在于集聚自己的精神修养;对于家庭来讲,家庭之德就在于积攒钱财;对于乡、国、天下来讲,要以人民安居乐业为德。① 此外,"德"也得体现"道"的虚静无为的特色——以无为、无欲、无思和无用为特征,只有这样才能"身全",才能理解"上德无德,是为有德"的真谛。因为"德"的获得是"道"的功劳,只有体道、守道才能拥有德行。"德"已变成外界能够"得到"的外界事物,已在道家形而上的"德"基础之上加上了形而下的"得"。无论如何,作为统治者的"上德",必须恩泽于人民,让人民"蕃息而蓄积盛"才是有德的象征,而且还不能让鬼神扰乱民众的精神。这就是韩非要求统治者德普天下的两个条件,也是在政治当中体现道德的关键。

所以他并不是政治无道德或者非道德主义者,在借鉴了道家、儒家、名家、法家等思想观念后,以道家思想为本体论,以无为、自然、道等道家的观念出发,力图构建出君主无为而治的理想政治蓝图,然而君主又并不能是真正的什么都不做的无为,而是通过建立一套切实可行的政治运行体制管理群臣百官而间接地统治人民和国家,君主只需要"寄治乱于法术,托是非于赏罚,属轻重于权衡;不逆天理,不伤情性;不吹毛而求小疵,不洗垢而察难知;不引绳之外,不推绳之内;不急法之外,不缓法之内;守成理,因自然"② 便可达到治安之世,而不必事必躬亲,这才是他所理解的"无为"。所以他反对的是儒家的德治、任贤的治国方案,而不是反对仁义道德本身,他给予了不同内涵的仁义道德观,他用了道家的概念和内涵解释了政治与道德、天下、个人之间的关系,并且提出了不同地位、职责的人所具有的道德品行是不同的,作为臣子的最大道德就是尽忠,但是他反对所谓的小忠、小恩、小惠以及虚辞的仁义等道德,而作为君主最大的道德就是让天下

---

① 许建良:《先秦法家的道德世界》,人民出版社 2012 年版,第 293 页。

② 《韩非子·大体》。

的人民得到恩惠，普施其泽，而这却是通过君主对道的参悟才能实现的。韩非也将这种"德"赋予在了他所谓的"中主"身上，中主并不是不需要品德和修养，而是要具备类似这种道家的品德和修养。

（二）政治凌驾于道德之上，国家权力对个人道德的支配

韩非的理想不在于论述个人修养身心的道德规范，而在于如何使道德为国家服务，如何将个人之道德转变为国家之安全、利益，正因为此，后世学者批判韩非"刻薄而少恩"和"非道德主义"，认为他是只见国家不见个人，实质上，这都是源于他过多强调道德的政治性目的，将道德政治化和极端化才导致的骂名。尽管他的初衷和目的并不是如此，但是他提出的刑德二柄、[1] 诛杀"势"所无法"化"的人[2]以及将"五蠹"排除在政治之外的主张等[3]都显示出了他对政治凌驾于道德之上，国家权力对个人道德的支配。

法家的子产铸刑鼎之时，孔子曾激烈地反对，认为以法治国家是对伦理道德秩序的反对。而到战国后期，随着民众数量的急剧增多以及国际、国内权力争夺的残酷，法家诸子意识到只能依靠客观而看得见的法律才能制止国家的混乱局面，并且想通过严刑峻法来达到他们的目的。为此法家诸子提出了详细的理论论证。[4] 其中，韩非作为法家理论的集大成者，对法家以前诸子的理论进行了系统的总结和提炼，认为为了使民达到无争的目的，国家达到富国强兵的目的，而不惜用重法来统治臣民，而将儒家提出的仁、义、礼、智等治国方案否定。儒、墨两家想从根本上解决现实问题的根源，从人的内心和思想本身出发彻底解决，但欲速则不达，越想终极解决却越是不现实。孔子、孟子提出的想以人人为君子、君君行仁政、处处有礼仪来解决国家混

---

① 《韩非子·二柄》。

② 《韩非子·外储说右上》。

③ 《韩非子·五蠹》。

④ 具体可参见美国学者莫迪和莫里斯合著的《中华帝国的法律》，江苏人民出版社 2003 年版，第 14—15 页。

乱不堪的局面，孟子实际上比孔子更迂腐，更脱离实际，所立的理想和精神更远、更高。儒、墨的思想本质相同，以最超越人类现实的方法、思想来拯救人类。墨家想人人有兼爱、永久无战争，儒家则想人人为君子、君君为圣贤。儒墨两派从残酷和极端的现实出发探寻解决现实问题的根源所在，但理论上找到的终极解决方案不代表在现实中可以落实和贯彻，在理论上找到固然是一大进步，但政治问题不是纯思想性的问题，政治问题的解决涉及解决问题当时所面对的各种条件、环境、各利益主体的博弈。对于儒家思想当时不能解决现实问题的认识，美国研究韩非和马基雅维利政治思想比较的帕多博士这样认为：

　　　　儒家的道德修养在真实的环境下（尤其是在战乱和危机时代）难以达到，毕竟自我修炼是一个长期的过程，且并没有一条明晰的道路去指导人们完成，更不能确保最后能够肯定达到。孔子"吾十有五而志于学，三十而立，四十而不惑……"本身就说明自我修养是一个极其艰难且漫长的过程，对于一个人可以这样，但对于一个国家不可这样，对于一个国家的领导人更不可这样。韩非没有根据学术界的方式来限定对德的追求，但这不意味着他对"德"没有发展，显然这里有一个重要的区别：从追求"德"的内在方法向追求"德"的外在方法的焦点的转变，这是韩非的贡献。[1]

　　在韩非之前，儒家提出的治国方案以仁、义、礼、智为核心，让统治者实行这些理念来治国，人民的道德行为将自化。人们的行为、思想不合乎道德，是因为自己的修养不够，自己不是君子，而绝不会考虑是不是与外在环境有关。"一箪食，一瓢饮，在陋巷，人不堪其忧，回也不改其乐。贤哉回也！"[2] 而韩非则提出从外部考虑和解决国家失序的问题，认为造成争斗和不道德的结果并不能完全归咎于人们

---

　　① Alejandro Bárcenas Pardo, *The Political Philosophy of Han Fei and Niccolò Machiavelli: A Historicist Reinterpretation*, The Doctor of Dissertation in Hawaii University, 2010.
　　②《论语·雍也》。

自身的道德素养，外部环境与人的思想、行为之间是互动的关系，而不能是绝对的唯心主义者。"古者丈夫不耕，草木之实足食也；妇人不织，禽兽之皮足衣也。不事力而养足，人民少而财有余，故民不争。是以厚赏不行，重罚不用，而民自治。今人有五子不为多，子又有五子，大父未死而有二十五孙。是以人民众而货财寡，事力劳而供养薄，故民争，虽倍赏累罚而不免于乱"。① 外在维系人们生存和发展的各种资源以及所面临的客观环境等要素都能够影响人们的精神、思想和道德状况，并且与治理国家的方案选择有着紧密联系，"物质影响意识"以及"法与时转则治，法与世宜则有功"。② 韩非的这种唯物主义意识比儒家的理想主义和多少有些唯心主义的思想意识有很大的进步，因为这表明韩非已经开始觉察到人类历史活动的本质和规律。这也是法家先驱管子"仓廪实知礼节，衣食足知荣辱"思想的进一步发挥。

时代已变迁，治国方案也应该随之与时俱进而不能固守谁也说不清楚的先王之治理论，"文王行仁义而王天下，而偃王行仁义而丧其国"③，何也？韩非认为仅凭仁义并不能确保有效地治理国家，仅凭厚重的德行也无法让国家免于战乱之苦，就算是舜这样的明君也需要"行武"来解决与"共工"之间的矛盾。所以在务力的时代背景之下，"去偃王之仁，息子贡之智，循徐、鲁之力使敌万乘，则齐、荆之欲不得行于二国矣"。④ 这样的观点韩非多处都有所谈及，力图证明世异则事异，事异则备变，仁、义、礼、智治国的治国之道已时过境迁，现在必须依靠"法"来治国。务力的时代与依法治国是相匹配的，务德的时代已然过去，随之以慈惠、仁义、礼智为主导的治国方案也应该与时而退去。在提出应该用法、威势、强力、术和势治国方案有一定进步性的同时，韩非却又陷入了另一个极端化，企图将道德问题用政治的手段和法律的意志来控制和解决。

---

① 《韩非子·五蠹》。

② 《韩非子·心度》。

③ 《韩非子·五蠹》。

④ 同上书。

"吾以是明仁义爱惠之不足用，而严刑重罚之可以治国也"。① 由此可知韩非希望用严刑重罚来治国，但其目的和法家先贤一样都是想通过重刑和严刑而达到"无刑和民无争、民静"的良好目的，然而手段的过于残酷和严苛为他的思想和本人扣上了一身的骂名，并且为了达到治理臣民的目的甚至不惜采用极端的手段而主张将"赏不足以劝，刑不足以禁"的人予以杀害。把一些实际上是道德的问题上升到国家安危和君主安危的层面，把个人的正常情感与道德问题从治理国家的问题上来理解，最有名的例子莫过于将臣子为君主盖毯的事情视为僭越职权而处以刑法，为了君主的安危而不惜一切代价，其道德观过于政治化和极端化。同时，韩非还惧怕臣下具有过多的"德"性争取民心而篡位，所以韩非一方面反对以德来治国，认为这种办法无论对国、对社会和家庭都没有好处；另一方面也流露出对用德、仁义之类的办法获得民众的拥护，他人利用德来与君主争夺民众的警惕。②

但要注意区别韩非本人的道德与他思想当中呈现出的道德的区别。韩非自己的道德本身是高尚的，其最大、最突出的道德就是爱国主义。其表现有两个层面：一是为国家改革创新的变法精神，知难而上、临危不惧及与"国狗和社鼠"抗衡搏斗的精神；二是视死如归的大无畏、大义凛然的牺牲精神。韩非和当时的隐者棠溪公的对话完全可以体现他的这种高尚精神。但是他的理论所倡导的道德观遭到了诸多学者的质疑，韩非为什么没有离开韩国而去其他国家实现自己的救世理想？这是他的廉、忠、仁、义、智等思想和信念所决定的，③ 他所理

---

① 《韩非子·奸劫弑臣》。

② 施觉怀：《韩非评传》，南京大学出版社 2002 年版，第 380 页。

③ 韩非在《有度》中曰："今夫轻爵禄，易去亡，以择其主，臣不谓廉。诈说逆法，倍主强谏，臣不谓忠。行惠施利，收下为名，臣不谓仁。离俗隐居，而以诈非上，臣不谓义。外使诸侯，内耗其国，伺其危险之陂，以恐其主曰'交非我不亲，怨非我不解'，而主乃信之，以国听之。卑主之名以显其身，毁国之厚以利其家，臣不谓智。此数物者，险世之说也，而先王之法所简也。先王之法曰：臣毋或作威，毋或作利，从王之指；无或作恶，从王之路。"可见他的仁、义、智、廉思想与儒家等诸子不同。

解的这些道德观念显然与其他诸子百家不同，证明了他自己并不想离开自己的国家去卖智求荣，所以他屡次上书韩王，屡次不得觐见以及实现自己的性命和抱负，但是仍然坚持自己的思想、信念和操守，宁可孤愤、悲壮地默默著述，也不愿失去自己的道德操守。同样韩非也表明了当国家需要他时，他会义不容辞、赴汤蹈火地以自己的性命换取国家的安危。

二　马基雅维利的政治道德观

马基雅维利所反对的一些道德是针对与当时的环境和残酷现实不相适应和不合时势的品质，一些人文主义者所倡导的德性和德行并未帮助君主在现实实践的政治之中维护国家和人民的安全、生存和发展。基督教所强加的思想束缚和它自己本身的腐败又形成鲜明对比，故马基雅维利对基督教某些教义对时代的影响以及教会的恶行有着痛彻心扉的批判，但马基雅维利肯定了宗教的作用，也不主张将基督教废除和取缔人们对宗教的信仰。他仅仅反对不适用于君主在现实发展中的道德，同时反对教会穷奢极欲，阻碍意大利的统一，正是这样让一些学者产生了马基雅维利到底是一个传统道德主义者还是一个反基督教主义者的争论。

卡普兰认为，李维的罗马史各卷提供了爱国美德和极端牺牲精神的典型形象。[1] 而这一点是马基雅维利所继承的。马基雅维利之前的思想家，根据斯金纳的论述，拉蒂尼、但丁都认为拥有德性才是高贵的象征，而不是拥有财产、身份和地位成就高贵。这样论证的目的在于消除原先贵族的特权，将他们与普通民众放在同等的地位上。同时他们都是首先探讨什么是高贵的品质，进而指出君主作为一个国家的王也应该具备这样高贵的品质，但是这种德性观尽管比之前的认识有一定的进步性，但是仍然无法让人在现实实践中感到德性的价值和意义所在。因为德性还不能表现出它的力量，而马基雅维利眼光敏锐而

---

① ［美］卡普兰：《武士政治》，丁力译，山西人民出版社 2014 年版，第 5 页。

独到，注意到了理论与实践的脱节，看到了尽管人们在理论上赋予一些人众多的优秀德性，但是在佛罗伦萨的治理和意大利的统一政治事务当中，这些所谓的德性并没有形成德行。所以，在《君主论》中的一章马基雅维利专门回应了当时一些人文主义和一些政治外行关于君主品德的论述和观点。但是并没有完全否定传统道德的价值，所以他说："如果可能的话，他还是不要背离善良之道；但是如果必需的话，他就要懂得怎样走上为非作恶之途。"① 在此马基雅维利已明确指出了只有在迫不得已的情况之下才背离善良之道，并且他深深地知道人类对于善良、正义的追捧，如果将为非作歹作为常用手段的话，那么肯定会受到善良与正义的谴责而不能赢得人们的光荣赞誉。

自马基雅维利的著作《君主论》和《李维史论》问世以来，马基雅维利就被冠以各种各样的"名号"，② 其中他所宣扬的"道德（virtù）"观以及政治与道德之间的关系后世学者争论不休，原因之一就是在他的著作中"virtù"的含义非常复杂，同时又是理解他道德观的核心，而人们往往对此有不同的理解。所以怀特菲尔德认为"没有哪一个词比'virtù'能使人更为之兴奋或为之愤怒了"。③ 近些年来有诸多学者④专门对这一核心概念进行了辨析，这个词具有极其丰富的含义，可指勇敢、德行、美德、品质、坚忍、才智等。根据目前国内外学界对马基雅维利政治与道德关系或者说是他的政治道德观的论述，可以

① ［意］马基雅维利：《君主论·李维史论》，潘汉典、薛军译，吉林出版集团有限责任公司 2011 年版，第 70 页。

② John H. Geerken, Machiavelli Studies since 1969, *Journal of the History of Ideas*, Vol. 37, No. 2, 1976.

③ John Whitfield, *Machiavelli*, New York: Russell &Russell, 1965, p. 92.

④ 较有价值的文献主要有：Mansfiled, *Machiavelli's Virtue*, The University of Chicago Press, 1998. Erica Benner, *Machiavelli's Ethics*, Princeton University Press, 2009. Neal Wood, Machiavelli's Concept of Virtu Reconsidered, *Political Studies*, Vol. 15, No. 2, 1967。谢慧媛：《马基雅维利的 virtù 概念辨析》，《现代哲学》2011 年第 3 期；罗素·普莱斯：《马基雅维利的 virtù 诸义》，《政治思想史》2011 年第 4 期；约翰·普拉梅纳茨：《探究马基雅维利的 virtù》，《政治思想史》2013 年第 2 期。

将大部分学者的观点大致分为五种。① 第一种观点认为马基雅维利的道德观是正面的。主要代表人物有：斯宾诺莎、卢梭、里多而菲、沃尔克、克罗齐、福斯科洛、黑格尔、马克思和恩格斯。他们主要认为马基雅维利的道德观是在特殊时期的一种选择，马基雅维利本人也是一位爱国者，虔诚的基督教徒，内心充满痛苦的人文主义者。麦考利就认为马基雅维利是政治上的实用主义者和爱国者，他最关心的是佛罗伦萨的独立。马克思认为马基雅维利是近代第一个用人的眼光来看待国家和权力的人，认为《佛罗伦萨史》是一部"巨著"。恩格斯则认为马基雅维利是启蒙运动中的"巨人"之一。第二种观点认为马基雅维利的道德观是中立的，无所谓善恶之分，完全是对价值现象的一种中立性、客观性的论述。主要代表人物有：吉尔伯特、卡西尔、汉考克、培根、布克哈特、沙博、雷诺德等。雷诺德将马基雅维利的研究方法称为"纯实证主义的"，卡西尔则称为"政治静力学"，布克哈特认为马基雅维利把国家当作了一门技艺，金蒂利、萨拜因以及大部分国内学者李英华、孙晓春、罗国杰、宋希仁、肖群忠、姚剑文、胡勇等都认为马基雅维利不是无道德价值可言，而是割裂了政治与道德的关系，使道德从属于政治，把道德驱逐出政治领域，导致了政治与道德的两难。第三种观点认为马基雅维利的道德观是在宣扬一种邪恶

---

① 此处借鉴了贺志刚翻译曼斯菲尔德写的《新的方式与制度——马基雅维利的〈论李维〉研究》中的译者前言，但与此不尽相同。另外在这五种观点之中包含的作者及其专著、文章太多无法一一列举，著作类主要参考：伯林：《反潮流观念史论文集》，冯克利译，译林出版社 2011 年版；周春生：《马基雅维利思想研究》，生活·读书·新知三联书店 2008 年版；[意] 贝奈戴托·克罗齐：《历史学的理论与实际》，道格拉斯·安利斯英译，傅任敢中译，商务印书馆 1982 年版；[瑞] 布克哈特：《意大利文艺复兴时期的文化》，何新译，商务印书馆 1979 年版；[美] 施特劳斯等编：《政治哲学史》，李洪润等译，法律出版社 2009 年版；[美] 萨拜因：《政治学说史》，邓正来译，上海人民出版社 2010 年版。文章类主要参考：谢慧媛：《国内马基雅维里政治思想研究述评》，《哲学动态》2009 年第 1 期；约翰·普拉梅纳茨：《探究马基雅维利的 virtù》，傅乾译，《政治思想史》2013 年第 2 期；罗素·普赖斯：《马基雅维利的 virtù 诸义》，傅乾译，《政治思想史》2011 年第 4 期；姚剑文：《思想史"减法"中的马基雅维里政治道德观"正名"辨》，《江海学刊》2004 年第 4 期。

的价值。主要代表人物有伯兰特·罗素、根提里特（Innocent Gen-
tillet）、赫特曼（Francois Hotman）、迈内克、博丹、莎士比亚、施特
劳斯、马利坦（Jacques Maritain）等大多数伊丽莎白时代的人，他们
认为马基雅维利的道德观是反基督教的道德观，是引导人们走向毁灭
的魔鬼，是邪恶的导师，魔鬼的帮凶，国家绝对专制幼年时期的代表。
第四种观点是伯林提出来的，他认为马基雅维利提出了两种道德
观——异教徒世界的道德和基督教的道德。[①] 这种道德观的划分方式打
破了西方一元论主导下的道德价值模式，导致了异教徒的道德价值与基
督教的道德价值在终极意义上的冲突和对立，但不是道德和政治之间这
两个相互独立王国的冲突和对立，因为根本不存在独立的两个领域——
伦理学领域和政治学领域，而是存在着在两个互为冲突的价值体系之间
极端排斥的两种选择。伯林的这个观点既有原创性又让人惊诧不已，这
个观点的进步性就在于重新弥合了道德与政治之间的裂隙，重新肯定了
在现实实践之中两个领域（仅仅是理论上划分的两个领域）根本不是独
立的。并且他认为多少年以来，马基雅维利的多面相和众生相的起因都
在于他让两种观点——所谓两个不可调和的道德世界——在他的读者头
脑中并列，以及由此产生的冲击和剧烈的道德不安。第五种观点是最近
才出现的，认为马基雅维利的政治道德观具有辩证性、具体性、情景
性、多样性和整体性的特色。主要代表人物有：谢慧媛、罗素·普莱
斯、约翰·普拉梅纳茨。他们通过对马基雅维利 virtù 这个概念的分析，
得出马基雅维利是在多种情况下广泛地运用这个概念，由于马基雅维利
关注的焦点主要集中在政治和军事之上，所以他的道德价值观就集中地
体现在政治和军事之中。上述对有关马基雅维利道德价值观研究综述的
分类是基于各位学者主要观点的差异而进行的类型划分，许多学者在某
些观点上会有一定程度的相同和默契，在此需要指出。值得注意的是，
伴随着对马基雅维利道德价值观的研究探讨的深入，第四种类型的观点
既立足于分析马基雅维利文本著作的原貌和原意，又不失整体性的、辩

---

① ［英］伯林：《反潮流观念史论文集》，冯克利译，译林出版社 2011 年版，第
29—97 页。

证的、具体的、动态的研究视野，为分析马基雅维利的道德价值观提供了切实的理论基础。

伯林在《马基雅维利的原创性》中指出，马基雅维利的成就不在于把政治学从伦理学中解放出来，而在于揭示了一种无法解决的困境：异教徒世界的道德和基督教的道德这两个互为冲突的价值体系并存于读者心里和现实之中，这两个不可调和的道德世界以及由此产生的冲击和剧烈的道德不安在后来者的道路上竖起了一块永恒的问题之碑。这来自他实事求是地认识到，各种目标同样终极，同样神圣，它们相互之间可能发生冲突，整个价值体系可能相忤，且没反常现象、事故或错误造成的结果，而且是人类正常环境的一部分。最后，伯林把"多元主义的创始人"这项桂冠给予了马基雅维利。① 伯林对马基雅维利解读的贡献之一，在于指出马基雅维利的贡献并不是把政治学从伦理学中解放出来，把政治与道德划分开，这个观点有力地驳斥了那些将马基雅维利视为道德与政治二分法的俗论，极端而又过高地误解了马基雅维利关于政治与道德之间的关系，这是伯林的贡献之一。另一个贡献在于，伯林也正确认识到了，马基雅维利并不打算否认基督教徒所说的美德和罪恶，也没有对基督教的道德进行正式的谴责，他没有篡改当时人们所说的和所认为的好与坏的标准，他的用法与当时一般人的用法并无不同，也与我们的用法并无不同。② 这一观点也很重要，因为后世学者往往费时而又费力地在研究并论证一个不存在的问题或者伪问题、假问题——马基雅维利反对基督教倡导的道德体系而提出了一套新的道德体系。当然，伯林自己也很清楚，他所强调的意思并不是说马基雅维利自己曾明确宣布存在着多元主义，或必须从中做出自觉选择的价值二元论，而是可以从马基雅维利自己所褒贬的行为中做出对比，进而产生这种认识。③ 众所周知，伯林的价值多元论

---

① ［英］伯林：《反潮流观念史论文集》，冯克利译，译林出版社 2011 年版，第29—97 页。

② 同上书，第 91 页。

③ 同上书，第 92 页。

主要是针对西方主流文化传统中的一元论提出来的，目的就是想通过价值多元论为自由主义提供新的理论论证。但是伯林的这种论证不够成功，陷入了相对主义和绝对主义的自相矛盾之中，进而引发了诸多争议。但伯林对马基雅维利政治道德观的解读受到了众多学者的一致好评，诸多学者开始都追随伯林的脚步和阐释路径，认为马基雅维利的道德观或者政治道德观是一种双重标准或多元的标准，更或者是一种全新的道德价值体系。

　　然而，天津师范大学马德普教授在 2013 年《中国社会科学》第 11 期上发表《历史唯物主义对伯林价值多元论的破解》一文，利用历史唯物主义的方法对伯林的价值多元论进行了系统破解。这篇论文的出世详解了伯林在价值多元论思维主导下所犯的错误。马德普通过西方的一元论传统与伯林的价值多元论、伯林价值多元论的矛盾困境（相对主义和绝对主义）以及历史唯物主义对价值多元论的学理剖析三个方面对伯林的价值多元论进行了系统剖析和破解，进而从历史唯物主义的视野指出了价值的内在属性及其相关逻辑，提出了情境性和适当性、多元性和整体性、冲突性和协调性这三对范畴，是分析认识价值现象、指导进行价值选择的基本范畴。[①] 马德普还指出了伯林的价值多元论由于缺乏对情境性的认识，所以对价值问题的理解就缺乏历史主义的意识；伯林对价值多元的认识也显得过于简单和笼统：首先，在价值的冲突性上，伯林讲的冲突多在两个具体的价值之间，而实际上的冲突情况要比他所说的复杂得多；其次，伯林在讲价值冲突时，没有区分由价值的性质所造成的价值内在冲突，和由外部条件的限制所造成的价值选择冲突；最后，伯林对一些价值之间的相容性重视不够；在价值的不可公度性上，伯林的理解过于绝对和简单，以至于给人一个印象，即似乎所有价值都是不可比较因而也不可排序的。[②] 伯林是一位坚定的自由主义者，所以他用这一有色"思想眼镜"解读

---

　　① 马德普：《历史唯物主义对伯林价值多元论的破解》，《中国社会科学》2013 年第 11 期。

　　② 同上。

了马基雅维利的思想，那么在伯林这种错误的价值多元论思维模式的指导和影响下，他对马基雅维利道德价值观的解读也必然出现问题，并且一旦主导他的思维模式出现问题，那么相应地他的思想理论基础也随之轰然倒塌，他的立论不攻自破，结论也显得有些荒谬。伯林的问题在于：一是马基雅维利的道德价值选择都是在特定的情景之下的选择，而不是无条件的超越时空的选择，而伯林却认为马基雅维利的道德价值选择是毫无条件地都选择异教徒的道德价值体系，忽略了价值的情景性与适当性的问题。二是认为基督教的道德价值和马基雅维利赞成的异教的道德价值之间是绝对冲突和对立的，他没有看到价值冲突性中的协调性。三是在价值的多元性和整体性问题上，他更多地强调了价值的多元性和冲突性，由于他之前对价值情景性的强调不够，所以他在价值选择的整体性上的判断也失去了视野和大历史观。接下来就在历史唯物主义的方法下以及马德普提出的价值的三对范畴下对马基雅维利道德价值观进行详细论述。在马德普提出的价值的三对范畴中，情景性、多元性和冲突性反映的是价值的客观属性，适当性、整体性和协调性是价值选择合理性的规范要求。只有遵循这三个要求，合理的价值选择才具有可能。从历史唯物主义的角度总结价值多元论，可以概括为四个命题。[①]

（一）视情势需要与否的情景性和适当性的道德价值观

周春生在对马基雅维利的人性论进行评述之后，认为道德是一种表象，它受着更深层次的人性因素的制约。道德的含义在运用中才能显现。平时人们所看到的是实践中的道德，而无法看到一般的道德。[②]这就说明道德必须在具体的现实实践中才能够得到具体的体现，也就

[①] 具体参见马德普《历史唯物主义对伯林价值多元论的破解》，《中国社会科学》2013 年第 11 期。

[②] 周春生：《马基雅维利思想研究》，生活·读书·新知三联书店 2008 年版，第 91 页。

是所谓马德普提出的价值的情景性问题。① 马基雅维利及当时的君主都是生活在特定时空条件下的人——特定历史情境下的人（包括现实环境、思想舆论氛围以及个人职业、家庭关系之中的人）。需要指出的是马基雅维利自己的道德价值选择与他所论述的对象——君主应具有的道德价值是两个问题不能混淆。马基雅维利是站在君主或国家的角度思考问题，所以他论述的都是关于君主的道德价值问题，君主是道德价值的主体，当然这反映出他自己对君主这一角色的认识和定位。君主所面对的各种不同的情景就是当时道德价值优先选择的需要，判断准了情势，做出了恰当的价值选择就是适当性。马基雅维利在他著作里多处谈到价值选择的情景性问题。在《君主论》第 8 章中提到的为什么像阿加托克雷之类的人为人无限奸诈、残暴却能够长时期在他们本国安全生活下去，而其他许多人依靠残暴的方法，甚至在和平时期也不能够保有他们的国家？② 马基雅维利认为这是由于妥善使用或者不妥善使用残暴手段而造成的，不在于残暴手段本身。残暴这种价值可以在不同的情景当中，在不同的使用方法之中以及被不同的人所使用都会起到不同的作用，残暴本身并不构成恶，相反在特定情景之中还能起到扬善治恶的作用。在《君主论》的第 15 章，马基雅维利列举了 11 对善行与恶行，马基雅维利把价值问题的情景性说得更为明白，"一个人如果在一切事情上都想发誓以善良自持，那么，他厕身于许多不善良的人当中定会遭到毁灭。所以，一个君主如要保持自己的地位，就必须知道怎样做不良好的事情，并且必须知道视情况的需要与否使用这一手或者不使用这一手"。③ "视情况的需要与否"这道出了马基雅维利的价值选择的原则和关键，这也正是价值选择的情景性和适当性所结合最恰当的表达方式。在《君主论》的第 16 章，马基雅维利已经道明君主是否应该慷慨、吝啬之名是否应该介意，这两

---

① 马德普：《历史唯物主义对伯林价值多元论的破解》，《中国社会科学》2013年第 11 期。

② ［意］马基雅维利：《君主论·李维史论》，潘汉典、薛军译，吉林出版集团有限责任公司 2011 年版，第 35 页。

③ 同上书，第 59—60 页。

种价值也必须视情况而定而绝不是一成不变的。如果君主慷他人之慨，不但无损君主的名声反而可以让君主声名鹊起；而当君主慷自己之慨，追随慷慨之美誉的话则会招致丑名与憎恨。为了不去掠夺百姓，能够保卫自己，不陷入穷困以至于为人们所轻蔑以及不至于变成勒索抢夺之徒，君主对于招来吝啬之名不应该介意，因为这是他能够统治下去的恶德之一。① 谢慧媛认为，马基雅维利是将善与恶互相对应，一种善对应于一种恶，故而他把慷慨、仁慈或诚实的对立面仅仅理解为吝啬、残忍或者背信弃义。同时还认为二元对立的思维方式使马基雅维利把某些传统观念中的和合乎道德的行为也理解为恶行。② 实际上这种理解也是受到了伯林对马基雅维利解读的影响，马基雅维利并没有将善与恶进行简单的二元对立划分，他指出的是在不同情景下善与恶之间的转变问题，一旦情景不同原来施行的或者具备的善性、善行就会变成不合时宜的品行或者恶行，也没有将慷慨与挥霍、吝啬与节俭混为一谈，他想要指出的是同一种品性、品行如果运用的时机、情景不对，那么可能事与愿违，好心办坏事。所以马基雅维利秉承的是一种辩证思维方式而不是二元对立的思维方式，他的这种思维与中国的"福兮祸所伏与祸兮福所倚"的辩证转变思维是一样的。

对于当时思想界的争论：被人爱戴好还是被人畏惧好？他认为最好是两者兼备，如果非得取舍的话那么选择被人畏惧比受人爱戴安全得多，之所以得出这个论点是因为他从人类表现出的行为总体情况出发，认为君主如果要取舍的话让人畏惧自己比较安全。③ 但是马基雅维利又立即指出在君主使人们畏惧自己的时候，必须避免让人们所憎恨。也就是说马基雅维利认为的让人们畏惧君主也是有条件和底线的，而不是一味地让人们畏惧君主。这体现出了马基雅维利价值观的适当

---

① ［意］马基雅维利：《君主论·李维史论》，潘汉典、薛军译，吉林出版集团有限责任公司 2011 年版，第 62—63 页。

② 谢慧媛：《善恶抉择：马基雅维里政治道德思想研究》，北京大学出版社 2011 年版，第 116 页。

③ ［意］马基雅维利：《君主论·李维史论》，潘汉典、薛军译，吉林出版集团有限责任公司 2011 年版，第 65 页。

性——度的把握。在马基雅维利的思想价值体系里，没有任何一项价值是可以脱离特定情景之下和无条件地随意运用。对于君主是否应该守信的问题，马基雅维利说得也更为清楚："一位君主必须有一种精神准备，随时顺应命运的风向和事物的变幻情况而转变。如果可能的话，他还是不要背离善良之道；但是如果必需的话，他就要懂得怎样走上为非作恶之途。"① 在关于堡垒对君主是否有用的论述中，马基雅维利最后总结道"堡垒是否有益，要根据情势，在一种情况下对你是有利的，那么在另一种情况下则对你只是有害的。"② 对宗教的态度也是如此，一方面马基雅维利在《君主论》中批评了基督教的顺从和怠惰，但是他也在《李维史论》③ 中说明了宗教使人变得温和并且顺从的价值。也就是说马基雅维利所倡导的是一种由外在情势所决定的君主不得不采取的价值选择，这是一种"必然之境"，如果君主不懂得这种价值选择或者没有这种精神准备那么就是一位不合格的君主，只能等待身死国灭。而伯林的最大问题，就是忽略"此一时，彼一时"的情景性，所以，谢慧媛也认为伯林的多元论尽管反映了马基雅维利对分属不同道德谱系的道德观的认识，揭示了他在判别相异道德的优劣时的倾向，但是这种诠释方式并不能完全阐明马基雅维利的价值取向。④

与其说马基雅维利是把政治与道德区分开，还不如说马基雅维利给予了道德多重解释，他不再孤立地、静止地、一成不变地看待道德问题，给予了道德在特定历史时空情景之下和具体政治实践中的具体性和辩证性，在评论道德之时加上了道德的情景性和适当性这样的一对关系范畴，他的道德观始终都是在某种特定情景之下做出的抉择。在不同的情境之中，不同的主体面对不同的道德价值选择都是不同的，当然这与价值的相对主义有区别。在马基雅维利所生活的时空情景和

---

① ［意］马基雅维利：《君主论·李维史论》，潘汉典、薛军译，吉林出版集团有限责任公司 2011 年版，第 70 页。

② 同上书，第 86 页。

③ 同上书，第 181—194 页。

④ 谢慧媛：《马基雅维利的 virtù 概念辨析》，《现代哲学》2011 年第 3 期。

他所站的视角来看，他倡导的道德价值有利于意大利和佛罗伦萨的生存和发展。马基雅维利并没有提出与基督教相反的道德体系，他仅仅是强调在那种特殊的时空情景之下，他倡导的道德体系更具有适当性，应该被优先地选择。

（二）单一的价值主体、多元的价值客体和特定情景下的价值整体性选择

从历史唯物主义的角度来看，价值的多元性首先表现为价值主体的多元性、价值客体的多样性、价值关系的多维性。[①] 在马基雅维利的语境当中，论述的价值主体主要是君主，其中君主包括当时欧洲各国的各个君主以及教皇。但是最主要的价值主体指称的还是统一意大利的君主。而价值客体的多样性主要包括基督教的道德、古罗马的道德以及当时人文主义者所论述的道德等，主要有慷慨、诚信、荣耀、仁慈、畏惧等 11 对道德，当然肯定还不止这些，也就是说这些价值的存在是多元的。这些价值客体是否被价值主体所选择根据的是当时价值关系的情势。价值关系的多维性一方面指的是空间上的多维性；另一方面，它指的是同一价值关系在时间上的不同意义。所以局部利益与整体利益，当前利益和长远利益的选择是极其重要的，并且价值关系的这种多维性对于政治实践中的人来说更是不言而喻的，没有一成不变的唯一选择，时势处处时时都在变动，所以同一价值客体对不同主体有不同的价值关系，同一价值关系在不同的时间上和不同的情势下也有不同的意义。无疑在众多的价值选择当中，在某些情况下可能是冲突的，但是大部分价值可以在不同的情景之下实现共存且都可以为人们所追求。所以，马基雅维利在《君主论》和《李维史论》当中列举了诸多古代伟人们的优秀品质值得当时君主们效仿，伯林也认识到了马基雅维利诸多的价值追求——慷慨、怜悯、恭敬、秩序、纪律、幸福、力量和正义。但是伯林论述这些价值时是作为与基督教相反的价值追求论述的，并且过于强调价值之间的不可公度性，而忽略了在

---

① 三者各自的含义及其关系见马德普教授的原文。

不同的阶段进行的当前利益与长远利益、局部利益与整体利益的选择可以使人们得到多个价值选择。而"实际上,他(马基雅维利)的真正意图不局限于抬高古罗马道德而贬义基督教道德,以此来挑战古典道德体系的统一性"。① 那么与这种多元价值相对应的则是价值的整体性要求,尽管马基雅维利列举了那么多的价值,但是作为想统一意大利的君主,在特殊情景之中应该首先选择哪一种价值作为整体性的价值追求以适应当时的历史性趋势呢?正如罗素·普赖斯所言"政治和军事 virtù 才是马基雅维利著作中最重要的'virtù',而他频频将之与'fortuna'(命运)对立起来或相互联系的'virtù',也正是政治和军事 virtù"。② 马基雅维利着眼于整个国家和社会,集中想通过政治和军事的方法达到统一国家和社会的目的,罗素·普赖斯的这个结论也正好回应了之前的道德价值观的情景性问题,印证了在特殊情景之下的对道德的整体考量。所以,尽管有诸多多元的价值客体可供价值主体选择,但是价值主体必须从个体和群体生命整体的角度权衡价值的选择,这种选择也是一种历史性的要求。马基雅维利自己在《君主论》中的第 14 章和第 24 章中,清晰地表达了他的观点:君主必须在军事上有所建树,创立由自己的人民组成的军队,只有这样才能为意大利带来统一、和平、自由。为了军队建设问题他自己还专门撰写了《用兵之道》,在他身为秘书的 14 年期间,他承担了政府官员中历时最长的持续不断的军事职责,在外交生涯中,弱国无外交的体验让他记忆犹新、刻骨铭心。在《李维史论》当中,他也借机在多处谈到军事问题。③

所以,马基雅维利对道德价值选择的整体性体现在:注重从国家的政治和军事领域赋予道德价值的含义,注重从现实实践的意义上整体衡量道德价值的选择,而不是从抽象的理论上和传统的思想学术层

---

① 谢慧媛:《马基雅维利的 virtù 概念辨析》,《现代哲学》2011 年第 3 期。

② 罗素·普赖斯:《马基雅维利的 virtù 诸义》,傅乾译,《政治思想史》2011 年第 4 期。

③ 参见〔意〕马基雅维利《君主论·李维史论》,潘汉典、薛军译,吉林出版集团有限责任公司 2011 年版。第一卷的第 21、23 章;第二卷的第 6、9、10、12、16、18 等章;第三卷的第 11、12、13、14、15、33、36、37、38 等章。

面进行道德价值的选择。"在马基雅维利时代,政治和道德已经腐败,这时就必须采取相应的对策来拯救社会,而不是一味苛求抽象的道德力量来挽回局面"。① "在政治领域,实践性的道德语汇和 virtu 又被赋予了特殊的含义,即国家权力巩固和运作的需要成了唯一具有真理性的标准"。② 这些观点都可以证明,马基雅维利着眼的是国内无明君,没有军事实力的现实环境,他从君主、国家、社会的整体利益的视角出发注重政治和军事实践领域内的道德问题。这个观点也得到了曼斯菲尔德的佐证,他认为,马基雅维利对德性(virtù)的理解不再是一种抽象的概念,而应该与行动相结合起来进行评价,也就是实效真理(effectual truth)。因为在马基雅维利看来,德性完全是一种社会性的东西,能够给人留下深刻印象的德性是政治化的德性,政治效果是人们理解德性的依据。德性必须暴露在光天化日之下,必须产生一种可见的效果。③ 由此可见马基雅维利道德价值选择的整体性原则是以现实实践效果为准则的。

(三) 理想与现实的冲突性以及现实中道德价值选择的协调性

马基雅维利列举的慷慨与吝啬、残酷与仁慈、爱戴与畏惧、守信与毁信、善行与恶行等 11 对价值,虽然他们本身是可能存在相互对立、冲突的情况,但是在马基雅维利思想中这些价值在不同的情景性下实际上是协调在一起的,并不存在冲突性,并且在某种度上马基雅维利希望它们能够同时存在于一个价值主体身上。所以对马基雅维利而言,现实中的道德价值选择并不存在什么冲突性,他对基督教某些道德品质的批评仅仅是因为它们的不合时宜,影响了当前政治和军事的发展,而并没有认定这些道德价值是永久无效而不可取的。绝不是

---

① Mansifield, *Machiavelli's Virtù*, The University of Chicago Press, 1988, p. 10.

② Ibid. , pp. 24 – 52.

③ [美] 曼斯菲尔德:《马基雅维利的 Virtue》,载复旦大学思想史研究中心主编《思想史研究第二辑——共和主义:古典与现代》,上海人民出版社 2006 年版,第111—133 页。

如伯林所说选择了异教徒的价值就是一个世界，而基督教的价值就是另一个世界。在不同的情景之下，面对不同的人们这些看似相互冲突和不可公度的价值实际上可以完全在一个价值主体身上得到体现。伯林正是没有明白在现实生活中这种不同价值主体在不同的情景之下对不同价值关系的需求，更没有注意一种价值完全可以在同一个价值主体身上得到体现只不过是在不同的阶段和时期之内，只有在某种极端的环境之下，在某一个时间点或价值主体的生命受到威胁的节点上才可能出现伯林所说的那种选择了一种价值就不能选择另一种价值的情况。一个世界，多种价值，在不同时段只有一个或几个是最高的。而不是两个世界，两种价值体系，在任何时候都是最高的。伯林创造性地指出了马基雅维利思想当中不存在独立的政治学领域和伦理学两个独立的领域，却又陷入了两个独立而又最高的价值领域。所以，在现实生活的多维环境之中，这些道德价值是具有协调性的。现实与理想的确会发生冲突，这一点毋庸置疑，但是马基雅维利一再强调他所关注的仅仅是实际上应该怎样生活而不是想象中怎样生活，所以现实与理想之间的诸种冲突都被消弭了，而现实中的各种价值冲突又被他的道德价值选择的情景性、整体性而化解了。摩尔认为，人们可以去讨论某件具体的善行，但想对"善"下定义则是不可能的。① 因此，马基雅维利的思维已经从传统伦理学和经院哲学走了出来，他不在谈论什么是非善恶的抽象问题，因为他知道这样做在理论上或许有重大意义，但是这丝毫无异于当时的现实问题，甚至还会误导当时人们的思想和行为。他注重的是现实中人们是如何确定和认可具体的道德价值。

"若希望总是顺利，必须因时制宜。"这是马基雅维利在《李维史论》中的第三卷第 9 章中的标题，并在此章中再次阐明每个人的行事方式必须与时代相一致，否则就会犯的错误较多，一个人必须根据时机的变化而改变自己的行动。但人们总是随本性行事，因此必然地，

---

① ［英］摩尔：《伦理学原理》，商务印书馆 1983 年版，第 15 页。

一旦时机发生变化，变得与他的行事方式不符合时，他就会毁灭。①
所以，马基雅维利的道德价值观是一种视时代情势、具体情势而定的
适当性价值选择理论，着眼于政治和军事领域内的整体性道德价值选
择理论以及在现实中诸种价值完全可以协调的道德价值选择理论。这
样马基雅维利就把道德问题融进了政治情势里面，是非善恶在不同的
情势之下表现出了与以往完全不同的多面性、复杂性，"所有邪恶的
事例，都发源于好的开端"，道德不再是被包裹在真空中的永不变质
的物质，是非和善恶之间可以相互转化，邪恶与善良之间彼此包含着
对方的基因，道德价值问题不仅仅是个人问题，而是与国家和社会的
生存和发展发生了密切联系，受到了政治情势、战争和利益的无情灼
烧，这样道德价值表现出来的不同于以往的面目一下子使得习惯于千
年一成不变的道德观的学者瞠目结舌，进而群起而讨论、批判。马基
雅维利自己并没有野心想在学术史上颠覆、置换道德与政治的关系，
更不是什么多元主义的创始人和邪恶的导师。他"既不是非道德主义
者，也不是国家权力问题上的阴谋者。马基雅维利站在传统文化的基
础上，以罗马共和国为蓝本，客观上力图体现道德合理性和国家权力
合法性的统一"。② 他仅仅是从现实当中、从历史事实中如实地记载、
观察和研究道德的多面相，在他眼里政治工作就是最大的道德，最大
的道德就是创建国家、保护国家和统一国家，民众个人道德问题的解
决也必须依赖政治问题的解决，政治的最终目的还是为了国家和人民
整体的长远生存和发展，而国家和人民的生存和发展不仅在当时来说，
而且在未来也是最大的"道德"问题。

　　马基雅维利在《李维史论》的前言中便阐明了"品德"一词的基
本意义，具有最崇高的品德的人是那些"鞠躬尽瘁，为祖国效劳"的
人。所以，他强调个人最主要的品德是爱国，而不是效忠于某个人或

---

　　① ［意］马基雅维利：《君主论·李维史论》，潘汉典、薛军译，吉林出版集团
有限责任公司 2011 年版，第 480—481 页。
　　② 周春生：《马基雅维利思想研究》，生活·读书·新知三联书店 2008 年版，
第 336 页。

某个党派、宗派。故其道德观首要的要义也是"爱国"，用实际行动表达对祖国的爱才是一位国民的最基本和最高贵的品德，且理应做到"一个优秀的公民出于对他的国家的爱，应该不理会个人所受的侮辱"这样的境界。

三　异同点及原因分析、启示

韩非和马基雅维利对于道德认识的相同点在于：首先，他们都以国家长远利益的获得为判断标准，都将道德问题融进治理国家、政治和权力之中来对待，而不仅仅局限于伦理领域之中。同时认为政治上的"德"远比理论上的"德"更为重要，并且掌握国家权力的人本身的道德也会成为他掌握国家权力的优越条件。对他们的非议主要集中在他们为达到良好目的的手段上，而不在其目的本身。在手段和目的不能兼顾的情况之下，只能采取更为不符合常理的手段、违背通常的伦理道德而达到对国家和人民来说更为重大的目标。对马基雅维利来说，如果非要在君主的道德或者国家的利益二者之间进行选择的话，那么国家的利益至上。对韩非来说，在当时治理国家并不能依靠道德，道德只能成为治国理政的辅助性的工具。其次，他们二人本身的道德最突出的特征就是爱国主义，上文已经论述。二人对于道德问题的认识的不同点在于，马基雅维利主要是从国际关系中认识道德问题，而韩非则主要从国家内部及君主身边的群臣百官的角度来认识道德问题。

之所以形成这种以最终利益和结果为导向的道德评判标准，是因为他们二人都从国家和君主的角度出发，都从国内政治和国际政治的角度出发思考问题，而并不是直接从道德问题、伦理问题本身出发。另外，二人的重要贡献之一在于将统治者的道德品质与统治者解决实际问题的能力作了区分！作为统治者的首要道德在于从长远出发为民众和国家谋取和平和安全，而作为公民首要的道德在于热爱祖国，为国奉献！正如前述用历史唯物主义的视角分析马基雅维利的政治道德思想一样，韩非也提出了适应他那个时代的政治道德思想，他的这种思想展现出了历史唯物主义道德观的三种特性：情景性和适当性、多

元性和整体性、冲突性和协调性的统一。任何一个社会的道德都不是
真空中绝对孤立的存在，而是与时代、政治、文化以及人们的认识复
杂互动的结果。肖群忠认为，韩非和马基雅维利代表以术弃德中西思
想史上的一派，他们认为政治和伦理放在一起比较的话，政治更为重
要。而实质上，权术作为手段，它本身的性质可谓是无善无不善的中
性、符合道德的正术与违反道德的邪术，权术在本质上并不包含邪恶
性。如果把一切政治权术的性质都看作是邪恶的话，这是不全面的，
权术的"中性"既可以为好人所用，也可以为奸人所用。政治权术与
政治道德的统一关系表现为二者的相互依赖、相互促进以及相互贯通、
相互转化。① 阿尔都塞也认为，"君主是通过政治能力拥有道德德性
的。尽可能多做道德的事情，但为了某种政治结果也得被迫做不道德
的事情，只要是出于能力就好：因能力而道德，也因能力而不道
德——这就是君主，这就是那个不再是平民的独一无二的个人。正因
为此，君主个人的能力与某种个人主义的道德感或道德力量无关"。②
所以不能把君主的道德与个人的伦理道德混淆在一起，君主更注重的
是政治道德、国家道德，甚至凡是符合国家利益的就是道德的，这与
单独的个人伦理道德不同。

　　长期以来，道德问题或者价值问题令人难以界定和混淆，是因为
没有厘清道德内部所蕴含的各项要素性质，以及不同评价主体根据不
同的视角和不同的道德客体（道德的参照物）对道德问题的分析，导
致了道德价值问题成为经典永恒的难题。运用历史唯物主义的视角把
道德价值问题涉及的诸元素形象化，我们可以更直观、系统、客观、
公正、科学地看到：道德作为一种价值，在分析和评论某种道德问题
时，首先要明白道德对象指称的主、客体及其关系问题，指出是在什
么样的时代背景和具体情势之下进行的道德选择。其次，面对如此众
多的多元道德价值选择以及复杂的现实生活情景，如何评价以及取舍

---

① 肖群忠：《论政治权术与政治道德的关系》，《齐鲁学刊》1996 年第 1 期。
② ［法］阿尔都塞：《哲学与政治——阿尔都塞读本》，陈越译，吉林人民出版
社 2003 年版，第 490—491 页。

不同的道德类别和价值是一个更为复杂的问题，我们只能坚持具体问题具体分析，辩证地、动态地看待和分析。诸种类别的道德价值之间，如果不从现实生活的情景性和时空立体方位出发的话，那么多数道德之间是冲突的且很难调和，但是放在历史唯物主义的视野之下那么这种冲突性和多元性就可以化解。因此，我们必须区分两种不同的道德范式，一种是纯粹理论性质的道德模型，它企图寻找到适合所有人类的一成不变的道德标准和评价体系，也就是伯林所谓的"普世主义的道德"。另外一种道德范式就是从特定的时空情景、从事物发展的角度、从不同的历史阶段或人们不同的生活环境出发具体地、辩证地研究和看待道德问题，时空情景不同，人们的需要就会不同，人们面临的问题也不同。所以，人们对具体的道德价值需求也不同，也就是说人们的道德价值问题也处于变化之中。当然这与道德价值问题的相对主义有着明显区分，因为这些道德价值的具体需要及其变化要从当下需要与历史发展的角度进行评价。

亚里士多德早就在《政治学》中指出，政治学是研究国家的善，而伦理学是研究个人的善。可以说韩非和马基雅维利就是在研究属于国家的善，所以他们的道德观属于国家伦理层次上的"善业"，他们的理论是一种更伟大、更深层次上的道德事业，而不是拘泥于一种局部领域——伦理意义上的道德观念。他们对理论上的美德、德行是否能在真正的实际政治中造就美德和德行表示了质疑，他们更愿意从实践的角度出发考虑这些问题，美德与德行也必须像其他事物一样发挥功用和功效才行，必须转化成能力而不仅仅是一种口头上的美妙词汇，让人赏心悦目或者是一种与其他道德学家论辩的价值。将美德、德行与不同的主体相连，道德、美德的作用和价值也不同，君主作为全体人民的护卫者，他们的德行和美德与个别人的美德和德行不同，他们身上的美德体现在是否能够保卫全体人民的生命、财产和幸福有序地生活。这样，二人就不仅仅是在理论上空谈美德的价值和意义，而是将美德和德行的重大意义落到了实处，将美德的功能和目的积聚在国家和君主身上，从国家和人民的整体、长远利益出发来考量。韩非是将君主所需的仁义道德与时代、权力以及治国理政相结合，而不局限于所谓的善心、仁心等难以衡量且看不见的虚拟之德上。马基雅维利是将统治者所需的美德与基督教的美德相分离，不再将维护国家的道德禁锢在基督教美德的柱子之上。

但从一个更为宏大的视角看，意大利当时的人文主义者和当时中国的儒家一样，都把理论中的美德、德行本身当作一种荣耀且指出好的美德对于维护国家和君主的重要性。但在现实实践中，如何运用这些美德，在什么时间、情景下对什么人运用，也即使美德转化为实践并产生应有的功效则是另外一件事情，在不同的时代大背景和不同的特殊情景之下，各种美德的运用会产生不同的效果，所有美德的内涵并不都是一成不变的，品德的运用要有灵活性，要根据情景、对象、时代的转变而变化。这是人文主义者和儒家等道德学家的缺陷。而韩非和马基雅维利提出了这个不是。因此，韩非和马基雅维利并不是将政治、道德分离，更不是在国家权力构建中忽视道德价值问题，而是强调在国家权力建构等政治领域中要更加注重道德价值的实用性和功用性，注重政治要对道德采用一种更为灵活的方式。政治事业本身就是一种正义和道德的事业，是一种更宏大、更长远的道德和正义事业的构建，所以，作为一种局部意义上和伦理意义上的道德应该为更宏大的政治之善的道德所服务。他们注重君主达到的至高"道德目标"，要求君主必须通过政治实践来达到，这也凸显出了理论家和实践者的区别，理论家关注的是理论推演的本身及逻辑，而实践者面临的现实因素更多。正因为他们秉承道德功能主义、道德实用主义，所以他们虽然强调了另类道德的价值，但仍没有放弃传统的道德。韩非也注重君主要积信义、招仁义，注重臣下要忠贞；而马基雅维利之所以让君主装作有道德是为了凝聚人心。更重要的是，他们不让人们憎恨君主、诬蔑君主！而这两样是君主最应该担忧的。如果他们没有从事政治实践或未曾目睹真实的政治实践运作，恐怕他们会跟着大众舆论的方向而失去自己的洞察力，正是由于他们在现实中见了太多（不是太多，甚至是全部）所谓的仁义道德所造成的对国家、君主和人民的深刻迫害，所以他们才提出与大众舆论以及当时道德学家相冲突的道德观，之所以这么做是因为他们清楚地知道政治实践领域的真实游戏规则远不是几位未曾从实际出发或者未曾从事过政治实践的理论家们在真空中想象的一样美妙。

他们的道德观可能不符合当时人们的观念，但其目标是一种"功在当代，利在千秋"的行为方式。政治的效用和结果不同于其他事物，其作用有时不会在短时间内立即呈现并得到人们的认同，甚至会以牺牲少部分人的利益和生命来保卫和换取全体人民的长远利益。从人类整个观念史来看，韩非和马基雅维利的这种理论并不稀奇，更不可能成为首创者。冯克利已经注意到并论证了马基雅维利的所谓"用权而不仁"的反道德权谋论并不是他的首创，他的过人之处仅仅在于把过去只在精英圈子里讨论政策问题时采用的黑箱语言公之于众而已，他用来给君主出谋划策的那些反道德的语言，其实早已是佛罗伦萨政治精英文化的一部分，他肯定不是第一个提出反道德的言论，更不是最凶残的一个。[①] 韦伯也认为马基雅维利的《君主论》与印度两千多年前考底利耶的《利论》相比显得不足挂齿。[②] 他还说，这个世界没有哪种伦理能够回避一个事实：在无数的情况下，获得"善的"结果，是同一个人付出代价的决心联系在一起的——他为此不得不采用道德上令人怀疑的或至少是有风险的手段，还要面对可能出现甚至是极可能出现的罪恶的负效应。什么时候、在多大程度上，道德上为善的目的可以使道德上有害的手段和副产品圣洁化，对于这个问题，世界上的任何伦理都无法得出结论。[③] 韦伯的论述起码是对韩非和马基雅维利道德观一种客观中正的评论，值得借鉴。

---

① 冯克利：《政治学的史学转向：马基雅维里的现代意义刍议》，《政治思想史》2011 年第 3 期。

② ［德］马克斯·韦伯：《学术与政治》，生活·读书·新知三联书店 1998 年版，第 111 页。

③ 同上书，第 108 页。

第六章

国家权力的目的、界限、分配与制约的比较

韩非和马基雅维利国家权力理论的最大不同在于其目的不同，由此导致对国家权力的界限、分配与制约等一系列问题的认识不同。韩非强调国家权力的目的就在于构建一个强大而安定的君主制国家，按照他提供的统治方案实现长治久安。马基雅维利强调国家权力的最终目的不仅为国家的统一、安全和发展而考虑，还为人民本身的权利所考虑，一个强大的共和制国家是长治久安的最佳解决方案，尽管他明白他所处的时代还没有条件建立，还必须通过君主制这个阶段和环节才能达到。也正因为马基雅维利有着共和制的理想和西方政治思想史的理论和实践渊源，导致了他与韩非的理论最终目的不同。

一 国家权力的目的和界限

（一）韩非论国家权力的目的和界限

韩非论述的国家权力的目的比较简单，他理想中的国家形态相比马基雅维利来说也很简单，他没有公民自由、个人财富、个人平等等概念和理论，甚至连这种因素和要素都没有。他认为国家权力的目的就仅仅是保护臣民的生命安全，让臣民在安定有序的国家中生活。国家权力的归属也仅仅由君主垄断所有权力，而赐予群臣百官一定程度的使用权。

韩非对于国家权力的组织形式，也即国家的政体形式阐述得非常明确——君主制。国家的最高权力来源于君主，"君权至上"是他的

理论核心。当然在当时的环境中"为天下立君"还是一种传统,他追求的是国安君尊,君臣和谐、君明臣贤的君臣共治的君主制统治模式,国家的安全和秩序是韩非的追求,他把国家和人民当作一个不用加以区别的对象,认为君主的权力既是为了国家也是为了人民,治理国家就是为了人民,实质上他还将君主看得太过于理想和神圣。君主掌握国家权力之后为他个人、家族及统治集团谋私利的可能比为整个国家和人民谋公利的可能还要大,尤其是昏庸无能的君主,越是庸主和"中主"越是害怕失去掌握的权力,所以不择手段地攥紧手中的权力为其阶级服务和统治地位服务,而不管人民和国家的危亡。在他仅仅看到了奸臣和重臣以及近侍对君主权力的篡夺造成危机时,他没有意识到君主掌握至高无上的大权之后也有可能成为其私有工具,而无法保障他应该承担的义务、责任。国家权力由君主个人来掌握是当时先秦诸子及其后思想家均认可的。韩非的理想国家的形态是这样描述的:

> 而圣人者,审于是非之实,察于治乱之情也。故其治国也,正明法,陈严刑,将以救群生之乱,去天下之祸,使强不凌弱,众不暴寡,耆老得遂,幼孤得长,边境不侵,群臣相关,父子相保,而无死亡系虏之患,此亦功之至厚者也。①

君主制作为最好的统治方式,不仅韩非和先秦诸子,甚至从中国古代直到黄宗羲、顾炎武所处时期都没有人质疑过这种政体统治方式的正当性和合理性。韩非追求的首先是国家和君主不被侵犯——"边境不侵",也就是国防安全,同时君主要做到"救群生之乱,去天下之祸";其次,国家权力的执掌者君主要做到以正明法、陈严刑,达到上述所言的天下大治境界。最后,国家权力的目标仍然在于君主要王天下、霸天下、平天下。总之,在国内君主要做到国安君尊,国内太平无战事,群臣戮力一心为国为君效力,平民百姓安定有序、安居乐业地生活。保障臣民的财产、自由、平等的权利这些概念在当时的

---

① 《韩非子·奸劫弑臣》。

中国古代还没有出现的条件和土壤。至于国家权力的界限或者说君主权力的界限韩非并没有明确界定,根据《韩非子》一书来看,国家权力是没有界限的,既可以诛杀不为国家所用的任何臣民,也可以用所谓的法律命令臣民为国家和君主做任何事情,一切都可以在"国家理由"的崇高目标下行事。

在韩非构建的国家权力体系中,第一,从纵向上来看,国家权力直接统治到臣民个体自身,直接用法律规定应该做什么和不应该做什么,并因此而受赏和罚。第二,从主体上来看,国家权力完全由君主个人把持,没有任何实际存在的权力的主体和机构可以与其竞争、抗衡或者提出不同意见,没有真正的监督和约束,全凭君主个人主观上对道的认识,君主对法、术、势的运用和对法术之士的任用。第三,从规定的内容上看,以国家权力为后盾的法律规定臣民应该从事的一切,一切皆以耕和战为目的,文学、工商业、隐士、学术者等五蠹都被排斥在外,甚至生命不保,在国家权力的范围之内,一切都受到这种法律的约束。国家权力犹如道一样宏大而无边界,无所不在、无所不能,个人没有所谓的权利可以阻挡权力的入侵,个人权利在国家权力面前没有存在的可能性。

韩非这种理想政治制度的设计,以君主智慧超群而又正义善良为前提,在他的理想国度中君主是一个掌握道家和法家智慧的"道法王"。他力图解决中主之治的困境也是理想而不切实际的,最终国家权力会埋葬掌握国家权力的君主,而下一个掌控绝对国家权力的君主和王朝也会在国家权力持久的诱惑和人性灵魂的贪婪之下又被埋葬,王朝统治而又覆灭的铁律在中国古代两千多年的历史中不断循环、周而复始。没有底线和界限的国家权力在和平年代更可能作为"怪物"侵犯人民的权利。所以,在看到韩非企图利用国家权力的强制力构建国家安全和独立的同时,也要看到由于他没有生活在一个稳定的时代环境之中导致他思想的局限性。

(二) 马基雅维利论国家权力的目的和界限

马基雅维利对国家权力的认知较为全面,因为西方自古希腊时就有对权力的质疑、警惕，尤其有对专制权力厌恶的基因和对公民的权利、财产和自由特殊的偏好。所以，马基雅维利不仅论述了国家权力作为维护国家生存安全和统治管理的功能，还着重论述了这一"利维坦"应对它的臣民所尽的义务和职责，国家权力的面相是多重的、功能和指责是多样的。当然马基雅维利也着重强调了国家权力的强制性特征及其在当时所应担负的职责。他主张除了在非常态的情况之下君主要大权独揽、集权之外，在常态情况，不论是在君主制还是共和制的政体之下，权力都不能为君主一人所垄断和掌握，更不能任意妄为。君主制作为实现共和制的途径和必然阶段，马基雅维利充分意识到了绝对的权力会导致绝对的腐败，即便是君主也不能逃脱这个铁律，但是君主制在特殊时空条件下能够集中力量统一和维护意大利的利益。君主制与共和制的矛盾在马基雅维利这里实质上并不构成一个难以理解的矛盾，他的最终梦想还是要把国家权力以共和制的形式组织起来，因为这种政权形式对外能够保障领土统一和独立自主，对内各阶级都能分享国家权力，都能满足各自的需求以及发挥各自的能力，从而实现国家权力的分立、制衡和长治久安。

马基雅维利作为西方资产阶级的政治实践家兼政治思想家，从其出生就烙上了西方政治思想传统中的自由、财富、平等的思想，这仍然是他的追求，他绝不是君主绝对主义者，更不是什么邪恶的导师、堕落的天使。马基雅维利之所以倡导共和制的原因就在于这种政体能兼容保障臣民的自由和财产，国家权力是有限度的，自由和财产是抗拒国家权力的尺度和底线。他的这种思想源于他认为人世间对权力和财富的追逐是人的天性，但权力和财富又是人世间极稀缺而珍贵的资源，每个人都想得到，而一旦得到却又容易成为权力的奴隶，无法实现其未得到之前立下的初衷。君主作为国家权力的最高掌握者，一旦大权在握，受人性的影响也会独断专行，进而导致专制和堕落，为进入下一个阶段的专制政体埋下祸患。因此，他论述国家权力的最终目的是保障国家臣民的自由、财富和平等，而不是仅仅为了国家和君主本身。他在引述罗马共和国时亦指出罗马的国家权力也是为了维护罗马臣民的自由和财产，君主绝不可染指臣民的财产，"因为人们忘记父亲之死比忘记遗产的丧失还来得快些"。① 正是因为这样，马基雅维利才一再强调私有财产的重要性，国家的权力务必要保护好臣民的私有财产。佛罗伦萨是一个以商业贸易积聚财富的国家，美第奇家族更是凭借自己的财产成为佛罗伦萨的统治者，所以在佛罗伦萨和意大利，商业、贸易、财富等观念深入人心，个人财富是他们一生追逐的目标。马基雅维利深刻洞悉了人们的这种"逐利"本性，"对于从自由的体制获得的那种共同利益，任何人在拥有它的同时，都习焉不察，这种利益就是能够自由地享受自己的财产而不必有任何害怕，能够不为妻儿的名誉担忧，能够不对自己的生命担心；因为任何人都决不会承认要对一个没有冒犯自己的政府感恩戴德"。② 可见政府及国家的责任就在于保障人民能够享受自己的财产，不为自己的妻儿及自己的生命担忧。

马基雅维利对个人财产和自由的强调引起了后来西方政治思想家对他的共和政治思想和自由思想的挖掘，斯金纳、波考克等人致力于把马基雅维利视为一个共和主义者，实质上马基雅维利还处于资产阶级的萌芽时期，他自己又仅仅是资产阶级发展初期的理论奠基人，并且他自己本身也不是大资产阶级的一员，他对于商业贸易等资产阶级的逐利手段和途径知之甚少。所以他对资产阶级掌握国家权力之后的逐利本性认识还不够，在当时他仅看到了资产阶级掌握国家权力的进步性和合理性。但后世学者提出的自由、平等、分权制衡的观念都已经在他的思想当中出现雏形。当然这种理论还不够成熟，所以他还是一个不成熟的资产阶级思想家提出的不成熟理论。他提出的君主专制思想被霍布斯继承和发扬，他提出的保护臣民自由、财产和分权制衡思想，被后世的洛克、卢梭、孟德斯鸠以及美国联邦党人所继承和发展。

---

① ［意］马基雅维利：《君主论·李维史论》，潘汉典、薛军译，吉林出版集团有限责任公司 2011 年版，第 66 页。

② 同上书，第 197 页。

二　国家权力的分配和制约

（一）韩非论国家权力的分配和制约

任何一种事物超越了度就会失去自身的质而转变为他物。国家权力产生的目的本来是为国家和人民所服务的，但是如果运用不好或处理不好与掌权者、人民不同阶层等一系列问题，就会违背其产生之初的原意而异化为他物。对于权力的分配问题，于中国传统思想家来讲，所有的权力都应该集于君主一身。虽然在观念上是这种个人集权的思路，但在现实中权力却不得不"下放"、下借、下移或者分配，因为君主一个人是无法统治和管理幅员辽阔的国家，所以国家权力就从君主的个人源头辐射到君主身边的群臣百官和地方官员，只有这样才能协助君主治国理政。

君与臣之间将国家权力分配殆尽，丝毫没有为民众留下一点分享国家权力的空间和机会，在这种分配方案之中，官僚群臣的权力都是君主任命和赋予的，仅仅是权力的暂时运用者、使用者。除此之外，君主的后宫妻妾以及近侍虽然在名义上不能掌握权力和参与政事，但是也在分享君主的权力，韩非对这类人曾有过严厉批评，并告诫君主要警戒这类人。由于他们与君主的关系非常密切，负责君主的日常生活以及政事外围之事，所以给予了他们在君主和群臣之间联系（传旨、觐见）的缝隙，也给予了他们对君主个人好恶的了解，从而阿谀奉承谋求君主欢心，最后讨得君主赏赐掌管某些事务的权力。在韩非之后，外戚、宦官掌权在中国历史上未曾禁绝，尽管他屡次警告君主不让这类人掌权得志，但还是未能禁绝。

对于权力的制约思想而言，第一，君主通过"去人格化"的力量来制约当涂重臣的权力以及君主身边任何一个想谋权篡位的人的权力，以"无为""监督""审查"等方式确保群臣百官名实相符；第二，韩非让君主利用法术之士来制衡以权谋私的大臣，法术之士是君主唯一信得过且有能力治理国家的人才，君主应该将权力给予这些人，进而制约其他图谋不轨和祸国害民的大臣。孙季萍、徐承凤认为，韩非的权力制约对象以三类人为重点：近臣、重臣和朋党。① 制约这些人仅凭君主一人不够，还必须依靠与当涂重臣水火不容的法术之士才行。韩非国家权力制约思想的最终目的还是维护君主的权力独大，而不是平衡国内各阶级的权力，他的关注点在于如何制约群臣百官之中权力独大的人，而不是监督国家权力本身对所有人和国家造成的危害，更重要的是他没有提及如何制约和监督君主作为国家权力之源的问题。尽管君主权力独大也不必然干坏事，君主可以利用独大的权力防范国家动荡与战乱，进而避免造成国家战乱、民不聊生，不过这也只是韩非的一厢情愿，君主权力独大所产生的专制和任意妄为的问题无法解决，没有相应的监督和制约机制，没有任何切实可行的制度或者措施可以制约君主。这在当时尽管有一定的积极意义，但这枚双刃剑在发挥了有利作用之后，中国 2000 多年的历史一直都承受着它的消极后果。

韩非对于国家权力的态度决定了他对待天下百姓的态度。中国古代的政治思想以及政治实践历来对待民众的态度和方略是替民做主和为民做主，而不是人民当家作主，人民始终是统治的对象和客体，不是国家权力的最终来源和掌握国家权力的主体。韩非赋予君主万能的特征，君主是天下至尊的独道之人，所以管理着臣民和天下。在他的思想当中，人民仍然是君主法治的对象，而且受君主制定的以赏罚为标准的法律治理。韩非没有谈人民的权利问题，更没有谈人民的财产问题，而且还主张重农抑商，不让商人及商业过多地发展，只让农民百姓依附在自己的土地之上，日出而作日落而归，遵循自然规律生活和劳动，通过发展农业和建立军功对国家做出贡献。普通人民参与国家政治的途径就是入伍建立军功而授官加爵，进而分享国家权力为国出力。君主利用平民百姓营造了国家安定的局面，但是人民还没有享受到国家更多的福利政策，还必须时时刻刻为国效力。同时君主与平民在某种程度上是对立的关系，君主自己不直接统治平民，而要通过

---

① 孙季萍、徐承凤：《韩非子的权力制约思想》，《烟台大学学报》（哲学社会科学版）2004 年第 3 期。

官员来间接地进行统治，同时他几乎还蔑视平民，认为民众的智力如婴儿般幼稚可欺。并且韩非对于其前辈商鞅的话："民不可与虑始而可与乐成。论至德者不和于俗，成大功者不谋于众"① 高度赞扬，体现了他人民观的局限性。

从中国几千年来的历史来看，韩非的这种思想还是没有脱离"古者君与民为一体，后世君与民为二本""殿下为士大夫治天下，非与百姓治天下"的窠臼，他仅仅是把民众当作生产粮食、抵抗军事入侵或从事军事扩张的工具。至于韩非思想的不足和缺陷，宋洪兵认为韩非政治思想的理论缺陷有三个方面。② 可以说韩非也和中国其他的政治思想家一样，在约束君主方面提出的理论实际上都不具任何真正的效用，限制君权的目的几乎就是空想。另外，韩非主张的有道明君以及诸多现实政策极难把握尺度，很容易倾向专制和压迫。这也正是后世学者对他诟病的原因。

（二）马基雅维利论国家权力的分配和制约

在国家权力的分权方面，马基雅维利主张平民与贵族之间各自获得权力保持平衡，建立"议会"制度，防止两个阶级之间相互侵犯，而共和政体很好地处理了贵族和平民之间的冲突和矛盾，并且也限制了君主的权力独大造成的腐败和专制。马基雅维利经常引用罗马的范例证明共和制度——混合政体——中的分权制衡思想的重要性。"妥善组织的国家和英明的君主都非常注意不要逼使贵族背城借一，同时要使人民获得满足，心情舒畅。因为这是君主所必须做的最重要的事情之一"。③ 即便是在君主制的国家里，马基雅维利也非常注意贵族与平民之间的冲突问题，他认为法国是他那个时代里组织得最好、统治

---

① 《史记·商君列传》。

② 宋洪兵：《韩非子政治思想再研究》，中国人民大学出版社 2010 年版，第 343 页。

③ ［意］马基雅维利：《君主论·李维史论》，潘汉典、薛军译，吉林出版集团有限责任公司 2011 年版，第 75 页。

得最好的王国之一，因为法国国王维持其自由与安全的无数优越的制度之一就是"议会"及其权力，这样做的目的就是为权力者的野心和傲慢套上制动机来约束他们，同时君主还为贵族与平民的不和设立了作为第三者的裁判机关，这个裁判机关可以弹劾贵族，维护平民，而用不着国王担负责任。他这样高度赞扬法国的政治制度："对于国王和王国说来，世界上再没有比这个制度更好、更审慎，再没有比这个方法更安全的了"。① 如此可以看出马基雅维利对君主权力的态度，一方面马基雅维利意识到了权力的巨大作用和积极意义；另一方面，马基雅维利更深深意识到了不受约束的权力无疑也会使国家和社会覆灭。所以混合政体也就是共和制，是马基雅维利推崇的，"兼行君主制、贵族制和民主制的时候，它们可以相互制衡"。② 在罗马共和国中有执政官和元老院，代表着君主制和贵族制，后来当罗马贵族因一系列事件而变得傲慢无礼时，平民就开始站起来反对贵族，这样贵族就不得不让出一部分权力给予平民而创设平民保民官，这样元老院、执政官和保民官这三种混合统治类型造就了罗马共和国的完美状态。

　　需要指出的是，马基雅维利的分权制衡思想与后来的洛克、孟德斯鸠的三权分立与制衡思想有着很大的不同。马基雅维利还没有意识到立法、行政和司法之间完全分立的必要，他仅仅意识到权力必须受到监督，必须在贵族和平民之间达到平衡，他考虑的不是国家权力作为整体之间的分立，而是为了避免掌握权力的人或阶级权力过大而侵犯其他人或其他阶级。当然，马基雅维利的思想当中已经明确提到了司法权力的重要性，但这不是他的重点。虽然国内权力要分配和制约，但是对外却不需要制约，相反还需要通过不断的扩张以满足国内的需求。马基雅维利效仿的罗马不仅仅是一个共和国，而且还是一个帝国，它遵循的是一种扩张主义的道路，利用对外扩张来维持对国内资源的供给和统治。因为"在他看来，所有的共和国和君主国都在彼此敌对

---

　　① ［意］马基雅维利：《君主论·李维史论》，潘汉典、薛军译，吉林出版集团有限责任公司 2011 年版，第 75 页。

　　② 同上书，第 151 页。

竞争的状态生存，人们永远不会满足于靠他们自己的资源生活，而总是倾向于试图统治他人"。① 所以，国家权力对外具有侵略性、扩张性，可以侵略和殖民别的国家而不用受到谴责，而对内则需要受到监督、制约和分配，而对于征服之后的人口或者"国家"可以根据他们原有的统治方式进行恰当的调节以统治他们。

三　异同点及原因分析、启示

在韩非的思域和古代中国的大背景之中，除了依靠君主制这种组织国家权力的政体形式之外就根本没有别的模式，当然这种思想桎梏不仅仅存在于韩非一人身上。尽管他看到了君主政体容易产生权力不可制约的弊端，虽然也提出了一些限制君主权力的理论，但是在实践当中根本无法起到效用。而马基雅维利的进步之处在于，不仅看到了君主政体和共和政体两种政体各自的优缺点，也指出了当前现实的政体选择和终极上的政体选择。

韩非以"道"的哲学为君主集权做理论辩护，以君臣之间的矛盾冲突关系凸显君主集权现实的必然性。这两点在马基雅维利身上也难以找到，马基雅维利是从现实的和经验的角度以及国家的历史动态中论述了君主权力独大的意义和必要性，这样比韩非的视野更为宽广，更具有宏观的历史感。他主要是从以下几个方面论证国家权力集于君主一身的重要性：（1）从如何统一意大利的角度论证国家权力集于一身的重大意义。佛罗伦萨以及意大利之所以四分五裂就是因为没有一支足够强大的力量来对它进行统一，所以只有赋予一个君主独大的权力才能完成统一意大利的伟业。（2）在创建国家之时一个人也必须大权独揽创建王国，否则难以完成伟大而正义的事业。（3）当国家处于非常时期、非常态时也必须君权独大，只有一个人大权独揽，才能制定力排众议的法律，挽救国家于危亡之中，否则在顺利过渡到共和国

---

① 彭顺生：《影响西方近现代思想的巨人：马基雅维里思想研究》，天津古籍出版社 1995 年版，第 174 页。

之前，国家就灭亡了。所以，在马基雅维利这里君主集权是有条件、有限度的，而不是无条件和绝对的。纵观西方政治思想史上，中世纪君权与教权相争的时期，保皇党人提出了君权也来源于上帝，菲尔麦也曾为君权辩护。除此之外，西方政治思想家很少从哲学和理论高度为君权至上提供辩护，人对君权独大始终怀着恐惧、怀疑心理。这同样造成了他们一方面需要君权独大来整合社会，化解矛盾；另一方面又惧怕君权独大侵犯国民财富和自由，这是西方社会对君权的二重性、矛盾性的认识。而实际上西方国家直至目前为止，仍然如马基雅维利所说"仅仅是抛弃了王的名号，而不是王的权力"。

与其说马基雅维利在西方政治思想史上是"异教徒"，不如说他是一个政治实用主义的教徒。他与中国古代的学者一样，并不是专门研究学术而著述，也没有刻意为研究学术问题或者探寻学术意义上的真理而著述，而是为解决现实问题思考和写作。他终其一生都在寻求让自己"为用"，这种思想特征与韩非十分相像。因此，他在西方学术思想史中比较特殊，从古希腊的苏格拉底、斯多葛学派一直到他生活的时代，学术与政治之间保持着一定的距离，各自有着独特的发展特色，当然也肯定相互影响，但是学术研究的目的并不是专门为统治者提供理论辩护，而是沿着学术研究本身的特色和应有的逻辑发展。而马基雅维利却开西方学术界"学以致用"之先河，直接表明学术之现实和政治的功用，这种做法与中国先秦之思想家，包括先秦之后古代中国的知识分子非常相似，但他在西方主流的思想界却属异类，他更具有中国知识分子的特性。在中国古代不仅是韩非一个人，而且几乎是全部中国学者都在为统治者提供治理之道，这样就失去了要求统治者受到必然性的驱使而进行改革和保障平民百姓权利的动机，任何统治者及统治集团都不会主动放权或者进行改革，除非受到必然性的驱使，只有在不改革就无法维持其统治的时候才会主动自上而下地改革。但是往往到这个时期为时已晚，统治者因自身拥有巨大权力造成的傲慢、狂妄、腐败和剥削加剧了国内的矛盾，外族看着帝国的衰败和虚弱加强了他们侵略的信心，这种内忧外患的交织一次又一次地推翻了帝国的统治。权力可以成就伟大而正义的事业，而无监督的权力却又可以造成国家的灭亡。马基雅维利之所以提出平民与贵族之间的冲突造就了罗马完美的统治，其原因就在于此。国家内部一定程度上的政治冲突、利益冲突得到表达，反映他们的利益诉求和权利，建立合理的政治参与渠道让一部分利益未被满足的人或阶层借此反映他们对国家的要求，满足各方国民利益诉求和权利，他们就不用通过革命或者非常态的途径和方式来表达自己对国家的不满，这样更有利于国家的长治久安。

中国古代的政治思想传统乃是以解决问题为导向的思维方式，不以纯政治理论的应然逻辑来推导政治应该如何发展，而是就当前的环境和问题思考解决之道，导致了中国古代的政治思想始终在一种有限的理论视野和高度之内循环发展，而无法提出根本性或者至高至鸿的理论，所以无法让思想家和社会民众接受更理想的社会形态，进而无法对现实进行改造。同时也由于天然的地理环境以及在此基础之上构建的强大的官僚体系，消弭了出现新理论的可能性，因为这更增加了支持明君掌握绝对权力的重要性和臣民服从国家权力的正确性，同时古代政治思想家大都"学政不分"，知识分子只有通过科举才能一展自己的理想，先秦诸子以及后世的学者无不以自己能够平天下为己任，难以产生"吾爱吾师，吾更爱真理"的信念，而是各自抱着自己的道术想易天下，"道尊势"与"势尊道"之间相互影响，① 统治者为学者提供荣誉、生活保障甚至加官晋爵，而学者为统治者提供统治的正当性理论，这种学术与政治的同一性导致了学术理论失去了自我发展的独特性和创新的可能性。

---

① 徐大同：《文踪史迹》，天津人民出版社 2007 年版，第 218 页。

第七章

结论和反思：国家权力与国家兴衰

　　通过对韩非和马基雅维利二人有关国家权力的认识论、方法论以及人性论的比较，国家权力的形成及其在国家内部的武力、法律、权势、权术的运用以及国家权力的目的等方面的比较，可以窥见国家权力思想在中西方政治思想史上的异同之处。当今的世界仍然没有走出韩非和马基雅维利所诉说的境况，人口与资源的矛盾日益突出（进而又产生了人口与环境、资源之间的交叉矛盾）；人的欲望在更物质化的世界中日益大行其道，欲望与实现欲望的能力之间的矛盾仍然在促进和毁灭着人类；国与国之间的经济、能源、外交关系、领土疆界及安全问题层出不穷；国内的党派朋党、贪官污吏尚未遏制；国内人民的道德堕落腐化、是非荣辱观念不分以及央地关系难以厘清等，这些问题仍然是每个国家需要面对的永恒政治发展问题，这就更迫使我们汲取古人的政治智慧和经验解决我们面对的问题。他们揭示的各种理论和开启的各种议题在我们当今时代不断地得以深化和发展。政治发展犹如逆水行舟，永无所谓的顺境，凡是秉承"吾爱我的祖国甚于我的灵魂"的人，不仅在国"有道"时尽力，而且在"无道"时更应该以他们那种执着和宁死不屈的精神奋力扭转这种境况，不论是政治发展的"远虑"，还是"近忧"，都需要全力以赴地予以解决。

　　总体而言，韩非和马基雅维利构建的国家权力理念、运行方式、分配形式等皆存在着同异，但是对国家权力的功能、作用和本质有着相同的理解。他们关注的主题都是国家长治久安的问题以及如何利用国家权力实现国家的稳定发展，其中涉及国家稳定与国家活力、国家权力与个人权利、国家权力与国家兴衰更迭等一系列根本问题。王邦雄认为，韩非的价值观是一种现实功利的价值观，价值的作用体现在现实情景可能如何的实效上。[①] 韩非的人性论诉诸的出路仅在需求外在的功利，而失去了内在动力的源泉，并彻底泯灭了人最基本的选择自由，在韩非的理想国里，任何一个人都没有所谓的自由，都得受法的无边界无底线的强制，而这种法其实就是权力的体现，法已经等同于权力本身，而不是代表真正功利的权利基础的法。即使人不想追求功利（爵位、名誉、权力）也是犯法。当然法律本身必须适应社会和国家的发展形势，而不是反之。

　　按照吴稼祥对中国传统盛世兴衰的解读，要想走出中国几千年的怪圈，他的结论就是实行民主的多中心治理，既保持国家的规模与稳定又保持活力与生机。[②] 这个启发性的观点也对准了韩非思想的局限，不能仅仅依靠国家权力来保证国家的稳定，更不能仅仅依靠国家权力颁布的具有强制力的法律要求人们必须做什么，在这样的国家之中没有任何的生机与活力可言。国家最高权力被君主和群臣百官以及地方大臣（有时候是诸侯王，自秦王朝覆灭后，汉朝初期刘邦又开启分封诸侯王的模式，后来中国历代王朝大部分实行的是郡县制和分封制的混合政治制度）所掌控，而掌握国家权力的君主也从来没有真正被限制过，毫无边界和宏大无形的国家权力带来了社会的整合和统一、安全和稳定，实现了政治对军队的绝对领导、政治对经济财政政策的统一、政治对文化的引领与整合及国家对政府官员的任命等积极方面的同时，也失去了社会和人民的活力，应验了阿克顿的"绝对的权力导致绝对的腐败"的铁律，"兴"也权力，"衰"也权力，国家权力的"度和原则"没掌握好，胜利的武器也能导致衰亡。从历史上看，君主政体可以说在世界古代历史中是最古老、最普遍的一种政体，不仅

---

　　① 王邦雄：《韩非子的哲学》，台湾东大图书股份有限公司，第 122 页。

　　② 吴稼祥：《公天下：多中心治理与双主体法权》，广西师范大学出版社 2013 年版，第 1—21 页。

在中国盛行几千年，而且在古希腊、波斯帝国、马其顿以及罗马甚至直到 19 世纪之前也可见到君主政体的例子，埃及、印度无疑也是君主政体盛行的地方。所以，罗素这样总结："从心理方面看，君主专制政体的优点是明显的。一般说，统治者领导一个部落或一个宗派进行征服，服从他的人觉得自己分享了他的光荣。"① 君主政体之所以能有这么源远流长的历史和应用范围，有其优点也有其弊端。其优点在于它能够以君主为核心，君臣共治形成一个稳定的政治决策集团，制定并执行稳定的、持续的各方面的决策，中国古代的君主政体为中国的长期稳定和发展发挥了重大作用，消除了贵族、地方势力集团等对国家权力的分裂和政策上的分歧，消除了众多权力中心对国家权力的分享。国家权力掌握在君臣统治集团的手中，建立对地方政府的垂直管理，更有利于国家汲取资源和对地方的控制，地方反叛国家政权的概率大大降低。在战国时期，以君主为代表的国家权力将其统治权直接渗入到民众身上，越过地方政权对民众的管理，而直接将国家统治的基础建立在民众的基础之上，管子、商鞅、李悝等法家人物的变法思想就是直接将国家权力深入到民众中间，虽然他们主张的"连带"制度有一定的消极作用，但是对于那些国家与民众之间隔离而由地方政权直接控制民众相比，这种管理体制有更多的优势。这样国家所需的各种资源直接可以从基层政权和民众中间获取。君主在掌握了国家权力之后，为了更长远的统治及自己和国家的利益，采取了吸纳地方精英加入到统治者行列中去的措施，这主要表现在吸纳当时的知识分子以及以后通过科举制度吸纳全国精英为自己服务。中国先秦时期已经产生了私学，墨家、道家、杨朱、阴阳、名家，纵横各家招收学徒都为百姓、寒门弟子提供了成就仕途的机会，已打破了贵族专断朝政的局面，各国对人才的重视给了这些草莽出身的人拜相的机会，这种成功的例子很多，使百姓中的精英、知识分子得以入朝参政，消除了平民百姓归结为不能参政当朝统治者的压制的印象；另外当朝统治者对

---

① ［英］伯特兰·罗素：《权力论》，吴友三译，商务印书馆 1991 年版，第 131 页。

百姓采取心智上的愚化物质上的富足政策,使平民安于自己所处的境地,附庸于自己的土地,且农村与城市的二元格局也利于君主的统治。

实际上中国几千年的王朝更迭史中所不同的仅是治国之术,而治国之道皆相同。先秦诸子提出的各色治国方案的目的都是一样的,所以司马迁说他们殊途而同归。在古代的中国,君主制相反是中国强大、文明的主要政治要素,这也是"李约瑟难题"所提出的在 15 世纪之前中国的科技与文明一直领先于世界,而 15 世纪之后,西方开始逐渐超越中国的原因。西方国家在解决了国内稳定和外部安定之后,它们内在的动力、个人的权利和活力以及社会活力的迸发成为他们走向兴盛的缘由。古代中国开创的嫡长子继承制以及决定国家最高领导人的方案始终没有制度化和系统化地解决,为中国的落后以及一系列的问题埋下了祸根,争夺国家的最高统治权,也即争夺君主之位一直是中国历史上最惨烈、最容易导致国家不稳定的因素。王位世袭导致了家天下的产生,但是世袭并不能保证后继的统治者都有才能,这样一代又一代的后继者会随着时代环境的变化而懈怠、昏庸、自傲,多代之后,后继者已然失去了开拓者、创建者的德行。另外一个导致中国古代国家衰亡的原因在于统治者仅仅是重民,通常不关心臣民的利益,没有让国民反馈他们自己的利益需求,更没有让他们有权利发表自己的建议,进而导致革命的产生。最重要的是几代之后,后继者开始依赖宫廷当中的一部分人也即宦官、外戚、近侍对国家进行治理,甚至替代自己。韩非的预言不断地在古代中国真实地反复上演,而马基雅维利代表的西方国家权力观也并没有解密国家兴衰,以不同政体的方式找出一条走出国家兴衰更迭的怪圈也未能成功,甚至在 16 世纪之前,西方国家内部与外部的动乱比之于中国古代有过之而无不及。对于国家权力和国家兴衰的永恒难题,中国古代过于强调集权稳定、秩序与控制,西方国家则偏向于分权、活力、权利与自由,中西方的不同文明发展轨迹都为人类政治发展提供了历史经验。

但是,无论是君主制政体之下国家权力对社会的稳定与秩序有着特殊偏好,还是西方古代对混合政体的特殊偏好,最初都是为了国家和人民的公利,但到最后都会出现异化并进入国家权力悖论的循环圈。

每一个国家或知识分子都想找到国家权力与繁荣的奥秘所在，既然国家权力的强制性无法避免，而这种强制性又具有两面性，在某种程度上它是有效性的代名词，那么如何将其限制在一定的范围和界限之内或者运用其有利的一面而避免其不利的一面，如何规训国家权力以及协调好国家强权和个人权利、国家稳定与社会活力，这是国家走向长久繁荣的关键。我国的发展还必须在本国的国情上不断探索，借鉴他国的政治经验和智慧，探索出一条具有中国特色的国家繁荣富强之道。

附录 1

韩非关于人性论的论述

序号	人性的表现	主要内容
1	性命非所学	夫智,性也;寿,命也。性命者,非所学于人也。《显学》
2	人需向天学习	聪明睿智,天也;动静思虑,人也。人也者,乘于天明以视,寄于天聪以听,托于天智以思虑。《解老》
3	人情	激急亲近,探知人情,则见以为潛而不让。
4	见己之父母乃人之常情	齐、卫之间不过十日之行,开方为事君,欲适君之故,十五年不归见其父母,此非人情也。《难三》
5	安利去害	夫安利者就之,危害者去之,此人之情也。人焉能去安利之道,而就危害之处哉?《奸劫弑臣》
6	习人情	桓公问置吏于管仲,管仲曰:"辩察于辞,清洁于货,习人情,夷吾不如弦商,请立以为大理。"《外储说左下》
7	爱自身乃人之常情	易牙为君主,惟人肉未尝,易牙烝其子首而进之。夫人唯情莫不爱其子,今弗爱其子,安能爱君?君妒而好内,竖习自宫以治内。人情莫不爱其身,身且不爱,安能爱君?《难一》
8	喜贵恶贱	人情皆喜贵而恶贱,故季氏之乱成而不上闻,此鲁君之所以劫也。《难三》
9	人之情性在于先爱父母	人之情性莫先于父母,皆见爱而未必治也,虽厚爱矣,奚遽不乱?《五蠹》
10	因人性而治	凡治天下,必因人情。人情者,有好恶,故赏罚可用;赏罚可用,则禁令可立而治道具矣。《八经》
11	民好利禄而恶刑罚	夫国治则民安,事乱则邦危。法重者得人情,禁轻者失事实。且夫死力者,民之所有者也,情莫不出其死力以致其所欲;而好恶者,上之所制也,民者好利禄而恶刑罚。《制分》

序号	人性的表现	主要内容
12	通乎人情	是故夫至治之国，善以止奸为务。是何也？其法通乎人情，关乎治理也。然则去微奸之道奈何？其务令之相规其情者也。则使相窥奈何？曰：盖里相坐而已。禁尚有连于己者，理不得相窥，唯恐不得免。《制分》
13	人臣之情非必爱君 君主应去好去恶	故越王好勇而民多轻死；楚灵王好细腰而国中多饿人；齐桓公妒外而好内，故竖刁自宫以治内；桓公好味，易牙蒸其子首而进之；燕子哙好贤，故子之明不受国。故君见恶，则群臣匿端；君见好，则群臣诬能。人主欲见，则群臣之情态得其资矣。人君以情借臣之患也。人臣之情非必能爱其君也，为重利之故也。今人主不掩其情，不匿其端，而使人臣有缘以侵其主，则群臣为子之、田常不难矣。故曰："去好去恶，群臣见素。"群臣见素，则大君不蔽矣。《二柄》
14	好利恶害　喜利畏罪	好利恶害，夫人之所有也。喜利畏罪，人莫不然。《难二》
15	民归于利　士归于名	利之所在，民归之；名之所彰，士死之。《外储说左上》
16	欲利恶害	夫欲利者必恶害，害者，利之反也。反于所欲，焉得无恶？欲治者必恶乱，乱者，治之反也。是故欲治甚者，其赏必厚矣；其恶乱甚者，其罚必重矣。《六反》
17	衣足食足	人无毛羽，不衣则不犯寒；上不属天而下不著地，以肠胃为根本，不食则不能活；是以不免于欲利之心。欲利之心不除，其身之忧也。故圣人衣足以犯寒，食足以充虚，则不忧矣。《解老》
18	咎莫惨于欲利	故欲利甚于忧，忧则疾生；疾生而智慧衰；智慧衰，则失度量；失度量，则妄举动；妄举动，则祸害至；祸害至而疾婴内；疾婴内，则痛，祸薄外；则苦。苦痛杂于肠胃之间；苦痛杂于肠胃之间，则伤人也惨。惨则退而自咎，退而自咎也生于欲利。故曰：咎莫惨于欲利。《解老》
19	贱玩好 去淫丽	人有欲，则计会乱；计会乱，而有欲甚；有欲甚，则邪心胜；邪心胜，则事经绝；事经绝，则祸难生。由是观之，祸难生于邪心，邪心诱于可欲。可欲之类，进则教良民为奸，退则令善人有祸。奸起，则上侵弱君；祸至，则民人多伤。然则可欲之类，上侵弱君而下伤人民。夫上侵弱君而下伤人民者，大罪也。故曰："祸莫大于可欲。"是以圣人不引五色，不淫于声乐；明君贱玩好而去淫丽。《解老》

序号	人性的表现	主要内容
20	民少欲则少祸害	圣人在上，则民少欲；民少欲，则血气治而举动理；举动理则少祸害。《解老》
21	欲利而身，先利而君；欲富而家，先富而国	田鲔教其子田章曰："欲利而身，先利而君；欲富而家，先富而国。"《外储说右下》

马基雅维利有关人性的论述

序号	人性的表现	主要内容
1	恩宠与献礼	凡是想要获得君主恩宠的人们，向来都是把自己认为最宝贵的东西或者自以为君主最喜爱的东西作为献礼。
2	欲望与领土	获取领土的欲望确实是很自然的人之常情。
3	仇恨和报复	如果任何人相信给以新的恩惠就会使一个大人物忘却旧日的损害，那么他就是欺骗自己。
4	邪恶的品德	屠杀市民，出卖朋友，缺乏信用，毫无恻隐之心，没有宗教信仰，是不能够称作有能力的。
5	恩惠的力量	因为损害行为应该一下干完，以便人民少受一些损害，他们的积怨就少些；而恩惠应该是一点一点地赐予，以便人民能够更好地品尝恩惠的滋味。
6	雇佣军的特性	这些雇佣军队是不团结的，怀有野心的，毫无纪律，不讲忠义，在朋友当中则耀武扬威，在敌人面前则表现怯懦。他们既不敬畏上帝，待人亦不讲信义。
7	雇佣军的特性	总之，就雇佣军而论，其懒散怯懦是最危险的；若就援军而论，其英勇彪悍却是最可怕的。
8	人的诸种品行	有人被誉为慷慨，有人被贬为吝啬（这是使用托斯卡纳的用语，因为在我们的方言里面，贪婪的人还包括那些想靠掠夺取得财物的人，而我们称为吝啬的人是指那种不愿多使用自己东西的人）；有人被认为乐善好施，有人则被认为贪得无厌；有人被认为残忍成性，有人则被认为慈悲为怀；有人被认为食言而肥，有人则被认为言而有信；有人被认为软弱怯懦，有人则被认为勇猛强悍；有人被认为和蔼可亲，有人则被认为矜傲不逊；有人被认为淫荡好色，有人则被认为纯洁。

序号	人性的表现	主要内容
		自持；有人被认为诚恳，有人则被认为狡猾；有人被认为脾气僵硬，有人则被认为容易相与；有人被认为稳重，有人则被认为轻浮；有人被认为是虔诚之士，有人则被认为是无信仰之徒，如此等等。
9	君主的"吝啬"之名	为了不去掠夺老百姓，为了能够保卫自己，为了不陷于穷困以至为人们所轻蔑，为了不至变成勒索强夺之徒；君主对于招来吝啬之名亦不应该有所介意，因为这是他能够统治下去的恶德之一。
10	慷慨 荣耀 贪婪	你慷他人之慨淋漓痛快，不但无损于你的名声，倒是使你的声誉鹊起。只有把你自己的财产挥霍了，才损害你自己。世界上再没有一样东西比慷慨消耗得更厉害的了，因为当你慷慨而为的时候，你就失去了使用慷慨的能力。追求慷慨之誉，则必然招致贪婪之名，而贪婪之名则使丑名与憎恨两者俱来。
11	忘恩负义、容易变心、伪装者、冒牌货、逃避危难、追逐利益、临阵倒戈	究竟是被人爱戴比被人畏惧好一些呢，抑或是被人畏惧比被人爱戴好一些呢？我回答说：最好是两者兼备；如果一个人对两者必须有所取舍，那么，被人畏惧比受人爱戴是安全得多的。因为关于人类，一般地可以这样说：他们是忘恩负义、容易变心的，是伪装者、冒牌货，是逃避危难、追逐利益的。当你对他们有好处的时候，他们是整个属于你的。当需要还很遥远的时候，他们表示愿意为你流血，奉献自己的财产、性命和自己的子女；可是到了这种需要即将来临的时候，他们就背弃你了。
12	君主要显得慈悲为怀、笃守信义、合乎人道、清廉正直、虔敬信神	你要显得慈悲为怀、笃守信义、合乎人道、清廉正直、虔敬信神，但是你同时要有精神准备做好安排：当你需要改弦易辙的时候，你要能够并且懂得怎样做一百八十度的转变。一位君主必须有一种精神准备，随时顺应命运的风向和事物的变幻情况而转变。因为群氓总是被外表和事物的结果所吸引，而这个世界里尽是群氓。
13	君主应伟大、英勇、严肃庄重、坚忍不拔	君主如果被人认为变幻无常、轻率浅薄、软弱怯懦、优柔寡断，就会受到轻视。因此，他必须像提防暗礁一样提防这一切。他应该努力在行动中表现伟大、英勇、严肃庄重、坚忍不拔。

续表

序号	人性的表现	主要内容
14	人性容易腐化	人是多么容易腐化，变成完全不同性格的人。好好检讨十人委员会立法的事情，它将使共和国或王国的立法者们更加关注控制人类的欲求，并断绝他们对于作恶而可以不受惩罚所抱有的一切奢望。
15	谦卑的情境性	常常可以看到，谦卑不仅没有益处，反而有害，尤其是将它用于对待那些傲慢无理的，并且出于嫉妒或别的什么原因对你怀恨在心的人。
16	人具有相同的欲望	精明的人经常说——既不是随意说的，也不是没有根据的——谁如果希望看到将要发生的事，就应该观察过去已经发生的事。因为在每个时代，世间所有的事情都有其在古时相对应的事。之所以如此，是因为那些事情都是由人来进行的，而那些人现在和过去一直具有相同的欲望，因此不可避免地他们会产生相同的结果。
17	人性之恶潜藏在灵魂之中	即创建共和国并且在其中创制法律的人必须假设所有的人都是邪恶的（tutti gli uomini rei），无论何时，只要他们有自由的机会，他们就总是要利用他们灵魂中的恶。但是任何邪恶都会隐藏一段时间，这是由于隐蔽的原因，这种原因因为缺乏相反的经验而不为人所知。
18	除非出于必要，人才做好事	即除非出于必要，人从来不做任何好的事情；但是在有充分地选择自由的地方，并可能利用放肆的时候，每件事都立刻充满混乱和无序。
19	人更倾向于恶而不是善	既然人素来更倾向于恶而不是善，那么他曾经高尚地使用过的东西，他的继任者可能会出于野心加以利用。
以上摘自《君主论·李维史论》		
20	保卫自己与攻击他人	人们首先满足保卫自己，不受其他人支配；之后他们开始以武力攻击他人，企图支配他人。《书信集》下
21	惰性	一是希望得过且过；二是以为未曾出现之事永不可能出现；三是总以同样的眼光看人。《书信集》下

序号	人性的表现	主要内容
22	虚伪与真实 自然与真实	乍一看，我们似乎都是严肃的人，注意力完全集中于重大事务，头脑中流过的任何想法，无不关乎庄重、笃实。不过翻到下一页，读者就会发现，我们——仍是同一个我们——猥琐、轻浮、好色，专干些荒诞不经的事。这种行为若在有些人看来是可鄙的，在我看来则是值得称道的，因为我们是在效法自然，多变的自然。任何效法自然的人都不应当受到非难。尽管在不断通信的过程中，我们早已习惯了人的多面性。《书信集》下

附录 3

韩非关于有道明君、明主的论述

序号	明君特征	主要内容
1	蓄臣禁邪 备不虞者	是故明君之蓄其臣也，尽之以法，质之以备。故不赦死，不宥刑；赦死宥刑，是谓威淫。社稷将危，国家偏威。是故大臣之禄虽大，不得藉威城市；党与虽众，不得臣士卒。故人臣处国无私朝，居军无私交，其府军不得私贷于家。此明君之所以禁其邪。是故不得四从，不载奇兵，非传非遽，载奇兵革，罪死不赦。此明君之所以备不虞者也。《爱臣》
2	明君守道	道者，万物之始，是非之纪也。是以明君守始以知万物之源，治纪以知善败之端。《主道》
3	无为于上 用臣有术	明君无为于上，君臣竦惧乎下。明君之道，使智者尽其虑，而君因以断事，故君不穷于智；贤者敕其材，君因而任之，故君不穷于能；有功则君有其贤，有过则臣任其罪，故君不穷于名。是故不贤而为贤者师，不智而为智者正。臣有其劳，君有其成功，此之谓贤主之经也。《主道》
4	无偷赏 无赦罚	明君之道，臣不得陈言而不当。是故明君之行赏也，暖乎如时雨，百姓利其泽；其行罚也，畏乎如雷霆，神圣不能解也。故明君无偷赏，无赦罚。《主道》
5	使法择人	故明主使法择人，不自举也；使法量功，不自度也。能者不可弊，败者不可饰，誉者不能进，非者弗能退，则君臣之间明辩而易治，故主仇法则可也。《有度》
6	峻法严刑	故明主使其群臣不游意于法之外，不为惠于法之内，动无非法。峻法，所以禁过外私也；严刑，所以遂令惩下也。《有度》

序号	明君特征	主要内容
7	二柄制臣	明主之所导制其臣者，二柄而已矣。《二柄》
8	畜臣有度	故明主之畜臣，臣不得越官而有功，不得陈言而不当。《二柄》
9	君臣不同道	是故明君贵独道之容。君臣不同道，下以名祷。君操其名，臣效其形，形名参同，上下和调也。《扬权》
10	以官职用人	明主之为官职爵禄也，所以进贤材劝有功也。《八奸》
11	正直之道用臣	夫君臣非有骨肉之亲，正直之道可以得利，则臣尽力以事主；正直之道不可以得安，则臣行私以干上。明主知之，故设利害之道以示天下而已矣。夫君臣非有骨肉之亲，正直之道可以得利，则臣尽力以事主；正直之道不可以得安，则臣行私以干上。明主知之，故设利害之道以示天下而已矣。《奸劫弑臣》
12	任势用臣	明主者，使天下不得不为己视，天下不得不为己听。故身在深宫之中而明照四海之内，而天下弗能蔽弗能欺者，何也？暗乱之道废而聪明之势兴也。故善任势者国安，不知因其势者国危。《奸劫弑臣》
13	明法制 去私恩	夫悬衡而知平，设规而知圆，万全之道也。明主使民饰于道之故，故佚而有功。明主之道，必明于公私之分，明法制，去私恩。《饰邪》
14	贱玩好 去淫丽	故曰："祸莫大于可欲。"是以圣人不引五色，不淫于声乐；明君贱玩好而去淫丽。《解老》
15	以有余补不足，以长绩短	故以有余补不足，以长绩短，之谓明主。《观行》
16	观人而不使人观己	故明主不穷乌获以其不能自举，不困离朱以其不能自见。因可势，求易道，故用力寡而功名立。古明主观人，不使人观己。《观行》
17	立道重德	明主坚内，故不外失。失之近而不亡于远者无有。明主之道忠法，其法忠心，故临之而法，去之而思。尧无胶漆之约于当世而道行，舜无置锥之地于后世而德结。能立道于往古而重德于万世者之谓明主。《安危》

序号	明君特征	主要内容
18	赏罚有则 法为令行	明主立可为之赏，设可避之罚。故贤者劝赏而不见子胥之祸，不肖者少罪而不见伛剖背，盲者处平而不遇深谷，愚者守静而不陷险危。如此，则上下之恩结矣。明主之表易见，故约立；其教易知，故言用；其法易为，故令行。《用人》
19	厉廉耻 招仁义	故明主厉廉耻，招仁义。《用人》
20	除臣之苦 立君之乐	故明主除人臣之所苦，而立人主之所乐。上下之利，莫长于此。不察私门之内，轻虑重事，厚诛薄罪，久怨细过，长侮偷快，数以德追祸，是断手而续以玉也，故世有易身之患。《用人》
21	争讼止 技长立	明君使事不相干，故莫讼；使士不兼官，故技长；使人不同功，故莫争。争讼止，技长立，则强弱不觳力，冰炭不合形，天下莫得相伤，治之至也。《用人》
22	天时、人心、技能、 势位守自然之道 行毋穷之令	明君之所以立功成名者四：一曰天时，二曰人心，三曰技能，四曰势位。非天时，虽十尧不能冬生一穗；逆人心，虽贲、育不能尽人力。故得天时则不务而自生，得人心，则不趣而自劝；因技能则不急而自疾；得势位则不推进而名成。若水之流，若船之浮。守自然之道，行毋穷之令，故曰明主。《功名》
23	广听 参验	观听不参则诚不闻，听有门户则臣壅塞……是以明主推积铁之类，而察一市之患。《内储说上七术·经一》
24	众端参观	鲁哀公问于孔子：“鄙谚曰：‘莫众而迷。’今寡人举事与群臣虑之，而国愈乱，其故何也？”孔子对曰：“明主之问臣，一人知之，一人不知也。如是者，明主在上，群臣直议于下。今群臣无不一辞同轨乎季孙者，举鲁国尽化为一，君虽问境内之人，犹不免于乱也。”《内储说上七术·说一》
25	赏誉尽能	韩昭侯使人藏弊裤，侍者曰：“君亦不仁矣，弊裤不以赐左右而藏之。”昭侯曰：“非子之所知也。吾闻明主之爱一嚬一笑，嚬有为嚬，而笑有为笑。今夫裤，岂特嚬笑哉！裤之与嚬笑相去远矣。吾必待有功者，故收藏之未有予也。”《内储说上七术·说三》

序号	明君特征	主要内容
26	利害有反	事起而有所利，其尸主之；有所害，必反察之。是以明主之论也，国害则省其利者，臣害则察其反者。《内储说下六微·经四》
27	避免内争	参疑之势，乱之所由生也，故明主慎之。《内储说下六微·经五》
28	参疑废置	"参疑""废置"之事，明主绝之于内而施之于外。《内储说下六微·经六》
29	美其辩 观行也 贤其远	明主之道，如有若之应密子也。明主之听言也，美其辩；其观行也，贤其远。夫药酒忠言，故群臣士民之道言者迂弘，其行身也离世。其说在田鸠对荆王也。故墨子为木鸢，讴癸筑武宫。明君圣主之以独知也。《外储说左上·经一》
30	国安君尊	国安则尊显，危则为屈公之威，人主奚得于居学之士哉？故明主论李疵视中山也。《外储说左上·经四》
31	君臣各行其是	明主之道，如叔向赋猎，与昭侯之奚听也。《外储说左上·经五》
32	明主积信	小信成则大信立，故明主积于信。赏罚不信，则禁令不行，说在文公之攻原与箕郑救饿也。故明主表信，如曾子杀彘也。患在厉王击警鼓，与李悝谩两和也。《外储说左上·经六》
33	忠言拂耳 听之致功	夫良药苦于口，而智者劝而饮之，知其入而已己疾也。忠言拂于耳，而明主听之，知其可以致功也。《外储说左上·说一》
34	恃吾不可叛	故明主者，不恃其不我叛也，恃吾不可叛也；不恃其不我欺也，恃吾不可欺也。《外储说左上·说二》
35	牧臣如蓄鸟	故明主之牧臣也，说在畜鸟。《外储说右上·经一》
36	有术而独断	堂谷公知术，故问玉卮；昭侯能术，故以听独寝。明主之道，在申子之劝独断也。《外储说右上·经二》
37	明主绝奸	子夏曰："《春秋》之记臣杀君、子杀父者，以十数矣，皆非一日之积也，有渐而以至矣。凡奸者，行久而成积，积成而力多，力多而能杀，故明主蚤绝之。"《外储说右上·说一》

序号	明君特征	主要内容
38	不为用则诛	已自谓以为世之贤士，而不为主用，行极贤而不用于君，此非明主之所以臣也，亦骥之不可左右矣，是以诛之。《外储说右上·说一》
39	蓄臣如蓄鸟	夫驯乌者断其下翎，则必恃人而食，焉得不驯乎？夫明主畜臣亦然，令臣不得不利君之禄，不得无服上之名。夫利君之禄，服上之名，焉得不服？《外储说右上·说一》
40	治吏不治民	人主者，守法责成以立功者也。闻有吏虽乱而有独善之民，不闻有乱民而有独治之吏，故明主。《外储说右下·经四》
41	不佯爱人 不佯憎人	吴章谓韩宣王曰："人主不可佯爱人，一日不可复憎万；不可以佯憎人，一日不可复爱也。故佯憎佯爱之征见，则谀者因资而毁誉之。虽有明主，不能复收，而况于以诚借人也！"《外储说右下·说三》
42	不躬小事	救火者，令吏挈壶瓮而走火，则一人之用也；操鞭箠指麾而趣使人，则制万夫。是以圣人不亲细民，明主不躬小事。《外储说右下·说四》
43	所问即所答	或曰：雍季之对，不当文公之问。凡对问者，有因问小大缓急而对也。所问高大，而对以卑狭，则明主弗受也。《难一》
44	百官修通 群臣辐凑	明主之道不然，设民所欲以求其功，故为爵禄以劝之；设民所恶以禁其奸，故为刑罚以威之。明主之道：一人不兼官，一官不兼事；卑贱不待尊贵而进论，大臣不因左右而见；百官修通，群臣辐凑；有赏者君见其功，有罚者君知其罪。《难一》
45	知善赏	明主赏不加于无功，罚不加于无罪。今襄子不诛骄侮之臣，而赏无功之赫，安在襄子之善赏也？故曰："仲尼不知善赏。"《难三》
46	任其势 赏诛分明	明君求善而赏之，求奸而诛之，其得之一也。凡明主之治国也，任其势。《难三》
47	法术治国	人主之大物，非法则术也。……是以明主言法，则境内卑贱莫不闻知也，不独满于堂；用术，则亲爱近习莫之得闻也，不得满室。《难三》

序号	明君特征	主要内容
48	使人无私	明君使人无私，以诈而食者禁；力尽于事、归利于上者必闻，闻者必赏；污秽为私者必知，知者必诛。《难三》
49	见微知著	明君见小奸于微，故民无大谋；行小诛于细，故民无大乱。此谓"图难于其所易也，为大者于其所细也。"《难三》
50	不自举 不自贤	明君不自举臣，臣相进也；不自贤，功自徇也。《难三》
51	不悬怒	明君不悬怒，悬怒，则臣罪轻举以行计，则人主危。《难四》
52	言行轨于法令	明主之国，令者，言最贵者也；法者，事最适者也。言无二贵，法不两适，故言行而不轨于法令者必禁。《问辩》
53	臣应历屯伯之试、州部之观	由是观之，夫屯伯之试，州部之关，岂明主之备哉！《问田》
54	内举不避亲 外举不避仇	圣王明君则不然，内举不避亲，外举不避仇。《说疑》
55	用人用其能	然明主不羞其卑贱也，以其能，为可以明法，便国利民，从而举之，身安名尊。《说疑》
56	诚明于臣之所言	子哙之苦身以忧民如此其甚也，虽古之所谓圣王明君，其勤身而忧世不甚于此矣。然而子哙身死国亡，夺于子之，而天下笑之。此其何故也？不明乎所以任臣也。《说疑》
57	禁五奸之臣	人臣有五奸，而主不知也。为人主者，有侈用财货赂以取誉者，有务庆赏赐予以移众者，有务朋党徇智尊士以擅逞者，有务解免赦罪狱以事威者，有务奉下直曲、怪言、伟服、瑰称以眩民耳目者。此五者，明君之所疑也，而圣主之所禁也。彼圣主明君，不适疑物以窥其臣。见疑物而无反者，天下鲜矣。《说疑》
58	用法而治	今学者之说人主也，皆去求利之心，出相爱之道，是求人主之过父母之亲也，此不熟于论恩，诈而诬也，故明主不受也。圣人之治也，审于法禁，法禁明著，则官法；必于赏罚，赏罚不阿，则民用。官治则国富，国富则兵强，而霸王之业成矣。《六反》

序号	明君特征	主要内容
59	处威严之势	故明主之治国也，众其守而重其罪，使民以法禁而不以廉止。明主知之，故不养恩爱之心而增威严之势。故母厚爱处，子多败，推爱也；父薄爱教笞，子多善，用严也。《六反》
60	法如挟	明主之法，挟也。治贼，非治所挟也；所挟也者，是治死人也。《六反》
61	法与时宜	故明主之治国也，适其时事以致财物，论其税赋以均贫富，厚其爵禄以尽贤能，重其刑罚以禁奸邪，使民以力得富，以事致贵，以过受罪，以功致赏，而不念慈惠之赐，此帝王之政也。《六反》
62	听言责用	明主听其言必责其用，观其行必求其功，然则虚旧之学不谈，矜诬之行不饰矣。《六反》
63	以术治吏	明主之国，官不敢枉法，吏不敢为私利，货赂不行，是境内之事尽如衡石也。此其臣有奸者必知，知者必诛。是以有道之主，不求清洁之吏，而务必知之术也。《八说》
64	法明计得	明主者通于富强，则可以得欲矣。故谨于听治，富强之法也。明其法禁，察其谋计。法明则内无变乱之患，计得于外无死虏之祸。《八说》
65	法必详	书约而弟子辩，法省而民讼简，是以圣人之书必著论，明主之法必详尽事。明主虑愚者之所易，以责智者之所难，故智虑力劳不用而国治也。《八说》
66	有贵臣 无重臣	明主之国，有贵臣，无重臣。贵臣者，爵尊而官大也；重臣者，言听而力多者也。明主之国，迁官袭级，官爵受功，故有贵臣。言不度行而有伪，必诛，故无重臣也。《八说》
67	智者不欺 愚者不断	明君之道，贱德义贵，下必坐上，决诚以参，听无门户，故智者不得诈欺。计功而行赏，程能而授事，察端而观失，有过者罪，有能者得，故愚者不任事。智者不敢欺，愚者不得断，则事无失矣。《八说》
68	用人如鬼	是以明主不怀爱而听，不留说而计。故听言不参，则权分乎奸；智力不用，则君穷乎臣。故明主之行制也天，其用人也鬼。天则不非，鬼则不困。《八经》

序号	明君特征	主要内容
69	审公私 审利害	知臣主之异利者王,以为同者劫,与共事者杀。故明主审公私之分,审利害之地,奸乃无所乘。是以明主以功论之内,而以利资之外,其故国治而敌乱。《八经》
70	兼行上下 务在周密	明主,其务在周密。是以喜见则德偿,怒见则威分。故明主之言隔塞而不通,周密而不见。故以一得十者,下道也;以十得一者,上道也。明主兼行上下,故奸无所失。《八经》
71	不显喜怒 臣不两谏	明主之道,己喜,则求其所纳;己怒,则察其所构;论于已变之后,以得毁誉公私之征。众谏以效智故,使君自取一以避罪,故众之谏也败。君之取也,无副言于上以设将然,今符言于后以知谩诚语。明主之道,臣不得两谏,必任其一语;不得擅行,必合其参,故奸无道进矣。《八经》
72	赏誉同轨	明主之道取于任,贤于官,赏于功。明主之道,赏必出乎公利,名必在乎上。赏誉同轨,非诛俱行。明主之道,臣不得以行义成荣,不得以家利为功,功名所生,必出于官法。《八经》
73	诛杀盗跖	布帛寻常,庸人不释;铄金百溢,盗跖不掇。不必害,则不释寻常;必害手,则不掇百溢。故明主必其诛也。《五蠹》
74	一法而不求智 固术而不慕信	故明主之道,一法而不求智,固术而不慕信,故法不败,而群官无奸诈矣。《五蠹》
75	用其力 赏其功	故明主用其力,不听其言;赏其功,伐禁无用。《五蠹》
76	以法为教 以吏为师	故明主之国,无书简之文,以法为教;无先王之语,以吏为师;无私剑之捍,以斩首为勇。是境内之民,其言谈者必轨于法,动作者归之于功,为勇者尽之于军。《五蠹》
77	反杂反之行	愚诬之学,杂反之行,明主弗受也。《显学》
78	明君务力	故敌国之君王虽说吾义,吾弗入贡而臣;关内之侯虽非吾行,吾必使执禽而朝。是故力多则人朝,力寡则朝于人,故明君务力。《显学》
79	有功必赏	故明主之吏,宰相必起于州部,猛将必发于卒伍。夫有功者必赏,则爵禄厚而愈劝;迁官袭级,则官职大而愈治。夫爵禄大而官职治,王之道也。《显学》

序号	明君特征	主要内容
80	行必然之道	不恃赏罚而恃自善之民，明主弗贵也。何则？国法不可失，而所治非一人也。故有术之君，不随适然之善，而行必然之道。《显学》
81	急其助 缓其颂	言先王之仁义，无益于治；明吾法度，必吾赏罚者，亦国之脂泽粉黛也。故明主急其助而缓其颂，故不道仁义。《显学》
82	举实事 去无用	故明主举实事，去无用，不道仁义者故，不听学者之言。《显学》
83	明法辟 治官职	夫所谓明君者，能畜其臣者也；所谓贤臣者，能明法辟、治官职以戴其君者也。今尧自以为明而不能以畜舜，舜自以为贤而不能以戴尧；汤、武自以为义而弑其君长，此明君且常与而贤臣且常取也。《忠孝》
84	推功爵禄 称能官事	明主者，推功而爵禄，称能而官事，所举者必有贤，所用者必有能，贤能之士进，则私门之请止矣。《人主》
85	明赏严刑 劝功亲法	故明主之治国也，明赏，则民劝功；严刑，则民亲法。劝功，则公事不犯；亲法，则奸无所萌。故治民者，禁奸于未萌；而用兵者，服战于民心。禁先其本者治，兵战其心者胜。圣人之治民也，先治者强，先战者胜。《心度》
86	国强于政 主尊于权	夫国之所以强者，政也；主之所以尊者，权也。故明君有权有政，乱君亦有权有政，积而不同，其所以立异也。故明君操权而上重，一政而国治。《心度》
87	慎鉴外 慎鉴上古	明主者，鉴于外也，而外事不得不成，故苏代非齐王。明主之道，如周行人之却卫侯也。《外储说右下·经三》

参 考 文 献

一 中文原著及译著

［1］［意］马基雅维利：《君主论·李维史论》，潘汉典、薛军译，吉林出版集团有限责任公司 2011 年版。

［2］［意］马基雅维利：《佛罗伦萨史》，王永忠译，吉林出版集团有限责任公司 2011 年版。

［3］［意］马基雅维利：《戏剧·诗歌·散文》，徐卫翔等译，吉林出版集团有限责任公司 2013 年版。

［4］［意］马基雅维利：《用兵之道》，时殷弘译，吉林出版集团有限责任公司 2011 年版。

［5］［意］马基雅维利：《书信集》，段保良译，吉林出版集团有限责任公司 2013 年版。

［6］［意］马基雅维利：《政务与外交著作》，王永忠、徐卫翔、段保良等译，吉林出版集团有限责任公司 2013 年版。

［7］［意］马基雅维里：《论李维罗马史》，吕健忠译，商务印书馆 2013 年版。

［8］［意］马基雅维里：《论李维》，冯克利译，上海人民出版社 2012 年版。

［9］韩非：《韩非子》，高华平、王齐洲、张三夕译注，中华书局 2010 年版。

［10］陈奇猷：《韩非子新校注》，上海古籍出版社 2000 年版。

［11］王先慎：《韩非子集解》，钟哲注释，中华书局 2013 年版。

［12］邓仁娥主编：《马克思恩格斯选集》，人民出版社 2012 年版。

［13］徐大同主编：《西方政治思想史》，天津人民出版社 2005 年版。

［14］［古希腊］柏拉图：《理想国》，郭斌和、张竹明译，商务印书馆 1986 年版。

［15］［古希腊］亚里士多德：《政治学》，吴寿彭译，商务印书馆 1965 年版。

［16］［古罗马］西塞罗：《国家篇　法律篇》，沈叔平、苏力译，商务 印书馆 1999 年版。

［17］［古罗马］李维：《建城以来史》（卷一），穆启乐英译，张强等 中译，上海人民出版社 2005 年版。

［18］［意］阿奎那：《阿奎那政治著作选》，马清槐译，商务印书馆 1963 年版。

［19］［英］霍布斯：《利维坦》，黎思复、黎廷弼译，商务印书馆 1985 年版。

［20］［德］弗里德里希·迈内克：《马基雅维利主义》，时殷弘译，商 务印书馆 2008 年版。

［21］［德］恩斯特·卡西尔：《国家的神话》，范进等译，华夏出版社 1999 年版。

［22］［英］罗素：《西方哲学史》，何兆武、李约瑟译，商务印书馆 1963 年版。

［23］［英］昆廷·斯金纳：《现代政治思想的基础》，奚瑞森、亚方 译，译林出版社 2011 年版。

［24］［美］施特劳斯等编：《政治哲学史》，李洪润等译，法律出版社 2009 年版。

［25］［美］曼斯菲尔德：《驯化君主》，冯克利译，译林出版社 2005 年版。

［26］［美］曼斯菲尔德：《新的方式与制度——马基雅维利的〈论李 维〉研究》，贺志刚译，华夏出版社 2009 年版。

［27］［美］萨拜因：《政治学说史》，邓正来译，上海人民出版社 2010 年版。

［28］［意］路易吉·萨尔瓦托雷利：《意大利简史——从史前到当代》，沈珩、祝本雄译，商务印书馆 2013 年版。

［29］［意］毛里奇奥·维罗利：《尼可洛的微笑：马基雅维里传》，段保良译，上海人民出版社 2008 年版。

［30］［意］诺伯特·波比奥：《民主与独裁：国家权力的性质和限度》，吉林人民出版社 2011 年版。

［31］［美］理查德·拉克曼：《国家与权力》，郦菁、张昕译，上海人民出版社 2013 年版。

［32］［英］伯特兰·罗素：《权力论》，吴友三译，商务印书馆 1991 年版。

［33］［英］丹尼斯·哈伊：《意大利文艺复兴的历史背景》，李玉成译，生活·读书·新知三联书店 1988 年版。

［34］［美］德·阿尔瓦热兹：《马基雅维利的事业：〈君主论〉疏证》，贺志刚译，华东师范大学出版社 2009 年版。

［35］［美］哈罗德·拉斯韦尔：《权力与人格》，胡勇译，中央编译出版社 2013 年版。

［36］［美］本杰明·史华慈：《古代中国的思想世界》，程刚译，江苏人民出版社 2004 年版。

［37］［英］波考克：《马基雅维利时刻》，冯克利等译，译林出版社 2013 年版。

［38］［英］迈克尔·怀特：《马基雅维里——一个被误解的人》，周春生译，东北师范大学出版社 2008 年版。

［39］［意］贝奈戴托·克罗齐：《历史学的理论与实际》，道格拉斯·安利斯英译，傅任敢中译，商务印书馆 1982 年版。

［40］［瑞］布克哈特：《意大利文艺复兴时期的文化》，何新译，商务印书馆 1979 年版。

［41］［英］伯林：《反潮流：观念史论文集》，冯克利译，译林出版社 2002 年版。

［42］［意］葛兰西：《现代君主论》，陈越译，上海人民出版社 2006 年版。

［43］［法］阿尔都塞：《哲学与政治——阿尔都塞读本》，陈越译，吉林人民出版社 2003 年版。

［44］［美］许田波：《战争与国家形成：春秋战国与近代早期欧洲之比较》，徐进译，上海人民出版社 2009 年版。

［45］［以色列］尤锐：《展望永恒的帝国：战国时代的中国政治思想》，孙英刚译，上海古籍出版社 2013 年版。

［46］邹永贤主编：《国家学说史》，福建人民出版社 1999 年版。

［47］韩潮主编：《谁是马基雅维利》（思想史研究），上海人民出版社 2010 年版。

［48］周春生：《马基雅维利思想研究》，上海三联书店 2008 年版。

［49］彭顺生：《影响西方近现代思想的巨人：马基雅维里思想研究》，天津古籍出版社 1995 年版。

［50］肖雪慧：《复合人格：马基亚维利》，长江文艺出版社 2000 年版。

［51］于野、李强主编：《马基雅维里：我就是教你“恶”》，新世界出版社 2006 年版。

［52］鬼谷子：《鬼谷子》，许富宏译注，中华书局 2012 年版。

［53］孙子：《孙子兵法》，陈曦译注，中华书局 2011 年版。

［54］商鞅：《商君书》，周晓露注译，生活·读书·新知三联书店 2014 年版。

［55］慎到：《慎子》，华东师范大学出版社 2010 年版。

［56］黎翔凤等著：《管子校注》，中华书局 2004 年版。

［57］司马迁：《史记》，裴骃集解，中华书局 2011 年版。

［58］陈启天：《韩非子参考书辑要》，中华书局 1945 年版。

［59］陈奇猷：《韩非子集释》，上海人民出版社 1974 年版。

［60］冯友兰：《中国哲学史》，商务印书馆 2011 年版。

［61］施觉怀：《韩非评传》，南京大学出版社 2002 年版。

［62］王弼：《老子道德经》，中华书局 2011 年版。

［63］梁启雄：《韩子浅解》，中华书局 1960 年版。

［64］张素贞：《国家秩序——韩非子》，中国友谊出版公司 2013 年版。

［65］谷方：《韩非与中国文化》，贵州人民出版社 1996 年版。

［66］任继愈：《韩非》，上海人民出版社 1964 年版。

［67］钟哲：《法家的杰出代表韩非》，人民出版社 1974 年版。

［68］周勋初：《韩非子札记》，江苏人民出版社 1980 年版。

［69］陈奇猷、张觉：《韩非子导读》，巴蜀书社 1990 年版。

［70］孙实明：《韩非思想新探》，湖北人民出版社 1990 年版。

［71］陈启天等著：《中国法家概论》，上海书店出版社 1992 年版。

［72］李英华：《中西政治思想比较论稿》，海南出版社 2004 年版。

［73］张明贵：《比较中西政治思想》，台湾五南图书出版公司 2003
年版。

［74］王赞源：《韩非与马基维利比较研究》，台湾幼狮文化事业公司
1961 年版。

［75］王赞源：《中国法家哲学》，台湾东大图书股份有限公司 1978
年版。

［76］彭达雄：《韩非与马凯维利》，台湾大众书局 1973 年版。

［77］姚蒸民：《韩非子通论》，台湾东大图书股份有限公司 1988
年版。

［78］王邦雄：《韩非子的哲学》，台湾东大图书股份有限公司 1993
年版。

［79］陈慧娟：《韩非子哲学新探》，台湾文史哲出版社 2004 年版。

［80］高柏园：《韩非哲学研究》，台湾文津出版社 1994 年版。

［81］谢云飞：《韩非子析论》，台湾东大图书股份有限公司 1996
年版。

［82］林纬毅：《法儒兼容：韩非子的历史考察》，台湾文津出版社
2004 年版。

［83］赵海金：《韩非子研究》，台湾正中书局 1967 年版。

［84］封思毅：《韩非子思想散论》，台湾商务印书馆 1975 年版。

［85］李文标：《韩非思想体系》，台湾幼狮文化事业公司 1977 年版。

［86］王静芝：《韩非思想体系》，台北辅仁大学文学院 1977 年版。

［87］张素贞：《韩非子思想体系》，台北黎明文化事业公司 1979

年版。

[88] 吴秀英：《韩非子研议》，台北文史哲出版社 1979 年版。

[89] 肖善章：《国父与韩非哲学思想比较研究》，台北学海出版社 1986 年版。

[90] 高富穰：《韩非子帝王学》，台湾新潮社文化事业公司 1988 年版。

[91] 卢瑞钟：《韩非子政治思想新探》，台北三民书局 1989 年版。

[92] 陈蕙娟：《韩非子哲学新探》，台湾文史哲出版社 2004 年版。

[93] 宋洪兵：《韩非子思想再研究》，中国人民大学出版社 2010 年版。

[94] 萧公权：《中国政治思想史》，商务印书馆 2011 年版。

[95] 梁启超：《先秦政治思想史》，岳麓书社 2010 年版。

[96] 魏义霞：《七子视界——先秦哲学研究》，中国社会科学出版社 2005 年版。

[97] 朱龙华：《意大利文化》，上海社会科学院出版社 2012 年版。

[98] 晁福林：《春秋战国的社会变迁》，商务印书馆 2011 年版。

[99] 晁福林：《天命与彝论：先秦社会思想探研》，北京师范大学出版社 2012 年版。

[100] 孟天运：《先秦社会思想研究》，人民出版社 2012 年版。

[101] 刘家和：《中西古代历史、史学与理论比较研究》，北京师范大学出版社 2013 年版。

[102] 王震中：《中国古代国家的起源与王权的形成》，中国社会科学出版社 2013 年版。

[103] 王震中：《中国文明起源的比较研究》（增订本），中国社会科学出版社 2013 年版。

[104] 王子今：《秦汉社会意识研究》，商务印书馆 2012 年版。

[105] 王宇信、王震中等：《中国古代文明与国家形成研究》，中国社会科学出版社 2007 年版。

[106] 杨师群：《反思与比较：中西方古代社会的历史差距》，广东省出版集团 2010 年版。

[107] 王海明：《国家学》，中国社会科学出版社 2012 年版。

[108] 王绍光主编：《理想政治秩序：中西古今的探求》，生活·读书·新知三联书店 2012 年版。

[109] 许建良：《先秦法家的道德世界》，人民出版社 2012 年版。

[110] 王斐弘：《治术与权谋——韩非子典正》，厦门大学出版社 2013 年版。

[111] 刘泽华：《中国政治思想史集》，人民出版社 2008 年版。

[112] 朱孝远：《欧洲文艺复兴史（政治卷）》，人民出版社 2010 年版。

[113] 吴稼祥：《公天下：多中心治理与双主体法权》，广西师范大学出版社 2013 年版。

二　中文期刊类

[1] 朱龙华：《人的颂歌与权的强调——读马基雅维利〈佛罗伦萨史〉》，《读书》1985 年第 11 期。

[2] 周春生：《"法"与"道"——韩非政治法律思想源流辨析》，《上海师范大学学报》2005 年第 4 期。

[3] 苏显信、羊华荣：《韩非的唯物主义历史观及其他》，《四川师院学报》1979 年第 4 期。

[4] 潘富恩、施昌东：《论韩非的朴素辩证法宇宙观》，《复旦学报》1980 年第 2 期。

[5] 汝信：《韩非评传》，《中国哲学史研究》1981 年第 1 期。

[6] 谷方：《韩非法治思想研究》，《晋阳学刊》1981 年第 3 期。

[7] 周兆茂：《试论韩非对老子的矛盾学说的批判改造》，《齐鲁学刊》1981 年第 4 期。

[8] 罗炽：《韩非的朴素辩证法思想》，《武汉师院学报》1981 年第 3 期。

[9] 朱贻庭、赵修义：《评韩非的非道德主义思想》，《中国社会科学》1982 年第 4 期。

[10] 刘志刚：《韩非的"参验"论》，《齐鲁学刊》1982 年第 5 期。

[11] 孙实明：《韩非术论述评》，《求是学刊》1983年第5期。

[12] 孙实明：《韩非的法治三论》，《求是学刊》1984年第4期。

[13] 孙实明：《韩非思想的历史地位》，《求是学刊》1986年第3期。

[14] 杨国荣：《知治统一——韩非认识论特点新探》，《齐鲁学刊》1988年第3期。

[15] 张申：《再论韩非的伦理思想不是非道德主义》，《中国哲学史研究》1989年第2期。

[16] 张觉：《韩非术治思想新探》，《四川大学学报》（社会科学版）1989年第1期。

[17] 李元：《韩非子与中国传统文化》，《孔子研究》1991年第1期。

[18] 刘乾先：《论韩非的思想成就及其局限》，《东北师范大学学报》（社会科学版）1993年第3期。

[19] 江荣海：《论韩非的人治思想》，《北京大学学报》（社会科学版）1993年第1期。

[20] 宋淑萍：《韩非与荀子思想之比较——兼论其与道墨思想之关系》，台湾《书目》季刊第1—2期合刊。

[21] 刘家和、陈新：《历史比较初论：比较研究的一般逻辑》，《北京师范大学学报》（社会科学版）2005年第5期。

[22] 刘家和：《历史的比较研究与世界历史》，《北京师范大学学报》（社会科学版）1996年第5期。

[23] 饭冢由树：《〈韩非子〉中法、术、势三者的关系》，《中国人民大学学报》1993年第5期。

[24] 徐大同：《从政治学角度研究中国古代政治思想史——中国古代政治思想史的线索与特色》，《政治思想史》2010年第1期。

[25] 屈永华：《法家治国方略与秦朝速亡关系的再考察》，《法学研究》2007年第5期。

[26] 林存光：《韩非的政治学说述评》，《政治学研究》2004年第1期。

[27] 孙学峰、杨子潇：《韩非子的国家间政治思想》，《国际政治科学》2008年第2期。

［28］郑良树：《韩非子研究的回顾》，《文献》1993 年第 2 期。

［29］彭鸿程：《近百年韩非研究综述》，《古籍整理研究学刊》2012 年第 2 期。

［30］张觉：《历代韩非子研究述评》，《传统中国研究集刊》2009 年第 7 辑。

［31］冯国超：《人性论、君子小人与治国之道——论〈韩非子〉的内在逻辑》，《哲学研究》2000 年第 5 期。

［32］雷信来：《先秦法家的术治思想与马基雅维利的术治思想之比较研究》，《安徽史学》2008 年第 2 期。

［33］阎学通：《先秦国家间政治思想的异同及其启示》，《中国社会科学》2009 年第 3 期。

［34］刘亮：《最近十年之〈韩非子〉思想研究述评》，《管子学刊》2011 年第 4 期。

［35］蒋重跃：《〈韩非子〉与〈君主论〉求同比异概说》，《蒙自师范高等专科学校学报》1999 年第 1 期。

［36］王时中：《"革命的乌托邦"的政治宣言——阿尔都塞对马基雅维利的"另类"解读》，《政治思想史》2010 年第 4 期。

［37］刘训练：《马基雅维利与古典共和主义》，《政治学研究》2011 年第 4 期。

［38］刘训练：《马基雅维利的国家理性论》，《学海》2013 年第 3 期。

［39］萧高彦：《马基雅维利论政治秩序——一个形上学的考察》，《政治思想史》2011 年第 4 期。

［40］周春生：《近代以来西方国家政治理论与实践的路径——马基雅维里遗产评说》，《政治思想史》2011 年第 3 期。

［41］郑维伟：《克里斯玛的困惑与共和主义的兴起——马基雅维里论德行与政治秩序》，《浙江学刊》2008 年第 4 期。

［42］任剑涛：《建国的三个时刻：马基雅维利、霍布斯与洛克的递进展现》，《社会科学战线》2013 年第 2 期。

［43］李鹏：《从历代评价看〈君主论〉的历史意义》，《北京燕山大学学报》（哲学社会科学版）2009 年第 4 期。

［44］赵文亮、赵东喜：《近十年来我国学者对马基雅维里的研究》，《株洲师范高等专科学校学报》2000 年第 2 期。

［45］张附孙、王虹：《韩非和马基雅维里——两位心灵相通的政治思想家》，《云南师范大学学报》1999 年第 3 期。

［46］杨正香：《韩非与马基雅维里：帝王术比较研究》，《学术论衡》2011 年第 12 期。

［47］孙晓春：《韩非与马基雅维里非道德政治观平议》，《吉林大学社会科学学报》1997 年第 5 期。

［48］何晓明：《韩非与马基雅维里政治思想之比较研究》，《三峡大学学报》（人文社会科学版）2005 年第 1 期。

［49］金芮蕊：《马基雅维利与韩非政治思想的比较》，《集宁师专学报》2007 年第 2 期。

［50］周志武、高剑平：《马基雅维利与韩非子政治思想之比较》，《广西民族学院学报》2003 年第 2 期。

［51］王珍愚、李睿、周晶：《试比较韩非和马基雅维利的人性论政治思想》，《学术界》2005 年第 4 期。

［52］万江红、张远芝：《韩非子与马基雅维利社会思想比较》，《理论观察》2006 年第 1 期。

［53］杨贵生：《韩非子与马基雅维利的政治思想比较》，《黔东南民族师范高等专科学校学报》2006 年第 5 期。

［54］张远芝：《韩非子与马基雅维利社会思想比较》，《理论观察》2006 年第 1 期。

［55］张勇：《韩非子与马基雅维利外交思想之比较》，《湖南工业职业技术学院学报》2007 年第 3 期。

［56］李明珠：《韩非与马基雅维利法律思想的比较研究》，《西藏民族学院学报》（哲学社会科学版）2012 年第 6 期。

［57］耿雪萍、李洁：《韩非子和马基雅维利法治思想的异同探析》，《河北省青年干部学院学报》2007 年第 4 期。

［58］万齐洲：《马基雅维利与韩非权力观的比较》，《三峡大学学报》（人文社会科学版）2004 年第 2 期。

［59］詹康：《揭开韩非的际遇思想：兼与马基维利比较》，《台湾政治与社会哲学评论》2002 年第 2 期。

［60］姜姝姝：《韩非与马基雅维利政治传播观念的比较》，《新学术论文选》2006 年第 1 期。

［61］武晓耕：《同途殊归——韩非子与马基雅维里思想之比较》，《哈尔滨学院学报》2006 年第 10 期。

［62］武经伟：《政治与道德的近现代认知》，《思想战线》2009 年第 4 期。

［63］陈炎：《韩非子与马基雅维里的政治哲学》，《复旦学报》（社会科学版）2012 年第 1 期。

［64］潘坤：《中西专制思想中"人民观"的异同——基于马基雅维里与韩非思想的比较》，《西南民族大学学报》（人文社会科学版）2011 年第 4 期。

［65］赵俊岗：《〈君主论〉与〈韩非子〉政治思想的异同》，《衡水学院学报》2011 年第 5 期。

［66］吕明灼：《儒法道治国方略比较研究》，《孔子研究》2002 年第 3 期。

［67］束锦：《恶魔与天使之争：论马基雅维利的双重面相及其治国之道》，《江海学刊》2013 年第 5 期。

［68］王立仁：《韩非奉献给君主的根本治国方略》，《政治学研究》2007 年第 3 期。

［69］贺志刚：《马基雅维利的著述动机》，《社会科学研究》2012 年第 3 期。

［70］刘文明：《浅析〈资治通鉴〉与〈君主论〉中国家学说的差异》，《湖南师范大学社会科学报》1994 年第 4 期。

［71］古宇：《权威管理、制度规范与权术规范——韩非子传统管理思想研究》，《兰州学刊》2009 年第 11 期。

［72］贺海仁：《先秦法家共同体的敌人：以法治国的规范理论》，《政法论坛》2007 年第 6 期。

［73］林校生：《春秋战国时期的国家形态和政治控御》，《福建师范大

学学报》2012 年第 5 期。

[74] 刘耀春：《意大利城市政治体制与权力空间的演变（1000—1600）》，《中国社会科学》2013 年第 5 期。

[75] 张鼎良：《探析马基雅维里的〈君主论〉在政治学上的地位》，《前沿》2011 年第 14 期。

[76] 姚剑文：《思想史"减法"中的马基雅维里政治道德观"正名"辨》，《江海学刊》2004 年第 4 期。

[77] 阮思余：《马基雅维里主义批判》，《中共天津市委党校学报》2011 年第 1 期。

[78] 王挺之：《近代外交原则的历史思考——论马基雅维里主义》，《历史研究》1993 年第 3 期。

[79] 陈华文：《对马基雅维利的重释：基于〈曼陀罗〉的文本分析》，《中国人民大学学报》2011 年第 1 期。

[80] 谢慧媛：《国内马基雅维里政治思想研究述评》，《哲学动态》2009 年第 1 期。

[81] 卢少鹏：《从"城邦技艺"到"国家技艺"——马基雅维利对古典政治学的超越》，《历史教学问题》2011 年第 3 期。

[82] 杨龙：《从城邦主义到国家主义——近代早期西方国家观的转变》，《云南行政学院学报》1999 年第 1 期。

[83] 肖群忠：《论政治权术与政治道德的关系》，《齐鲁学刊》1996 年第 1 期。

[84] ［美］哈维·曼斯菲尔德：《论现代国家的非人格化：对马基雅维利"国家"概念的评论》，谢慧媛译，《政治思想史》2011 年第 3 期。

[85] ［美］费力克斯·吉尔伯特：《马基雅维利的〈史论〉的写作结构》，刘训练译，《政治思想史》2012 年第 2 期。

[86] 约翰·普拉梅纳茨（John Plamenatz）：《探究马基雅维利的 virtù》，傅乾译，《政治思想史》2013 年第 2 期。

[87] ［英］罗素·普赖斯：《马基雅维利的 virtù 诸义》，傅乾译，《政治思想史》2011 年第 4 期。

［88］［美］尼尔·伍德：《曼斯菲尔德论马基雅维里》，朱兵译，《政治思想史》2011 年第 3 期。

［89］［美］哈里斯·哈比森：《马基雅维利的〈君主论〉和莫尔的〈乌托邦〉》，黄越等译，《政治思想史》2011 年第 4 期。

［90］奇秀：《中华传统治国方略的科学成分及其现代价值》，《南京政治学院学报》1999 年第 5 期。

三 外文著作类

［1］Prezzolini, *Machiavelli*, Robert Hale Limited, 1968.

［2］Ruffo-Fiore, *Niccolo Machiavelli*, Twayne Publishers, 1982.

［3］Vallari, *The Life and Time of Niccolo Machiavelli*, New York, 1981.

［4］Viroli, *Niccolo's Smile*: *A Biography of Machiavelli*, Farrar, Straus and Giroux, 2000.

［5］Najermy, John M. , *Between Friends*: *Discours of Power and Desire in the Machiavelli-Vettori Letters of 1513 – 1515*, Princeton University Press, 1993.

［6］Butterfield, *The Statecraft of Machiavelli*, G. Bell and Sons Ltd. , 1955.

［7］Masters R. D. , *Machiavelli, Leonardo, and the Science of Power*, University of Notre Dame Press, 1996.

［8］Sullivan, *Machiavelli's Three Romes*: *Religion, Human Liberty, and Politics Reformed*, Northern Illinois University Press, 1996.

［9］Mansfiled, *Machiavelli's Virtue*, The University of Chicago Press, 1998.

［10］Plamenatz, *Man and Society*: *A Critical Examination of sone Important Social and Political Theories from Machiavelli to Marx*, London, 1963.

［11］Germino, *Machiavelli to Marx*, The University of Chicago Press, 1972.

［12］Anglo, *Machiavelli*：*A Dissection*, Harcourt, Brace & World, 1969.

［13］Bondanella, *Machiavelli and the Art of Renaissance History*, Wayne

State University Press, 1973.

[14] Rodowski, *The Prince—A History Critique*, Twayne Publisher, 1992.

[15] Guicciardini, *The History of Italy*, translated, edited, with notes and an introduction by Sidney Alexander, Princeton University Press, 1984.

[16] Carter, *The Western European Power*, *1500 – 1700*, Cornell University Press, 1971.

[17] Kirshner J., edited, *The Origins of the State in Italy*, *1300 – 1600*, The University of Chicago Press, 1995.

[18] The Vespasiano Memoirs: *Lives of Illustrious Men of XVth Century*, University of Toronto Press, 1997.

[19] Hale, *Machiavelli and Renaissance Italy*, The English University Press, 1961.

[20] Morris, *The New Prince*, Renaissance Books, 1999.

[21] De Grazia, Sebastian, *Machiavelli in Hell*, Princeton University Press, 1989.

[22] Prezzolini, Giuseppe, *Machiavelli*, Robert Hale Limited, 1968.

[23] Ridolfi, Roberto, *The Life of Niccolo Machiavelli*, Routledge and Kegan Paul, 1963.

[24] Viroli, Maurizio, *Machiavelli*, Oxford University Press, 1998.

[25] Garver Eugene, *Machiavelli and the History of Prudence*, The University of Wisconsin Press, 1987.

[26] Paul R. Goldin, *Dao Companion to the Philosophy of Han Fei*, Springer Netherlands, 2013.

[27] Jonathan Powell, *The New Machiavelli: How to Wield Power in the Modern World*, The Bordley Head London, 2010.

[28] Bing, *What Would Machiavelli Do?* Harper Collins Publishers, 2000.

[29] Rubin, *The Princessa: Machiavelli for Women*, Doubleday, 1997.

[30] Buskirk, *Modern Management and Machiavelli: The Executive's Guide to the Psychology and Politics Power*, Cahners Publishing

Company, 1974.

[31] Hsiao-po Wang, Leo S. Chang, *The Philosophy Foundations of Han Fei's Political Theory.* University of Hawaii Press, 1986.

[32] Cell Grayson, *Fracesco Guicciardini Selected Writings*, Trs. Margaret Grayson. Oxford University Press, 1965.

[33] Erica Benner, *Machiavelli's Ethics*, Princeton University Press, 2009.

[34] Maurizio Viroli, *Machiavelli's God*, Trans. Antony Shugaar, Princeton University Press, 2010.

[35] Dennis Bloodworth, *Ching Ping Bloodworth*, *The Chinese Machiavelli*: 3000 *years of Chinese Statecraft*, Transaction Publishers, 2004.

[36] Felix Gilbert, *Machiavelli and Guicciardini Politics and History in Sixteenth-Century Florence*, Princeton University Press, 1984.

四　外文论文

[1] Yang Soon-ja, Song, Hongbing, "New Studies of Han Feizi's Political Thought", *Dao*, Vol. 11, Issue 2, 2012.

[2] David Elstein, "Han Feizi's Thought and Republicanism", *Dao*, Vol. 11, Issue 2, 2012.

[3] John Patrick, Diggins, "The National History Standard", *The American Scholar*, Vol. 65, No. 4, 1998.

[4] Haggman, Bertil, "The Classical Way of Conflict-Civilization Reflections on Ancient Statecraft", *Comparative Civilization Review*, 61., 2009.

[5] Raymond, Gregory A., "Necessity in Foreign Policy", *Political Science Quarterly*, Vol. 113, No. 4, 1998.

[6] Stroble, James A., "Justification of War in Ancient China", *Asian Philosophy*, Vol. 8, No. 3, 1998.

[7] Anonymous, "Communication to the Editor", *The Journal of Asian Studies*, Vol. 56, No. 4, 1997.

[8] Dennis, Ching Ping Bloodworth, "The Chinese Machiavelli", *Pacific*

Affairs, Vol. 51, No. 1, 1978.

[9] Zhengyuan Fu, "China's Legalists: The Ealiest Totalitarians and Their Art of Ruling", *The Review Politics*, Vol. 59, No. 3, 1997.

[10] Morgen Witzel, "The Leadership Philosophy of Han Fei", *Asia Pacific Business*, Vol. 18, No. 4, Oct. 2012.

[11] Paul R. Goldin, "Han Fei's Doctrine of Self-interest", *Asian Philosophy*, Vol. 11, No. 3, 2001.

[12] Peter R. Moody, Jr., "Rational Choice Analysis in Classical Chinese Political Thought: The 'Han Feizi'", *Policy*, Vol. 40, No. 1, 2008.

[13] Wang Hsiao-po and L. S. Chang, "The Significance of the Concept of 'Fa' in Han Fei's Thought System", *Philosophy East and West*, Vol. 27, No. 1, 1977.

[14] Grant B. Mindle, "Machiavelli's Realism", *The Review of Politics*, Vol. 47, No. 2, 1985.

[15] John E. Tashjean, "On Theory of Statecraft", *The Review of Politics*, Vol. 35, No. 3, 1973.

[16] Hillay Zmora, "Love of Country and Love of Party: Patriotism and Human Nature in Machiavelli", *History of Political Thought*, Vol. X X V, No. 3, 2004.

[17] Edward Meyer, "Machiavelli", *Modern Language Notes*, Vol. 15, No. 5, 1990.

[18] Rafael Major, "A New Argument for Morality: Machiavelli and the Ancient", *Political Research Quarterly*, Vol. 60, No. 2, 2007.

[19] Peter Breiner, "Machiavelli's 'New Prince' and the Primordial Moment of Acquistion", *Political Theory*, Vol. 36, No. 1, 2008.

[20] John P. McCormick, "Machiavelli's Political Trials and 'The Free Way of Life'", *Political Theory*, Vol. 35, No. 4, 2007.

[21] John Langton and Mary G. Deitz, "Machiavelli's Paradox: Trapping or Teaching the Prince", *The American Political Science Review*,

Vol. 81，No. 4，1987.

[22] Markus Fischer，"Machiavelli's Political Psychology"，*The Review of Politics*，Vol. 59，No. 4，1997.

[23] Maurizio Viroli，"Niccolo Machiavelli：An Intellectual Biography by Corrado Vivanti"，*Renaissance Quarterly*，Vol. 66，No. 4，2013.

[24] Safwan Shabab，"Machiavelli vs. Machiavellian"，*Colgate Academic Review*，Vol. 2，Iss. 1，2012.

[25] Simon Moore，"Ideals and Realities：Renaissance State Communication in Machiavelli's the Prince and More's Utopia"，*Public Relation Review*，Vol. 38，2012.

[26] Paul Hyland Harris，"Progress in Machiavelli Studies"，*Italica*，Vol. 18，No. 1，1941.

[27] Eric W. Cochrane，"Machiavelli：1940 – 1960"，*The Journal of Modern History*，Vol. 33，No. 2，1961.

[28] Benedetto Fontana，"Love of Country and Love of God：The Political Uses of Religion in Machiavelli"，*Journal of the History of Ideas*，Vol. 60，No. 4，1999.

[29] Harvey C.，"Mansfield, Machiavelli's Political Science"，*The American Political Science Review*，Vol. 75，No. 2，1981.

[30] John H. Geerken，"Machiavelli Studies since 1969"，*Journal of the History of Ideas*，Vol. 37，No. 2，1976.

[31] Gerald E. Tucker，"Machiavelli and Fanon：Ethics，Violence，and Action"，*The Journal of Modern African Studies*，Vol. 16，No. 3，1978.

五　博士学位论文参考资料

[1] 2012 年吉林大学曲文博士学位论文：《韩非与晚周学术》。

[2] 2008 年东北师范大学姜红博士学位论文：《荀况与亚里士多德伦理思想比较》。

[3] 2009 年南开大学吴保平博士学位论文：《韩非刑名逻辑思想渊源

及演进历程研究》。

［4］2009 年苏州大学刘小刚博士学位论文：《韩非道论思想研究》。

［5］2007 年东北师范大学宋洪兵博士学位论文：《韩非子政治思想再
　　研究》。

［6］2004 年浙江大学车淑娅博士学位论文：《〈韩非子〉词汇研究》。

［7］2004 年浙江大学刘洋博士学位论文：《阐释与重构——〈韩非
　　子〉研究新论》。

［8］2004 年郑州大学池桢博士学位论文：《静静的思想之河——战国
　　时期国家思想研究》。

［9］2009 年中共中央党校周前程博士学位论文：《人性与政治》。

［10］2010 年吉林大学张伯晋博士学位论文：《法家伦理思想体系的最
　　终构建——以韩非与〈韩非子〉为研究对象》。

［11］2005 年浙江大学杨玲博士学位论文：《先秦法家思想比较研
　　究——以〈管子〉、〈商君书〉、〈韩非子〉为中心》。

［12］2007 年华东师范大学卢少鹏博士学位论文：《自由与共和国的创
　　建——马基雅维里政治思想研究》。

［13］2000 年中国政法大学徐祥民博士学位论文：《法家的法律思想研
　　究》。

［14］2008 年 6 月台湾大学黄裕宜博士学位论文：《〈韩非子〉的规范
　　思想：以伦理、法律、逻辑为论》。

后　记

　　本书是在个人博士论文的基础上修改而成。本书最终能够面世首先需要感谢山西师范大学政法学院的贾绘泽院长，感谢他对我教学、科研和生活方面的关怀和指导，更感谢他对本书提出的宝贵意见和出版的支持。其次，感谢郭学旺老师以亲切热情的态度传授难能可贵的教学经验和科研经验，让我在初到学院之际就能很快地适应新环境下的角色，感谢他对我科研道路上的指导，更感谢他渊博的学识和富有智慧的启迪；同时还要感谢政法学院各位友好的同事和相关领导。

　　韩非和马基雅维利政治思想的比较这个主题是我的博士生导师徐大同先生与我多次沟通交谈之后确定下来的，感谢徐先生在86岁、87岁的高龄之时对我的教导。韩非和马基雅维利政治思想比较研究的成果之所以"较少"，其原因就在于在不同的时空背景、政治情境以及思想家的个人差异等要素之下比较难以展开，当然这不是为个人寻找理由，只是想强调比较研究的难点，尽管如此本书尝试着对二人的政治思想进行比较，以飨读者。其中的不足、缺陷和错误在所难免，还望各位专家、同行批评指正。

　　除此之外，感谢在本书写作过程中我年迈的父母依旧对我物质和精神上的巨大支持，没有他们辛勤劳苦的耕耘和经营就没有现在的我；另外感谢我的爱人——葛秀琴，感谢她肯跟我一起熬过博士期间三年经济如此拮据、压力如此之大的时光，感谢她对我学业上的支持，生活上无微不至的关怀，她包揽了所有的家务给予我充足的时间投入到写作中。另外还需要特别感谢我的硕士生导师，感谢他把我领进了学术之路，感谢他视我为亲生孩子般的关照和无私的付出，让我明白了学问之道和为人之道。最后，感谢中国社会科学出版社的孔继萍老师，感谢她为本书出版工作所做的努力。

古罗马诗人特伦提安努斯·马鲁斯曾说："根据每位读者的智慧，每本书皆有自己的命运"。任何作品一旦流通到公开印刷出版的传播领域，就不仅仅属于作者本人，其作品的价值与意义有待读者的批判、审阅和感悟。这本著作对于政治思想的比较学术界来讲是一种试验或尝试，对于个人而言无疑有待继续深化和完善，学问之道永无止境，彼将诚心求之、恒心追之、虚心处之、静心观之。